Neue
Kleine Bibliothek 311

Gerd Wiegel

Brandreden

Die AfD im Bundestag

PapyRossa Verlag

Luxemburger Str. 202, 50937 Köln
Tel.: +49 (0) 221 – 44 85 45
Fax: +49 (0) 221 – 44 43 05
E-Mail: mail@papyrossa.de
Internet: www.papyrossa.de

Umschlag: Verlag, unter Verwendung zweier Motive
© by guukaa | Adobe Stock [170499475] sowie
© by Marina | Adobe Stock [374493652] (nur Pult)
Druck: Interpress

Die Deutsche Nationalbibliothek verzeichnet diese Publikation in der Deutschen Nationalbibliografie; detaillierte bibliografische Daten sind im Internet über http://dnb.d-nb.de abrufbar

ISBN 978-3-89438-779-2

Inhalt

Einleitung

»Wir werden sie jagen.« Mit dieser Ankündigung des späteren Fraktionsvorsitzenden der AfD-Bundestagsfraktion Alexander Gauland am Abend der Bundestagswahl 2017 waren Anspruch und Drohung zugleich verbunden. Zwar richtete Gauland seinen Satz an eine noch zu gründende Bundesregierung, implizit waren aber alle anderen Fraktionen der von der AfD so gerne als »Altparteien« bezeichneten Konkurrenz gemeint. Diese »Wir gegen alle anderen«-Haltung war und ist für die AfD bis heute zentral, legitimiert sich aus ihr doch der Anspruch, die einzige Alternative zum angeblichen Einerlei des Bundestages und der deutschen Parteienlandschaft insgesamt zu sein. Die Jagdmetapher enthielt aber auch unüberhörbar eine Drohung, denn schließlich ging es nicht nur um eine politische Kampfansage. Der Jäger erlegt sein Wild – diese Rollenaufteilung strebte die AfD offenbar auch für ihr Agieren im Bundestag an und der mit der AfD einziehende neue Umgangston im Parlament unterstrich sehr schnell, dass es sich hierbei um keine leere Drohung handelte. Ein Dreivierteljahr später, im Sommer 2018, auf dem Höhepunkt des Zerwürfnisses zwischen CDU und CSU anlässlich der seit 2015 von der Regierung Merkel betriebenen Migrationspolitik, frohlockte die Ko-Vorsitzende der AfD-Bundestagsfraktion, Alice Weidel: »Jetzt sehen sie, wie Jagd geht. Wir sind beim Jagen.«

Mit dem Einzug der AfD in den Bundestag 2017 gelang der modernisierten radikalen Rechten in Deutschland das, was verwandten Parteien in zahlreichen europäischen Nachbarländern schon sehr viel früher gelungen war. Für die extreme Rechte in Deutschland, zu der die AfD zu rechnen ist, stellte dieser Parlamentseinzug eine Zäsur dar. Was der neofaschistischen Rechten seit 1949 verwehrt blieb, gelang einer häufig mit dem Stichwort Rechtspopulismus bezeichneten Partei der modernisierten radikalen Rechten,[1] die zwar viel Ballast der NS-Verherrlichung über Bord geworfen hat, sich ideologisch jedoch entscheidende Punkte der extremen Rechten zu eigen macht.

Noch nie in der Geschichte der Bundesrepublik ist es einer neuen Partei in so kurzer Zeit gelungen, auf sämtlichen Ebenen flächendeckend in die Parlamente einzuziehen. Mit dem Ergebnis von 12,6 Prozent der Zweitstimmen wurde die AfD 2017 drittstärkste Partei des Bundestages und nach Bildung der Koalition aus CDU/CSU und SPD zur größten Oppositionsfraktion. Die parlamentarische und mediale Präsenz der AfD übertrifft damit alles, was die extreme Rechte nach 1945 in Deutschland jemals erreicht hat. Mit dem Einzug von 94 Abgeordneten – im Laufe der Legislatur schrumpfte die Zahl durch Austritte aus der Fraktion auf 86 – und der Bildung einer Parlamentsfraktion wurde die AfD auch zum größten Jobmotor einer konservativen und extremen Rechten. So jubelte bereits am Abend der Wahl 2017 der Leiter des Instituts für Staatspolitik (IfS), Götz Kubitschek, über die »Resonanzraumerweiterung« und die »sehr vielen, sehr gut bezahlten Stellen«.[2]

Unverkennbar hat die parlamentarische Verankerung der AfD zu einer Normalisierung dieses Teils der extremen Rechten beigetragen, wenngleich die AfD in den ersten vier Jahren im Bundestag darum bemüht war, ihren Außenseiterstatus durch gezielte Provokationen und Tabubrüche zu erhalten. Anders aber als bei der NPD

---

1 Zur begrifflichen Definition vgl. Gerd Wiegel, Die modernisierte radikale Rechte in Europa. Ausprägungen und Varianten, in: Mario Candeias (Hg.), Rechtspopulismus, radikale Rechte, Faschisierung. Bestimmungsversuche, Erklärungsmuster und Gegenstrategien, Materialien Nr. 24, Rosa-Luxemburg-Stiftung, Berlin 2018.

2 Götz Kubitschek, AfD im Bundestag oder: Was heute passiert ist, in: Sezession im Netz, 24.09.2017.

gelingt es gegenüber der AfD nicht mehr, mit Verweis auf die NS-Vergangenheit in Deutschland von der Wahl einer solchen Partei abzuschrecken. Die Bezeichnung des Holocaustmahnmals als Mahnmal der Schande und die Forderung nach einer 180-Grad-Wende in der Erinnerungspolitik durch Björn Höcke oder die Forderung Alexander Gaulands, stolz auf die Leistungen deutscher Soldaten in zwei Weltkriegen sein zu dürfen, und auch seine Einordnung des deutschen Faschismus als »Vogelschiss« in der deutschen Geschichte haben nicht verhindert, dass die AfD eine stabile Stammwählerschaft herausbilden konnte, die sich durch keinen Rassismus, keine Demokratieverachtung und keine NS-Relativierung von der Wahl dieser Partei abbringen lässt. Der Wiedereinzug in den Bundestag 2021 mit einem Ergebnis von 10,3 Prozent zeugt davon, dass es der Partei gelungen ist, eine Stammwählerschaft herauszubilden, die sich von keiner weiteren Faschisierung der AfD wird abschrecken lassen.

Das veränderte Debattenklima und der offene Einzug von Rassismus, Hetze, Demokratieverachtung und Verschwörungsideologien in den Bundestag wird von vielen Beobachtern und Beobachterinnen des Parlamentsbetriebs als gravierendste Veränderung durch die AfD benannt.[3] Manchmal gerät dabei aus dem Blick, dass ein reaktionärer Konservatismus schon immer zur Geschichte des Parlamentarismus in Deutschland gehörte und die Union noch bis in die 1990er Jahre hinein über einen sogenannten Stahlhelmflügel verfügte, der mit Personen wie Alfred Dregger, Manfred Kanther, Erika Steinbach u. v. a. gut zur heutigen AfD passen würde. Aber es ist nicht allein die vermeintliche »Sozialdemokratisierung« unter Angela Merkel, die die AfD weit nach Rechtsaußen im Parlamentsbetrieb beförderte. Sprachlich und inhaltlich wurde von der Fraktion ein Diskurs etabliert, der mit hartem Rassismus, der Verächtlichmachung ganzer Menschengruppen, einer Verach-

3 Christoph Butterwegge, Gudrun Hentges, Gerd Wiegel, Rechtspopulisten im Parlament. Polemik, Agitation und Propaganda der AfD, Frankfurt a. M. 2018.

tung für Institutionen der Demokratie und einer Relativierung der NS-Vergangenheit arbeitet, der für die Geschichte des Bundestags außergewöhnlich ist.

Rede und Gegenrede machen das Wesen des Parlamentarismus aus. Insofern ist die Überlegung, die AfD im Bundestag vor allem anhand ihrer Reden im Plenum zu charakterisieren, naheliegend. Denn es war von Anfang an der polemische und vor allem aggressive Tonfall der AfD-Abgeordneten, der für Aufsehen sorgte und mit dem die AfD sehr gezielt versuchte, Aufmerksamkeit zu generieren. Zudem offenbart das gesprochene Wort im Plenum sehr viel besser den ideologischen Hintergrund und die Ressentiments in den Reihen der Partei, als es die häufig glatt geschliffenen Anträge oder Gesetzentwürfe der Fraktion tun. Damit verbunden ist keineswegs eine Vorstellung im Sinne der Phänomenologie Ernst Noltes, der Gegenstand (bei Nolte der Faschismus) sei vor allem aus seinem Selbstverständnis heraus zu verstehen (was für Nolte Reden und Schriften der Führungsfiguren Mussolini und Hitler waren). AfD-Reden im Bundestag sind zumeist höchst ideologisch, können aber genauso taktisch motiviert sein wie pragmatisch gehalten werden. Mit der Entscheidung, die Reden der AfD-Abgeordneten ins Zentrum eines regelmäßigen Monitorings, einer fortlaufenden Dokumentation, zur AfD im Bundestag zu stellen, ging es vielmehr darum, den oben skizzierten neuen Tonfall und die bewussten Tabubrüche über den Verlauf einer Wahlperiode zu dokumentieren.

Seit inzwischen etwa einem Jahrzehnt existiert die AfD. Und die fortschreitende Rechtsradikalisierung der Partei hat zumindest auch zu einer Gewöhnung an Positionen geführt, die deutlich jenseits von Menschenwürde, Gleichheitsgrundsatz und Demokratieprinzip liegen. Und dennoch lässt es immer wieder aufhorchen, wenn sich AfD-Abgeordnete über »Kopftuchmädchen« erheben, Migranten mit wilden Tieren vergleichen, ihre Verachtung über den »Parteienstaat« zum Ausdruck bringen oder ankündigen, politische Gegner hinter Gitter bringen zu wollen. Die in Teilen zu beobachtende Selbstverharmlosung der AfD in Talkshows und Interviews ließ sich über vier Jahre im Bundestag nicht durchhalten. Und die Partei nutzte diese Bühne auch sehr bewusst, um über Provokation und Tabubruch ihren Anhängern und Anhängerinnen zu beweisen, dass sie durch den Einzug in den Bundestag keineswegs zahmer geworden ist.

So entstand mit der Konstituierung des 19. Bundestages und der Aufnahme des Parlamentsbetriebs nach einer langen Phase der Regierungsbildung ein Monitoring der AfD im Bundestag, das ausgewählte Debattenbeiträge der AfD-Abgeordneten aus jeder Sitzungswoche präsentierte und einer interessierten Öffentlichkeit zur Verfügung stellte. Die Auswahl der Themen und Reden erfolgte dabei einerseits subjektiv durch den Autor, andererseits ging es um zentrale Debatten zu den Themen, die auch das parlamentarische Alltagsgeschäft in der 19. Wahlperiode dominiert haben. Schließlich stehen auch die Themen im Zentrum, die für die AfD von hoher ideologischer Bedeutung sind (Flucht und Migration, Familie und Gender, Klimawandel, Corona, NS-Vergangenheit) oder die für eine linke Kritik an der AfD von Bedeutung sind (Sozial- und Wirtschaftspolitik). Grundlage für das Monitoring sind die Protokolle des Deutschen Bundestages, die nach jeder Sitzungswoche gesichtet wurden. Gegenüber dem ursprünglichen wöchentlichen Monitoring wurden hier einige Kürzungen vorgenommen, nahmen die Redundanzen im Laufe von vier Jahren doch deutlich zu.

Die Dokumentation erfolgt chronologisch und folgt dem parlamentarischen Kalender vom Herbst eines jeden Jahres bis zum Sommer des Folgejahres. Einleitend zu jedem Kapitel erfolgt eine kurze Skizze der wichtigsten politischen Debatten des jeweiligen Zeitabschnitts, die sich zumeist auch in den dokumentierten Bundestagsdebatten widerspiegeln. Ein Personen- und Sachregister am Ende des Buches bietet die Möglichkeit, gezielt zu einzelnen Abgeordneten und Themen zu suchen. Noch einmal sei betont, dass es sich um keine vollständige oder alle Themen abdeckende Dokumentation handelt, wiewohl die präsentierten Redeauszüge sehr wohl einen zentralen Teil der AfD im Bundestag präsentieren.

Aus Sicht des Autors ist es keineswegs ein Zufall, dass in die Zeit der 19. Wahlperiode drei schwere rechtsterroristische Anschläge in der Bundesrepublik fallen. Der Mord an Walter Lübcke im Juni 2019, die Morde an Jana Lange und Kevin Schwarze im Zusammenhang mit dem antisemitischen Anschlag auf die Synagoge in Halle im Oktober 2019 und die Morde an Gökhan Gültekin, Sedat Gürbüz, Said Nesar Hashemi, Mercedes Kierpacz, Hamza Kurtović, Vili Viorel Păun, Fatih Saraçoğlu, Ferhat Unvar, Kaloyan Velkov und Gabriele Rathjen in Hanau im Februar 2020 sind Ausdruck einer Verrohung in Teilen der Gesellschaft generell und insbesondere auf Seiten der extremen Rechten, zu der die AfD nach Kräften beigetragen hat. Insofern sind Hass und Menschenverachtung im Bundestag nicht einfach Nebensächlichkeiten. Es sind Brandreden, die, tausendfach geteilt und verbreitet, ideologische Rechtfertigung und Motivation für diejenigen sind, die die Redner und Rednerinnen beim Wort nehmen.

1.
Ausweitung der Grenzen des Sagbaren
Herbst 2017 bis Sommer 2018

»Wir werden uns unser Land und unser Volk zurückholen.« Mit diesem Anspruch zog die AfD im Oktober 2017 bei der Konstituierung des Bundestages erstmals in das höchste deutsche Parlament ein und schloss damit für Deutschland eine Entwicklungsphase ab, die international wie national vom rasanten Aufstieg einer modernisierten radikalen Rechten gekennzeichnet war.

Mit der massiven Zunahme der Fluchtmigration im Sommer 2015 hatte sich dieser Aufstieg der Rechten beschleunigt, wurde doch damit ein zentrales Thema dieser Rechten zum bestimmenden politischen Thema weltweit. Im Sommer 2016 war die maßgeblich von der United Kingdom Independent Party (UKIP) und ihrem Anführer Nigel Farage unterstützte »Leave«-Kampagne zum Brexit-Votum erfolgreich. Ein Vierteljahr später siegte Donald Trump gegen alle Vorhersagen bei den US-Präsidentschaftswahlen.

In Frankreich war Marine Le Pen im Frühjahr 2017 in die Stichwahl zur Präsidentschaft eingezogen und nur durch eine Empfehlung aller anderen Parteien für Emmanuel Macron als Präsidentin verhindert worden. In Österreich stand die FPÖ kurz vor ihrer zweiten Regierungsbeteiligung und in Polen und Ungarn waren die jeweiligen Rechtsregierungen bereits damit beschäftigt, Justiz und Medien an die Kandare zu nehmen und den systematischen Umbau liberaler Demokratien zu betreiben.

Von der AfD getrieben

Alle anderen Parteien gaben bei der Bundestagswahl 2017 Stimmen an die AfD ab. Am stärksten betroffen waren aber CDU/CSU mit fast einer Million Stimmen. Kein Wunder also, dass die Union im Umfeld der Wahl die heftigsten Auseinandersetzungen über den zukünftigen Kurs führte und sich dabei, sehr zur Freude der Konkurrenz von rechts, an den Rand der Spaltung als Fraktionsgemeinschaft brachte.

Der stetige Zuwachs der AfD in den Umfragen vor und nach der Wahl wurde auf Seiten der Union teils panisch verfolgt und führte zu weitgehenden Verwerfungen vor allem zwischen den Schwesterparteien CDU und CSU. Der damalige CSU-Vorsitzende und bayerische Ministerpräsident Horst Seehofer ging offenbar davon aus, dass der Konkurrenz von rechts nur mit einer scharfen Wende in der Migrationspolitik beizukommen sei und positionierte die CSU als schärfste Kritikerin der Kanzlerin. Von einer »Herrschaft des Unrechts« sprach Seehofer mit Blick auf die Entscheidungen zur Aufnahme der Geflüchteten, von einer »Kapitulation des Rechtsstaates« und schließlich bezeichnete er die Migration als »Mutter aller Probleme«.[4] Der Aufstieg der AfD ließ sich mit solchen Aussagen jedoch nicht stoppen. Ganz im Gegenteil konnten die Aussagen von Seehofer als Bestätigung der Linie der AfD verstanden werden und brachten der Partei weitere Zustimmung ein, die in den Umfragen nach der Bundestagswahl bis auf einem Spitzenwert von knapp 18 Prozent im Oktober 2018 anstieg.

Im Lager der Kanzlerin Merkel hoffte man zunächst, mit dem angestrebten Projekt einer schwarz-grün-gelben Regierung ein neues politisches Projekt starten zu können, um neue gesellschaftliche Mehrheiten für die Union nutzbar zu machen. Mit dem überraschenden Ausstieg der FDP aus den Koalitionsverhandlungen, dem

4 Vom Hardliner zum Menschenretter? Der fragwürdige Kurswechsel des Horst Seehofer, in: Stern, 23.9.2019.

damit verbundenen Abbruch eines schwarz-grünen Projektes und der Rückkehr zur ungeliebten Zusammenarbeit mit der SPD, brachen die Konflikte in der Union erneut auf. Die Regierungsbildung zog sich bis in den März 2018 hin, so lange wie noch nie zuvor in der Geschichte der Bundesrepublik.

Der Einzug der AfD als drittstärkste Kraft und größte Oppositionsfraktion in den Bundestag brachte die Union an den Rand der Aufkündigung der Fraktionsgemeinschaft und bescherte auch der Linkspartei eine anhaltende Debatte über den Umgang mit realen oder potenziellen Wählern und Wählerinnen der AfD, deren Ethnisierung der Sozialen Frage, verbunden mit dem Versprechen auf exklusive Vorrechte für ethnische Deutsche, gerade auch von Teilen der abhängig Beschäftigten goutiert wurde.

Insgesamt war das erste Jahr nach der Bundestagswahl innenpolitisch noch stark durch die Folgen der Fluchtmigration 2015 ff. gekennzeichnet. Der Anspruch der Regierungschefin, »Wir schaffen das«, musste organisatorisch und vor allem finanziell untersetzt werden. Für die AfD boten die u. a. von der Regierung Merkel zu verantwortenden schwierigen Voraussetzungen der Integration der Migrant*innen auf dem Arbeitsmarkt, dem Wohnungsmarkt, im Bildungsbereich etc. vielfältige Gelegenheiten, ohnehin vorhandene Unzufriedenheiten zum Ausdruck zu bringen. Während die Bevölkerung über Jahre von Regierung und Kapital vor allem das neoliberale Mantra des schlanken Staates, des enger zu schnallenden Gürtels, des angeblich notwendigen Abbaus oder der Privatisierung öffentlicher Daseinsvorsorge zu hören bekommen hatte, wurde jetzt der Eindruck erweckt, der Staat hätte doch sehr viel größere Möglichkeiten.

Von der AfD im Bundestag wurde dieser Widerspruch genutzt und ausschließlich gegen die Migrant*innen in Stellung gebracht. Sie wurden als kollektiver Sündenbock für alle realen Missstände im Land Woche für Woche in Reden und Anträgen angeführt. Wohnungsnot, Mietpreisexplosion, Bildungsmisere, Niedriglöhne, Haushaltszwänge – für alles hatte die AfD eine einzige Erklärung: Die Migrant*innen sind schuld.

So war das erste Jahr der AfD im Bundestag von Seiten der Fraktion vor allem durch Debatten, Anträge und Anfragen zu diesem Thema gekennzeichnet. Dabei ging es der AfD um die verbale Konstruktion eines universellen Feindbildes, das als gefährlich, hinterhältig, verächtlich beschrieben wurde und sprachlich nur als amorphe Masse, als Naturgewalt, als »Welle«, aber niemals in Form von Individuen erschien.

Hass und Hetze im Bundestag

Sehr schnell wurde von Beobachter*innen und Abgeordneten anderer Fraktionen der deutlich veränderte Tonfall im Bundestag als stärkste Änderung durch den Einzug der AfD beschrieben. Hetze, Hass und Rassismus wurden jetzt sehr offen vom Pult des Bundestages geäußert und die AfD testete die Grenzen des Sagbaren bis an die eher weiten Sanktionsgrenzen aus. Von »Flutung mit Geringqualifizierten«, »Fremdstaatlern« und »Arbeitnehmerimport« war da zunächst die Rede, um sich dann zu »Burkas, Kopftuchmädchen, alimentierten Messermännern«, »kulturfremden Kostgängern«, »Fachkräften für Messerattacken« oder »Vergewaltigern und Mördern, Messerstechern und Terroristen« zu steigern. Als Raubtiere und Wölfe oder Krankheitsträger wurden Migrant*innen von AfD-Abgeordneten charakterisiert und sehr schnell wurde klar, dass die Fraktion in einer verbalen Radikalisierungsspirale immer stärkere Bilder prägte, die Skandalisierung solcher Tabubrüche sichtlich genoss und ihrem Publikum via Social Media in die Wohnzimmer spiegelte.

Die klare Frontstellung gegen alle anderen Fraktionen, die als Kartell der »Altparteien« oder »Blockparteien« charakterisiert wurden, die Selbstdarstellung als ausgegrenztes Opfer der anderen und die Kriminalisierung des politischen Gegners waren weitere Merkmale der AfD-Auftritte in dieser frühen Phase. Als »Kanzlerin der Ausländer« wurde Merkel von der AfD gestempelt, die nicht auf die Regierungsbank, sondern die »Anklagebank« gehöre. Alle Verschwörungsmythen der extremen Rechten, von der »Umvolkung« bis zum »Austausch des Staatsvolkes«, wurden von der Fraktion ins Parlament getragen.

Hinzu kam von Anfang an eine Form des Kulturkampfes, mit dem die AfD Vorstellungen eines rechten Kampfes um kulturelle Hegemonie ins Parlament trug. Die Beseitigung der öffentlichen Erinnerung an die NS-Vergangenheit war hier ein zentraler Punkt, ähnlich wie die Thematisierung einer angeblichen linken Meinungsführerschaft in Kultur und Medien. Insbesondere ein militanter Antifeminismus, eine Politik gegen jede Form der Gleichstellung und ein traditioneller Familialismus wurden schnell zu weiteren Kennzeichen der neuen Fraktion.

Schließlich zeigte die AfD wirtschafts- und sozialpolitisch, dass sie objektiv Teil des Eigentumsblocks ist. In Sozial- und Arbeitsmarktdebatten wurden von ihr mehr oder weniger FDP-Positionen in Reinkultur vertreten. Die von der Partei gerne angeführten »kleinen Leute« wurden in entsprechenden Debatten des Bundestages schnell zugunsten von Vermögenden und Mittelständlern aus den Augen verloren.

Insgesamt kann für das erste Jahr der AfD im Bundestag festgehalten werden, dass die Fraktion eine relativ schnelle Professionalisierung absolvierte, die parlamentarischen Instrumente einer Oppositionsfraktion für sich nutzte und vor allem darum bemüht war, ihren Anhängerinnen und Anhängern zu beweisen, dass man keineswegs dem Anpassungszwang des Parlamentarismus erlegen war. Ganz im Gegenteil: Die AfD hat sich von Anfang an in eine Radikalisierungsspirale begeben, in der sie sich im zeitlichen Verlauf immer weiter von allen anderen Fraktionen des Bundestages entfernte.

Sitzungswoche 21./22. November 2017

Nach den ersten beiden Parlamentstagen mit der AfD eine kurze erste Einschätzung: Die AfD ist als einzige Fraktion fast durchgängig vollzählig im Plenum anwesend und demonstriert qua Präsenz eine gewisse Dominanz. Alexander Gauland und Alice Weidel sitzen als einzige Fraktionsvorsitzende fast durchweg in der ersten Reihe. Die AfD zeigt dadurch ihren Anhängern: wir sind für euch im Parlament da und die anderen Fraktionen kümmern sich nicht.

Inhaltlich haben sich die Redner und wenigen Rednerinnen der AfD ziemlich professionell präsentiert. Keine Totalausfälle, handwerklich relativ gute Reden, wenig Hang zum Klamauk und zur Inszenierung im Plenum, die reaktionären und völkischen Positionen immer argumentativ verpackt. Keine »Selbstentlarvung«, wie es einige vielleicht erhofft hatten. Die Inhalte changierend zwischen bürgerlich-konservativer Argumentation und völkischer Diktion. Häufig gab es einen politisch zwar rechten, aber verbal gemäßigten Vortrag in den dann Signalworte an das eigene Publikum eingestreut werden. So, wenn Gauland in der Debatte zur Verlängerung des Afghanistan-Einsatzes der Bundeswehr berechtigte Kritik übt und dann von den afghanischen Flüchtlingen spricht, die am Berliner Kurfürstendamm Kaffee trinken, anstatt ihr Land wieder aufzubauen: »*Und jetzt, verehrte Bundesregierung und Frau Verteidigungsministerin, wollen Sie erneut deutsche Soldaten zur Staatenrettung nach Afghanistan schicken, während afghanische Flüchtlinge auf dem Ku'damm Kaffee trinken, anstatt beim Wiederaufbau ihres Landes zu helfen.*«[5] (Deutscher Bundestag, 19. Wahlperiode, Protokoll 2. Sitzung, S. 63) Geflüchtete als Drückeberger, die auf Kosten des deutschen Steuerzahlers und deutscher Soldaten sich ein gutes Leben machen – dieses Bild will Gauland hier erzeugen.

Der Auftritt von Weidel zum AfD-Antrag zum Thema Eurorettung war im Tonfall und in der Diktion ein Bespiel des »Wir gegen die« und des Altparteien-Bashings. Schneidend bis zur Schmerzgrenze. Gottfried Curio machte sich als völkische Speerspitze beim Thema Einwanderungsgesetz bemerkbar und bediente zentrale Signalwörter der völkischen Rechten: »*Die Flutung mit Geringqualifzier-*

5 Alle im Folgenden kursiv gesetzten Zitate entstammen Reden von AfD-Abgeordneten im Bundestag.

ten plus geplantem Familiennachzug stabilisiert nicht Arbeitsmarkt und Rentensystem, sondern erhöht Arbeitslosigkeit und Sozialleistungsbezug, noch dazu in einer zunehmend digitalisierten Arbeitswelt. Zielführend wäre die Erhöhung der Geburtenrate. Eine aktivierende Familienpolitik, wie von uns gefordert, wäre vorrangig, statt das eigene Volk auszutauschen.« (Deutscher Bundestag, 19. Wahlperiode, Protokoll 3. Sitzung, S. 173) Die Behauptung einer »Umvolkung« klingt hier schon an, zumal Curio wenig später von den »*UN-Ideologen*« spricht, »*die mittels weltweiter Massenmigration gewachsene Nationalstaaten auflösen wollen.*« (Ebd.) »*Asylmissbrauchsmigration*«, »*Arbeitnehmerimport*« oder »*Fremdstaatler*« sind weitere Begriffe in der Rede Curios, mit der die gesamte Gruppe der Migrantinnen und Migranten verächtlich gemacht werden soll.

Sitzungswoche 12./13. Dezember 2017

War in der letzten Sitzungswoche, die gleichzeitig die erste Sitzungswoche der 19. Wahlperiode war, der dominierende Eindruck der AfD-Fraktion noch, dass sie professionell, diszipliniert, überwiegend sachlich, mit wenigen rechten Signalwörtern in die Debatten geht, so hat diese Sitzungswoche erfreulicherweise gezeigt, dass die AfD auch nur mit Wasser kocht und blamable und schwache Auftritte hinlegen kann. Und vor allem: Debatten können gegen die AfD klar und deutlich gewonnen werden!

Zwei inhaltliche Punkte wurden von der AfD in dieser Woche aufgesetzt. Ein Antrag zur ersatzlosen Streichung des Netzwerkdurchsetzungsgesetzes, bei dem es um die Pflicht der IT-Unternehmen geht, Hasspostings zu unterbinden. Die AfD will mit Blick auf ihre Klientel diese Unterbindung von Hasspostings generell als »Zensur« abschaffen. Als zweiten Punkt hatte die AfD ihren Antrag »Umfassende Grenzkontrollen einrichten« aufsetzen lassen. Alexander Gauland sprach schwach, eher im Stil einer staatspolitischen Vorlesung.

Schon hier gab es viel Widerspruch und ein argumentatives Gegenhalten, mit dem die inhaltliche Haltlosigkeit der AfD-Vorstellungen deutlich wurde. Höhepunkt war aber ohne Zweifel die von der AfD beantragte Aktuelle Stunde zum Thema »Linksextreme Gewalt gegen die politische Betätigung demokratischer Parteien.« Für das Selbstbewusstsein der anderen Parteien gegenüber der AfD war diese Debatte ein wichtiger Punkt, weil der AfD ihr Tagesordnungspunkt entwunden und die Aktuelle Stunde zu einer weitgehenden Abrechnung mit dem rassistischen und gewaltschürenden Agieren der AfD wurde. Auch wenn von CDU und FDP der Extremismusansatz bedient wurde, so war doch auch bei diesen Fraktionen klar, dass die AfD im Zentrum der Debatte stand. Linke, SPD und Grüne haben in scharfer Weise das Ansinnen der AfD, sich zum Opfer zu machen, zurückgewiesen und den ganzen Rassismus und die verbale Gewalt der AfD zur Sprache gebracht. Beatrix von Storch entpuppte sich in der Debatte als beste Botschafterin des Bündnisses »Aufstehen gegen Rassismus«, das von ihr nicht nur als wirksame Streiterin gegen die AfD vorgestellt wurde, sondern auch noch breite Unterstützung genießt: »*Das sogenannte Bündnis ›Aufstehen gegen Rassismus!‹ wird in Teilen vom Verfassungsschutz beobachtet. (…) Die Bekämpfung der AfD ist das Ziel dieses Bündnisses, und sie sagen auch, wie sie uns bekämpfen wollen. Sie wollen uns von den Bühnen und Mikrofonen fernhalten und unsere Wahlkampfstände unschädlich machen; genau so wird es gesagt. Der eigentliche Skandal ist, dass diesen Aufruf zur Gewalt namentlich unterschrieben haben: Familienministerin Barley, die Kollegen Högl, Göring-Eckardt und Kipping, Hofreiter, Özdemir, Bartsch, Pau, Buchholz, Gehring, Grötsch und Krellmann. Den Aufruf des Bündnisses ›Aufstehen gegen Rassismus!‹, das diese Beutel verteilt, in denen alles drin sei, um die Wahlkampfstände der AfD unschädlich zu machen, haben Sie unterschrieben, Frau Högl und Frau Barley – unsere Familienministerin – von der SPD.*« (Deutscher Bundestag, 19. Wahlperiode, Protokoll 5. Sitzung, S. 385)

In mehreren Debatten zeigte sich, wie die AfD mit der Funktionalisierung sozialer Themen und der Anprangerung politischer Eliten auch im Plenum agieren will. Beim Thema der Diätenerhöhung gab es berechtigte Kritik, die von der AfD artikuliert wurde. Wie man trotz ähnlicher inhaltlicher Positionierung der AfD mit nur einem Satz den Wind aus den Segeln nehmen kann ohne sich an ihr abzuarbeiten, zeigt Jan Korte von der Linken: »Frau Präsidentin! Liebe Kolleginnen und Kollegen! Ausnahmsweise ein Satz zur AfD: Ausgerechnet die Truppe – mir liegt ein entsprechender Artikel vor –, die auf Fraktionssitzungen mehrere Zehntausend Euro für Schnittchen und Mettigel rausballert, stellt sich hier als moralisch integer dar; das ist nicht schlecht. In Ihren Reihen ist es doch, wo mittlerweile mehrere Personen Doppelmandate haben, nicht in den anderen Fraktionen. Also, bitte: Ab nach Hause!« (Deutscher Bundestag, 19. Wahlperiode, Protokoll 5. Sitzung, S. 269)

Sitzungswoche 18./19. Januar 2018

Weiterhin tagt der Bundestag aufgrund der nicht abgeschlossenen Regierungsbildung in verkürzten Sitzungswochen, läuft die Parlamentsarbeit nicht unter Volldampf, sind die Fachausschüsse des Bundestages noch nicht konstituiert.

Die Präsenz der AfD-Abgeordneten im Plenum ist nach wie vor hoch, wenngleich nicht mehr auf dem hohen Niveau der ersten beiden Sitzungswochen. Zwei Niederlagen musste die AfD in dieser Woche hinnehmen. Der Ältestenrat beschloss, keinen weiteren Wahlgang zur Kandidatur Albrecht Glasers zum Vizepräsident des Bundestages zuzulassen, da diese keine Aussicht auf Erfolg habe.[6] Am 18. Januar wurden die Mitglieder des Parlamentarischen Kontrollgremiums (PKGr) zur Kontrolle der Geheimdienste gewählt. Roman Reusch, der von der AfD ins Rennen geschickt wurde, bekam 210 Ja-Stimmen und verfehlte damit die notwendige Mehrheit von 355 Stimmen deutlich (307 Nein-Stimmen, 93 Enthaltungen, 45 ungültige Stimmen). Als Reaktion darauf drohte Gauland: »Wenn man Krieg haben will in diesem Bundestag, dann kann man auch Krieg

6 Drei Wahlgänge sind genug, in: Süddeutsche Zeitung, 19.1.2018, sueddeutsche.de [Abruf: 16.11.2021; vollständige URLs der im Buch genannten Onlinequellen liegen Autor und Verlag vor].

kriegen.« Die Infragestellung der Beschlussfähigkeit des Bundestages zu später Stunde am 18. Januar und der daraus resultierende Abbruch der Sitzung wegen fehlender Beschlussfähigkeit war eine erste Demonstration dieser Strategie.[7] Gauland hat angekündigt, alle notwendigen Verfahrensabsprachen zwischen den Fraktionen zu unterlaufen, um so die Arbeit zu erschweren. Es ist bereits jetzt zu erwarten, dass CDU/CSU und auch FDP in einer weiteren Wahlrunde den AfD-Kandidaten Reusch ins PKGr wählen werden. Aus der Union ließen sich schon mehrere Stimmen in dieser Richtung vernehmen.

Von Seiten der AfD wurden zwei Anträge in der Sitzungswoche aufgesetzt: Ihr Gesetzentwurf zur Änderung des Aufenthaltsgesetzes, in dem es um die Streichung des Familiennachzugs für Geflüchtete geht und ihr Antrag zur Altersfeststellung minderjähriger unbegleiteter Flüchtlinge, der eine obligatorische und hart sanktionierte Altersfeststellung fordert. Zudem fand eine von der AfD beantragte Aktuelle Stunde zum Thema »Freiheit und Gleichheit von Frauen stärken – Grundgesetz statt Parallelgesellschaft« statt, deren Titel für sich spricht.

Die ethnopluralistische Ausrichtung mehr oder weniger aller AfD-Rednerinnen und -Redner ließ sich nicht nur bei diesen Themen, sondern bei fast allen Debatten verfolgen. Auch beim Thema »Tiertransporte« kommt der AfD-Abgeordnete Thomas Ehrhorn unweigerlich auf »*halal*« und »*Schächten*« als die eigentlichen Probleme des Tierschutzes zu sprechen. In Reinkultur führt das jedoch Gottfried Curio vor, der im Zusammenhang von Zuwanderung von »*archaischen Clanstrukturen*«, einem »*kulturfremden*« Islam, einem »*importierten*« Antisemitismus etc. spricht. Nicole Höchst nimmt in der Aktuellen Stunde auf Antrag der AfD den Mord eines Geflüchteten an einer jungen Frau im pfälzischen Kandel zum Anlass, den antimuslimischen Rassismus der AfD als Ausdruck des Schutzes der Rechte von Frauen darzustellen. Die »*Islamisierung Europas*« sei

7 AfD-Wunschkandidat Glaser entgültig gescheitert, in: neues deutschland, 19.1.2018, nd-online.de [Abruf: 16.11.21, Schreibfehler im Titel im Original].

verantwortlich für den schleichenden und politisch unwidersprochenen Raub der Grundrechte von Frauen, für den u. a. das »*Meinungskartell*« der »*Erziehungspresse*« Verantwortung trage.

Zur Einsetzung des Untersuchungsausschusses zum Terroranschlag am Berliner Breitscheidplatz nutzte Beatrix von Storch das Thema, um die Zuwanderung aus muslimisch geprägten Ländern als generelle Terrorgefahr zu denunzieren. Gegenstand der Untersuchung solle nicht nur das Behördenversagen, sondern vielmehr das »*Versagen des gesamten politischen Systems*« bis hin zur Spitze (sprich: Merkel) sein. Ebenfalls von Storch begründete die Zustimmung der AfD zum Antrag »Antisemitismus bekämpfen«, der von CDU/CSU, SPD, FDP und Grünen – unter Ausschluss der ›Extreme‹ rechts und links – eingebracht wurde. Die Verschärfung der Ausweisungsgründe in § 54 Aufenthaltsgesetz war der zentrale Zustimmungsgrund für die AfD, weil sie Antisemitismus vor allem als Problem der Zugewanderten sieht – im Übrigen für Die Linke der Grund, sich bei diesem Antrag zu enthalten.

Mit den Themen Familiennachzug und Altersprüfung bei minderjährigen Geflüchteten boten sich weitere Gelegenheiten für die AfD, ihre völkische Position zu vertreten. Martin Sichert bezeichnete Flüchtlingsheime als »*Hotspots der Kriminalität*« und Roman Reusch stempelte minderjährige Flüchtlinge prinzipiell zu Betrügern, die sich eine »*Luxusunterbringung*« erschleichen wollten. Liest man diese Debatten im Protokoll nach, kann man die genüsslichen Zwischenrufe der AfD bei den Reden von CDU/CSU verfolgen, die sowohl beim Familiennachzug als auch bei der Altersprüfung faktisch AfD-Positionen in Regierungspolitik umsetzen oder sich doch annähern, sich aber verbal – moralisch einwandfrei –, von der AfD absetzen wollen. Die Fixierung auf die AfD kann hier den Blick für tatsächliche Verschärfungen trüben, die von der Union ins Werk gesetzt werden.

Von besonderem Interesse war das Verhalten der AfD in den sozialpolitischen Debatten. Während mit Blick auf Betriebsratswahlen und völkischen Antikapitalismus die vorgeblich national-soziale

Ausrichtung der AfD stärker in den öffentlichen Fokus rückt, argumentierten ihre Abgeordneten in dieser Woche gänzlich auf neoliberaler Linie. Den Linken-Antrag »Millionärssteuer« nannte Albrecht Glaser eine Form der »*Gruppendiskriminierung*« und einen Ausdruck des »*real existierenden Sozialismus.*« Höhere Vermögensbesteuerung sei ein »*Kampf gegen jeden prosperierenden Wirtschaftsprozess.*« Die Aussetzung der Vermögenssteuer 1997 durch CDU/CSU und FDP sei völlig richtig gewesen. Ähnlich Martin Sichert zum Linken-Antrag »Kehrtwende in der Arbeitsmarktpolitik«, den er als »*Sozialismus in Reinkultur*« bezeichnet. Staatliche Arbeitsmarktpolitik wird von ihm abgelehnt, die Senkung von Steuern und Bürokratie dagegen empfohlen. Anders sagt es die FDP auch nicht. Deutschland brauche keine Planwirtschaft, sondern Freiheit. Schließlich ein entlarvendes Zitat von Sichert, mit dem man den völkischen Antikapitalismus des Höcke-Flügels konfrontieren sollte: »*Das mit Abstand beste Programm zur Vermeidung von Arbeitslosigkeit und Wirtschaftsabschwung sind nicht aufgeblähte Töpfe der Sozialversicherungen, sondern der Abbau von Bürokratie, Abgaben und Steuern.*« (Deutscher Bundestag, 19. Wahlperiode, Protokoll 8. Sitzung, S. 656) So hört sich die Politik für die »kleinen Leute« aus den Reihen der AfD an.

Sitzungswoche 31. Januar bis 2. Februar 2018

Die Konstituierung der Ausschüsse des Bundestages und damit die Festlegung der Vorsitze standen am Beginn der Parlamentswoche. Der AfD stehen drei Ausschussvorsitze zu und nach interfraktioneller Verteilung sind das der Haushaltsausschuss, der Ausschuss für Recht und Verbraucherschutz und der Tourismusausschuss. Der Vorsitz wird durch die Fraktion festgelegt, die den Ausschuss erhält, es sei denn, der Personalvorschlag wird strittig gestellt, was eine Wahl im Ausschuss erfordert.

Mit den Kandidaten Peter Boehringer (Haushalt), Stephan Brandner (Recht und Verbraucherschutz) und Sebastian Münzenmaier (Tourismus) hatte die AfD drei Kandidaten der äußersten

Rechten aufgestellt, die durch zahlreiche rassistische und beleidigende Äußerungen bzw. wegen Gewalttaten[8] aufgefallen waren. Im Haushaltsausschuss wurde auf Antrag der Linken über den AfD-Kandidaten Boehringer abgestimmt. In offener Abstimmung stimmten die FDP und die AfD für Boehringer, SPD, CDU/CSU und Grüne enthielten sich und Die Linke stimmte gegen den AfD-Kandidaten. Im Rechtsausschuss wurde von mehrere Fraktionen Einspruch gegen die Ernennung des AfD-Kandidaten Brandner erhoben. In geheimer Abstimmung wurde er mit 19 Ja-Stimmen bei 12 Nein-Stimmen und 12 Enthaltungen gewählt (Grüne und Linke haben jeweils vier Stimmen). Im Tourismusausschuss wurde ebenfalls von der Linken Abstimmung beantragt und der AfD-Kandidat Münzenmaier wurde mit den Stimmen von AfD, CDU/CSU, FDP bei Enthaltung von Grünen und SPD und Gegenstimmen der Linken gewählt. Auch der AfD-Kandidat für das Parlamentarische Kontrollgremium (Geheimdienste) Roland Reusch wurde mit 378 von 677 abgegebenen Stimmen im zweiten Anlauf gewählt (205 Nein-Stimmen, 94 Enthaltungen).

Auf Antrag der AfD wurden in der Sitzungswoche zwei Punkte debattiert: Die Forderung nach Wiedereinführung der als »Demokratieklausel« getarnten Extremismusklausel und die Forderung nach Änderung des Staatsangehörigkeitsrechts und die Rückkehr zur Optionspflicht.

Gottfried Curio aus Berlin entwickelt sich immer mehr zur völkischen Speerspitze der Plenarauftritte der AfD-Fraktion. Nazivokabular und völkische bzw. neurechte Signalwörter kennzeichnen alle seine Reden, so auch in der Debatte zum Staatsangehörigkeitsrecht. Der schon im Gesetzentwurf der AfD (Drs. 19/86) durchgehend vorhandene Vorwurf, Doppelstaatler seien illoyal und Agenten fremder Mächte in Deutschland, wurde von Curio in der Rede noch verschärft: »*Wir kennen die Geburtenraten; es bedarf keiner Phanta-*

---

8 Vgl. AfD-Politiker Münzenmaier zu Geldstrafe verurteilt, in: Allgemeine Zeitung, 17.12.2018, allgemeine-zeitung.de [Abruf: 19.12.2021].

sie: Soll Klein-Anatolien – Berlin-Neukölln –, soll Syrien, soll Innerafrika jetzt nicht nur hier wohnen, sondern bald direkt die deutsche Politik bestimmen?« (Deutscher Bundestag, 19. Wahlperiode, Protokoll 12. Sitzung, S. 948) Von »*fremdkulturellen Zonen*« »*Fremdstaater(n)*«, »*fremdstaatlicher Identität*« war die Rede. Die bisherige Regelung nannte Curio im Nazijargon »entartet«, ohne dafür einen Ordnungsruf des Präsidenten zu erhalten. Schließlich beleidigte er die geschäftsführende Staatsministerin Aydan Özoğuz »*ein Musterbeispiel misslungener Integration*«, auch das ohne Konsequenzen.

Ideologischer Höhepunkt neben der Curio-Rede war sicherlich der Auftritt von Marc Jongen zum Thema »Globale Bildungspartnerschaften«, den dieser zu einer Anklage des linken »Kulturmarxismus« und konkret des Gender-Mainstreaming, von Inklusionsprogrammen und postkolonialen Studien nutzte, die alle drei als »Ideologien« bezeichnet wurden. Jongen klagte, mit dem »Gender-Mainstreaming« werde der »*Geschlechterkampf in unseren Bildungseinrichtungen und Behörden staatlich verordnet auf Dauer gestellt. Das Verhältnis zwischen den Geschlechtern wurde damit einer permanenten unterschwelligen Vergiftung ausgesetzt.*« Dahinter sieht er eine »*Gesinnungsdiktatur von allmählich Orwell'schen Ausmaßen*«. (Deutscher Bundestag, 19. Wahlperiode, Protokoll 12. Sitzung, S. 985) Die im Bildungsplan angeblich vorgesehene »*Indoktrination mit postkolonialer Ideologie*« werde zu einer »*Verankerung einer Überlegenheits- und Anspruchshaltung im Globalen Süden gegenüber dem Westen*« führen.

Sitzungswoche 21.-23. Februar 2018

Mit Blick auf die AfD stand die Sitzungswoche ganz unter dem Eindruck der weiteren verbalen Radikalisierung der AfD, wie sie in der völkischen und rassistischen Aschermittwochsrede des AfD-Fraktionsvorsitzenden in Sachsen-Anhalt, Andreas Poggenburg,[9]

9 AfD-Politiker Poggenburg beleidigt Türken in Deutschland, in: Frankfurter Allgemeine Zeitung (FAZ), 14.2.2018, faz.net [Abruf: 16.11.2021].

dem Interview von Alexander Gauland, in dem dieser *den* Türken in Deutschland bescheinigte, sie gehörten nicht hierher[10] und den Tweets von Alice Weidel[11] bezogen auf die Freilassung des Journalisten Deniz Yücel aus türkischer Haft erfolgten. Klima und Tonfall nehmen an Schärfe weiter zu und die AfD tut im Plenum des Bundestages alles, um diese Zuspitzung fortzuführen. Verantwortlich hierfür sind nicht nur die von der AfD provozierten Debatten, die sich in dieser Woche um die Themen »Verbot der Vollverschleierung«, »Verhalten der Bundesregierung im Fall Yücel« und die Aktuelle Stunde zum Thema »Demonstrationsrechte von Frauen stärken« aus Anlass der von der AfD-Mitarbeiterin Leyla Bilge angemeldeten rechten Demo in Berlin drehten. Auch das verbale und nonverbale Verhalten der AfD im Plenum trägt zu dieser Zuspitzung bei. So verweigert der Abgeordnete Brandner gegenüber der Vizepräsidentin Claudia Roth die übliche Anrede des Präsidiums, die AfD-Abgeordneten springen nach Reden ihrer Abgeordneten in hitzigen Debatten immer wieder auf. Nonverbal inszeniert sich hier eine Gruppe, die gegenüber allen anderen ihre Verachtung zum Ausdruck bringt.

In den Ausschüssen – so im Innenausschuss – werden über Aufsetzungswünsche politische Gefechte zu Links- und Rechtsextremismus geführt. Die AfD sorgt, das muss eingeräumt werden, für die Aufreger im Parlament. Verbal wird dieser Kampf von den anderen Fraktionen zumeist angenommen und – wie in der Yücel-Debatte – auch mit aller Macht geführt. Es bleibt abzuwarten, für wen sich die damit erzeugte Resonanz wie auswirken wird. Da es der AfD erkennbar ausschließlich um ihr Publikum und fast nie um den rationalen Diskurs geht, bleiben die Debatten auf dem Niveau des Schlagabtauschs.

10 »Es ist kein Rassismus, wenn ich sage: ›Die Türken gehören nicht zu uns‹« – Alexander Gauland im stern, 21.2.2018, stern.de [Abruf: 16.11.21]

11 Facebook-Präsenz von Alice Weidel, +++»Deutscher Journalist« kommt frei: Zwei Fakenews in zwei Wörtern!+++, 17.2.2018, www.facebook.com/alice-weidel/posts/1868347016509858 [Abruf: 16.11.2021].

Gottfried Curio als völkische Speerspitze der Fraktion nutze beim AfD-Antrag zum Thema »Vollverschleierung« gerne »linke« Begrifflichkeiten wie »gruppenbezogene Menschenfeindlichkeit« und »Geschlechterrassismus« um die Situation der betroffenen Frauen zu charakterisieren. Die Überfremdungsphantasien werden immer wieder durch bildreiche Beispiele angeregt: »*Wenn jetzt wegen verfehlter Zuwanderungspolitik unsere Frauen bald einer Mehrheit von jungen Männern aus archaischen, frauenfeindlichen Gesellschaften gegenüberstehen: Sollen Frauen dann erst auf kurze Röcke verzichten, dann besser ihre Haare mit einem Kopftuch verhüllen, um am Ende in einer Burka eingesperrt herumlaufen zu müssen? Sollen angstfreie Räume Mangelware werden und abendliches Joggen eine Mutprobe? Dahin darf es nicht kommen.*« (Deutscher Bundestag, 19. Wahlperiode, Protokoll 14. Sitzung, S. 1112)

Rassismus und Hetze gegen linke bzw. antifaschistische Organisationen werden von der AfD auch an abseitigen Stellen eingebaut. In der von der Linken initiierten Debatte zum Thema »Lobbyregister« führte der AfD-Abgeordnete Thomas Seitz unter dem Stichwort »*Einfluss von Vertretern ideologischer Gesinnungen*« in Anlehnung an Brecht aus: »*Was ist ein Einbruch in eine Bank gegen die parlamentarische Mitgründung und staatliche Finanzierung der zumindest linksradikalen Amadeu-Antonio-Stiftung*«, um im übernächsten Satz beim Rassismus zu landen: »*Ein Beispiel. In der Gemeinde Kandel hat sich bekanntlich ein Bürgermeister als Kuppler minderjähriger Mädchen mit erwachsenen muslimischen Männern hervorgetan. Diese perverse Idee endete mit der grausamen Ermordung eines blutjungen 15-jährigen Mädchens.*« (Deutscher Bundestag, 19. Wahlperiode, Protokoll 14. Sitzung, S. 1216)

Am Freitag hatten die Grünen eine Aktuelle Stunde zum Thema »Demokratie und Erinnerungskultur in Deutschland angesichts rechtsextremistischer Angriffe« aufsetzen lassen. Marc Jongen fasste noch einmal zusammen, was Konservative, Reaktionäre und extreme Rechte schon immer an der Erinnerung an des NS gestört hat – die Einschränkung nationalistischer Interessen- und Großmachtpolitik: »*Wir brauchen eine würdige Erinnerung an die fürchterlichen Gräueltaten der Nazis – ja –; aber die kann nicht gleichbedeutend sein mit der Kultivierung eines Schuldkomplexes, der das Land wehrlos macht gegen jede Beleidigung, jede Vergewaltigung und jede Überrollung.*« (Deutscher Bundestag, 19. Wahlperiode, Protokoll 15. Sitzung, S. 1295) Wegen seines Zwischenrufs »Richtig« bezogen auf die Vorhaltung des Zitats vom »Denkmal der Schande« wurde der AfD-Abgeordnete Seitz vom Präsidium gerügt. Gauland versuchte mit einem Zwischenruf dieses Höcke-Zitat zu verfälschen, indem er wahrheitswidrig behauptete, Höcke habe vom »*Mahnmal unserer Schande*« gesprochen. (Ebd., S. 1292)

Sitzungswoche 28. Februar bis 2. März 2018

Gemessen an den bisherigen Sitzungswochen war diese mit Blick auf die AfD die bisher ruhigste. Vielleicht setzt aber auch schon der Gewöhnungsprozess ein, durch den die alltäglichen Rassismen und Verächtlichmachungen nur noch beiläufig zur Kenntnis genommen werden.

Von der AfD wurden die für kleinere Fraktionen möglichen zwei Tagesordnungspunkte plus eine Aktuelle Stunde aufgesetzt: Ein Gesetzentwurf mit der Bezeichnung »Gesetz zum Schutz der Bevölkerung vor ausländischen Gefährdern« und ein weiterer Gesetzentwurf mit dem Titel »Gesetz zur Festschreibung der deutschen Sprache als Landessprache«, dazu eine Aktuelle Stunde zum Thema »Diesel-Fahrverbote«. Zwei Identitätsthemen der AfD also und ein populistisches Aufregerthema.

Interessanter als die Debatten zu diesen Themen waren aber die kulturpolitischen Vorstöße der AfD. So z. B. in der vereinbarten Debatte zum Internationalen Frauentag. Die AfD-Abgeordnete Nicole Höchst wandte sich hier vehement gegen einen angeblichen »*Gleichstellungstotalitarismus*«, der mittels Quote und anderen Förderungen das »*Ansehen Millionen freier, selbstbestimmter Frauen*« zerstöre. Jede Form struktureller Benachteiligung von Frauen wurde von Höchst bestritten – »*Die strukturelle Benachteiligung von Frauen gleicht einem Yeti: Jeder spricht darüber, aber noch niemand hat ihn ernsthaft gesehen.*« (Deutscher Bundestag, 19. Wahlperiode, Protokoll 17. Sitzung, S. 1387) –, um danach zielsicher die strukturelle Benachteiligung von Frauen im Islam zu thematisieren, die die eigentliche Gefährdung der Frauen in Deutschland sei: »*Sie liefern uns aus der Geschlechtertrennung und der systematischen, strukturell in dieser sogenannten Religion angelegten Benachteiligung von Frauen. Sie hinterlassen unseren Töchtern und Enkelinnen einen islamisierten Bundesstaat Deutschland in einem zentral regierten islamischen Europa.*« (Ebd.)

Das unbegrenzte »einsperren« von sogenannten Gefährdern, die nicht abgeschoben werden können, ist wesentlicher Inhalt des Gesetzentwurfs der AfD »Gesetz zum Schutz der Bevölkerung vor ausländischen Gefährdern«. Der Hinweis auf die Verfassungswidrigkeit solcher Maßnahmen wird von der AfD als »Totschlagargument« bezeichnet, womit sie ihre Sicht auf das Grundgesetz verdeutlicht.

Abschließend noch zwei sozialpolitische Debattenpunkte, in denen die AfD einmal mehr deutlich machte, dass sie mitnichten die Partei der »kleinen Leute« ist. In der von der Linken initiierten Debatte zum Thema Mietpreisbremse zeigte der AfD-Abgeordnete Martin Sichert sein Verständnis einer Volksgemeinschaft jenseits von Klassen und antagonistischen Interessen: »*Die Grünen stacheln die Fahrradfahrer gegen die Autofahrer auf, die Linke die Arbeitnehmer gegen die Arbeitgeber oder, wie in diesem Fall, die Mieter gegen die Vermieter.*« (Ebd., S. 1431) Schuld an der Wohnungsnot seien Zuwanderung, Eurorettung und Nullzinspolitik, was die Menschen daran hindere, Eigentümer zu werden. Staatlicher Wohnungsbau sei dagegen Teufelszeug und der Versuch der Linken, zur DDR zurückzukehren.

Sitzungswoche 14.-16. März 2018

Zentral waren in dieser Woche die Wahl der Bundeskanzlerin sowie die Ernennung und Vereidigung der neuen Bundesregierung. Von Seiten der AfD wurde die Wahl von Angela Merkel, die das politische Hassobjekt Nummer Eins für die AfD und die rechte Straßenbewegung darstellt, mit größter medialer Aufmerksamkeit verfolgt. Unter dem Label »Meineid 4.0« begleitete die AfD-Bundestagsfraktion die Ereignisse des 14. März in den Sozialen Medien quasi im Minutentakt. Zentrales Element dabei war die Verächtlichmachung nicht nur des politischen Gegners, sondern des zugrundeliegenden parlamentarisch-demokratischen Prozesses insgesamt. Das mit 1.000 Euro Ordnungsgeld vom Bundestagspräsidium geahndete Abfotografieren und ins Netz stellen des Wahlzettels zur Kanzlerinnenwahl durch den AfD-Abgeordneten Petr Bystron war nur einer von mehreren Vorfällen. Der Mitarbeiter eines AfD-Abgeordneten und bayerische Landtagskandidat Matthias Vogler zeigte auf der Bundestagstribüne ein Transparent mit der Aufschrift »Merkel muss weg«.[12] Stephan Brandner, AfD-Abgeordneter und Vorsitzender des Rechtsausschusses, machte in der von AfD-Seite häufig genutzten Fäkalsprache deutlich, was er vom Wahlakt im Bundestag hielt: Er fotografierte seinen Wahlzettel auf dem Herrenklo und machte damit deutlich, wo er Parlament und Parlamentarismus verortet.

Die AfD hatte in dieser Woche Anträge zu den Themen »Sofortige und uneingeschränkte Abschaffung des Solidaritätszuschlags« und »Umfassende Grenzkontrollen sofort einführen – Zurückweisung bei unberechtigtem Grenzübertritt« aufsetzen lassen. In der Soli-Debatte stand die AfD in Konkurrenz zur FDP, mit der sie den Anspruch teilt, Anwalt des Steuerzahlers / der Steuerzahlerin zu sein. Interessant war hier weniger der Redebeitrag von Stefan Keuter als der Zwischenruf der Fraktionsvorsitzenden Alice Weidel auf die vom Linken-Abgeordneten Michael Leutert an die AfD gestellte Frage, wie sie denn die Lücke von 18 Milliarden Euro im Bundeshaushalt bei Umsetzung ihres Vorschlags füllen wolle? Weidel dazu: »*Durch Einsparungen! Bei Arbeit und Soziales kann man einspa-*

12 AfD-Mitglied fliegt wegen Transparent aus dem Bundestag, in: welt.de, 14.3.2018 [Abruf: 16.11.2021].

ren!« (Deutscher Bundestag, 19. Wahlperiode Protokoll 20. Sitzung, S. 1626) Die selbsternannte Partei der kleinen Leute kümmert sich also fortgesetzt in Anträgen um Steuerersparnisse für Besserverdienende und will diese mit Einsparungen im Haushalt Arbeit und Soziales kompensieren.

Beim AfD-Tagesordnungspunkt »Grenzkontrollen« zeigte sich einmal mehr der Abgeordnete Gottfried Curio als der emotionale Einpeitscher der AfD, der die Fraktion zum Kochen bringt. Herabwürdigung und Verleumdung von Geflüchteten und Kriminalisierung des politischen Gegners machen seine Reden regelmäßig zu Anschauungsbeispielen für die auf Eskalation gerichtete Strategie der AfD. Die zumeist auf Sachargumente setzenden Erwiderungen auf Curio schaffen es nur selten, ein auch emotionales Gegenbild zu erzeugen, weshalb die Wirkung von Curios Reden höher sein dürfte.

Die »*Herrschaft des Unrechts*« mit der Kanzlerin als »*Garantin*« war ein Strang der Rede. Die »*Kanzlerin der Ausländer*« gehöre nicht auf »*die Regierungsbank*«, sondern »*eher auf die Anklagebank*«. Die von der radikalen Rechten behauptete ›Umvolkung‹ war der zweite Strang bei Curio: »*Den Unterstützern der offenen Grenzen geht es um den Umbau der einheimischen Bevölkerung durch jedwede Zuwanderung samt entsprechender Konsequenzen für die Wahlbevölkerung. Die UN-Umsiedlungspläne, Resettlement von Afrika nach Europa, de facto nach Deutschland, hat Frau Merkel, die Kanzlerin der Ausländer, der Union in das Parteiprogramm geschrieben.*« Dieser ›Plan‹ werde zielstrebig umgesetzt: »*Dem dient die Bemäntelung der völligen Unmachbarkeit dieser Völkerverschiebung, wenn für die sogenannte Integration nicht erwerbsfähiger Personen jährlich über 50 Milliarden Euro veruntreut werden. Das ist Diebstahl am deutschen Volk.*« Der dritte Strang der Rede bestand in der Kriminalisierung und Verächtlichmachung der Geflüchteten: »*Wer sich schleusen lässt, der will betrügen*«, »*Die Asylbehaupter hier aufzunehmen, die Urlaubsreisen zu ihren Familien machen, ist auch kein Akt von Humanität.*« Geflüchtete erscheinen bei Curio immer als homogene, feindliche, entindividualisierte Masse: »*Integration ist gescheitert, schon wegen der schieren Menge. Sie wird von den Migranten selbst auch nicht gewünscht, die ihre eigene Kultur leben wollen – nach den gesetzwidrigen Regeln der Scharia.*« Schließlich, mit Blick auf die Kanzlerin: »*Sie hat massenhaft archaische, frauenfeindliche Gewalttäter ins Land geholt – ohne Not –, aber immerhin doch auch Fachkräfte importiert: für Messerattacken.*« (alle Zitate: Deutscher Bundestag, 19. Wahlperiode, Protokoll 21. Sitzung, S. 1745)

Immer deutlicher wird das sich hinter mancher radikalen Attitüde in der Sozialpolitik verbergende volksgemeinschaftliche Gesellschaftsverständnis der AfD. Zum Thema »Arbeitszeitgesetz« mahnte Uwe Witt, die berechtigten Interessen des Mittelstands an einer Flexibilisierung der täglichen Arbeitszeit zu berücksichtigen. »*Arbeitszeitflexibilisierung sollte immer im gegenseitigen Einvernehmen zwischen Arbeitgeber und Arbeitnehmer erfolgen*« (Deutscher Bundestag, 19. Wahlperiode, Protokoll 20. Sitzung, S. 1645) ganz so, als gäbe es keine unvereinbaren Interessen und stände man sich auf Augenhöhe gegenüber. Jürgen Pohl, Mitbegründer der rechten Pseudogewerkschaft ALARM (Alternativer Arbeitnehmerverband Mitteldeutschland) wandte sich in seiner Rede zum Linken-Antrag »Betriebsratswahlen erleichtern und Betriebsräte besser schützen« gegen die »*Altgewerkschaften*«, für die Die Linke hier Lobbyarbeit mache. Seine Sorge galt vor allem dem Mittelstand, der »*mit zusätzlicher Bürokratie und zusätzlichen Kosten*« belastet werde. Die Linke habe – im Gegensatz offenbar zur AfD – »*immer noch nicht begriffen, dass Mitbestimmung nicht gegen, sondern nur im Dialog mit dem Mittelstand zum Wohle aller gelebt werden kann.*« (Ebd., S. 1654) In dieser Form des Co-Managements sieht Pohl dann auch die Aufgabe der rechten Listen bei den Betriebsratswahlen: »*Damit dieses Verständnis einer kooperativen und nicht feindlichen Mitbestimmung auch in die Betriebe transportiert wird, sind wir als AfD, als neue Volkspartei, froh, dass es endlich ernstzunehmende Alternativen zu den Altgewerkschaften gibt.*« (Ebd.)

Aus den zahlreichen außenpolitischen Debatten der Woche im Rahmen der Mandatsverlängerungen der Bundeswehreinsätze nur ein Beispiel zum Einsatz in Afghanistan. Nach der völlig zutreffenden Beschreibung des Scheiterns des Bundeswehreinsatzes in Afghanistan durch den Abgeordneten René Springer kommt dieser nicht zu Vorschlägen alternativer (ziviler) Aufbauhilfe, sondern zur Frage, was das deutsche Interesse in Afghanistan sei: »*Das Ziel Deutschlands muss es sein, den Flüchtlingsstrom aus Afghanistan zu stoppen und die in Deutschland lebenden afghanischen Flüchtlinge in ihre Heimat zurückzubringen.*« Die katastrophale und lebensgefährliche Lage dort hatte er zuvor geschildert, was jedoch bei einer prinzipiellen Preisgabe humanitärer Kriterien keine Rolle mehr spielt. Zur Bekräftigung des ausschließlich nationalen Blicks endet Springer mit Verweis auf Bismarck: »*Afghanistan ist uns, um mit Bismarck zu sprechen, nicht die gesunden Knochen eines einzigen deutschen Soldaten wert.*« (Ebd., S. 1617)

Sitzungswoche 21.-23. März 2018

Die erste Regierungserklärung der Kanzlerin in der 19. Wahlperiode und die Vorstellung der Regierungsvorhaben durch alle Ministerinnen und Minister standen im Mittelpunkt dieser Sitzungswoche. Insofern bot sich auch für die AfD die Gelegenheit zur Generalabrechnung mit der Regierung Merkel.

Die Auftritte von Gauland und Weidel, die sich die Erwiderung auf die Kanzlerin geteilt hatten, waren eher blass. Gauland liebt nach wie vor die historischen Sentenzen (diesmal Churchill und Bismarck) und behandelte nur zwei Themen in seiner Rede: Zuwanderung und Europapolitik. Letztere wird als »*Transferunion mit neuen deutschen Lasten*« (Deutscher Bundestag, 19. Wahlperiode, Protokoll 22. Sitzung, S. 1822) abgelehnt, erstere mit dem Satz »*Es gibt auch keine Pflicht, meinen Staatsraum mit fremden Menschen zu teilen*« (Ebd.) ebenfalls grundsätzlich negiert. Weidel wirkt gegenüber dem ruhigen Gauland immer deutlich aggressiver und arroganter und sie gab einen Ton vor, der von der AfD in dieser Woche mehrfach gespielt wurde: der deutsche Interessengegensatz zu Frankreich. Die europapolitische Ausrichtung des Koalitionsvertrages wird als Kniefall vor Macron gewertet: »*Hier wird Politik nicht für Deutschland gemacht, sondern eigentlich primär für Macron und für Frankreich.*« (Ebd., S. 1837) Jede noch vorhandene Form einer Politik des europäischen Ausgleichs soll durch reine nationalstaatliche Interessenpolitik ersetzt werden. Das Frankreich-Bashing, das vor allem auf die Idee einer stärker vergemeinschafteten Finanz- und Wirtschaftspolitik zielt, war auch von anderen AfD-Abgeordneten zu hören. In der Debatte zum Auswärtigen Amt äußerte Armin Paul Hampel: »*Und in Paris, lieber Herr Maas, hat Ihnen Herr Macron, wie Sie sagen, die Hand entgegengestreckt. Das haben Sie falsch gesehen. Er hat die Hand in Ihre Tasche gesteckt; denn das wollen die Franzosen: ihre Misere mit deutschen Finanzen beheben.*« (Ebd., S. 1860) Beim Thema Haushalt und Finanzen heißt es von Albrecht Glaser, bezogen auf die von Frankreich mitbetriebene Euro-Einführung: »*In Wahrheit ging es nicht um die Währung, wie man damals wissen konnte und heute weiß; es ging um den Plan, auf lange Sicht Zugriff auf die wirtschaftliche Leistung des Nachbarn zu bekommen.*« (Deutscher Bundestag, 19. Wahlperiode, Protokoll 23. Sitzung, S. 1966) EU und Euro sind aus Sicht der AfD Instrumente, um Deutschland kleinzuhalten und sich seiner Wirtschaftskraft zu bedienen.

Deutsche Interessenpolitik ohne Rücksicht auf europäische Partner und eine eigenständige deutsche Machtpolitik, das fordert demgegenüber die AfD. Die Einbindung in internationale Strukturen wird dabei eher als Hindernis gesehen. So sieht der Abgeordnete Harald Weyel deutsche Politik in einer »*Zwangsjacke*«: »*Auf dem einem Ärmel steht NATO und auf dem anderen EU.*« (Deutscher Bundestag, 19. Wahlperiode, Protokoll 22. Sitzung, S. 1868) Für Weyel eine Form der »*Nichtaußenpolitik*«, die aus einem »*Urlaub von der Geschichte*« (Ebd.) herrühre, bei dem man jedoch »*ständig verliert und draufzahlt.*« (Ebd.) Gefordert sei stattdessen »*Normalisierung*« mit pragmatischen Lösungen, »*unabhängig davon, ob diese gewissen Leuten im Ausland oder im Inland passen oder nicht.*« (Ebd.) Die

Menschen wollten keine »*Flucht in den verantwortungslosen und verschleiernden Pseudomultilateralismus. Nicht anderes ist das ganze Gemurkse mit EU, NATO und UNO. Ein ubiquitärer Menschenrechtsuniversalismus wird dabei bemüht, wenn es passt.*« (Ebd.) Demgegenüber gelte es jetzt wieder, »*aktiv für das eigene Volk*« zu werden, denn dann profitiere auch die Welt »*nach fast 100 Jahren Pause von einem intakten statt kaputtgemachten Deutschland.*« (Ebd.) So hört es sich an, wenn die Neue Rechte die außenpolitische Rolle der ›selbstbewussten Nation‹ beschreibt. Mit Eric Lehnert, dem Geschäftsführer des rechten Thinktanks Institut für Staatspolitik hat der Abgeordnete Weyel einen Vertreter dieser Linie in seinem Büro beschäftigt, der hier ganz offensichtlich die Feder führte.

Ganz auf dieser Linie will Marc Jongen die Frage nach der »*eigenen kulturellen Identität ohne Denkverbote und permanente Nazikeule*« zur zentralen Aufgabe der Kulturpolitik machen. Die herrschende Politik habe »*Deutschland Schritt für Schritt zum Jedermannsland*« gemacht und »*damit einen Kulturkampf eröffnet, nicht die AfD. Wir reagieren nur darauf.*« (alle Zitate: Ebd., S. 1845) Die von der Neuen Rechten bis heute genutzte Rechtfertigung Ernst Noltes für den Faschismus, der nur eine Reaktion auf die Linke im europäischen Bürgerkrieg gewesen sei, scheint hier auf: man selbst befindet sich immer im Lager der Angegriffenen.

Während man in diesen Kreisen die deutsche Westbindung gerne lösen und die Einbindung in internationale Institutionen überwinden will, gibt es in der Fraktion eine konträre Linie. Rüdiger Lucassen nennt in der Debatte zum Verteidigungsministerium die NATO »*das sicherheitspolitische Rückgrat des deutschen Staates*«, weshalb endlich das 2-Prozent-Ziel der Aufrüstung umgesetzt werden soll. (Ebd., S. 1884)

Kein AfD-Beitrag, von der Außenpolitik über Wirtschaft und Finanzen bis zur Gesundheit, kommt ohne die Behauptung einer existenziellen Bedrohung des Landes durch die Zuwanderung aus. Die Kosten der Zuwanderung, verbunden mit den Kosten für Euro und EU sei eine »*perfide Umverteilung (…), in deren Folge unser Land in allen Bereichen in Richtung Dritte Welt gestoßen wird«* (Deutscher Bundestag, 19. Wahlperiode, Protokoll 23. Sitzung, S. 1984), so Heiko Heßkemper. Weiter: »*Zusammengefasst kann man dies nur als Ausplünderung und Auslöschung bezeichnen.*« (Ebd.) Deutschland werde von der herrschenden Politik – für die »*Gender-Professuren*«, »*Frühsexualisierung*« und »*die Einbindung von Kindern aus der Dritten Welt*« stehe – systematisch an den Abgrund geführt. Heßkemper vermutet, so solle »*der Morgenthau-Plan nachträglich realisiert werden*« und fragt sich: »*Woher kommt dieser Deutschenhass, diese auf die eigene Gruppe gerichtete Autoaggression?*« (Ebd., S. 1985) Ganz offensichtlich lebt der AfD-Abgeordnete in einer anderen Realität.

Diese Realität ist durch Fakten jedoch nur schwer zu beeinflussen, weil die AfD auf ›alternativen Fakten‹ beharrt, wie in der Debatte zum Umweltministerium deutlich wurde, in der die Fraktion in Person des Abgeordneten Karsten Hilse »*der Irrlehre vom menschengemachten Klimawandel den Kampf*« ansagte. (Deutscher Bundestag, 19. Wahlperiode, Protokoll 24. Sitzung, S. 2201) Auf deutlich größere Resonanz als diese Position dürfte aber die von Gottfried Curio geäußerte Islamhetze stoßen. Angeregt durch die aktuelle Debatte (gehört der Islam zu Deutschland?) und in Erwiderung auf Innenminister Seehofer ging es Curio darum, jede Unterscheidung zwischen Islam und Islamismus zu verwischen und den Islam zu einer verbrecherischen und mit dem Grundgesetz nicht vereinbaren Ideologie zu stempeln. Mit Blick auf staatlichen Religionsunterricht für Muslime heißt es: »*Hetze soll jetzt Schulfach werden; wir produzieren sehenden Auges tickende Zeitbomben: Unterricht in Demokratieverachtung für künftige Gefährder.*« (Ebd., S. 2150) Und etwas später: »*Und ja, der in der Schule gelehrte Koran und der von den Salafisten verteilte ist derselbe.*« (Ebd.) Alle von Curio angeführten islamistischen Zitate werden der gesamten Gruppe der Muslime zugerechnet, womit sie zur Gänze verächtlich gemacht und als Feind markiert wird. Umgangssprachlich würde man das als Volksverhetzung bezeichnen.

Sitzungswoche 18.-20. April 2018

Eine Kleine Anfrage der AfD zum Thema »Schwerbehinderte in Deutschland« (Drs. 19/1623) sorgte für viel Aufregung, wurde von der AfD doch hier ein Zusammenhang von Schwerbehinderung, Inzucht und Migration nahegelegt, der vom Deutschen Ethikrat bis zu den Wohlfahrtsverbänden auf scharfe öffentliche Kritik stieß und die historische Linie einer solchen in Frageform nahegelegten Wertung bis zum Nationalsozialismus verdeutlichte. Nicht nur in Reden, Anträgen und Gesetzentwürfen, sondern vor allem auch mit dem Mittel der Kleinen Anfrage versucht die AfD Material für ihr Weltbild zu sammeln. So fragt die AfD nach der »Rückführung deutscher Kulturgüter aus Polen, Russland und den Nachfolgestaaten der Sowjetunion« (Drs. 19/767), ohne mit einem einzigen Wort den von Deutschland begonnen Vernichtungskrieg gegen diese Länder zu erwähnen; die Fraktion fragt nach den »Anerkennungsleistungen für ehemalige deutsche Zwangsarbeiter« (Drs. 19/1001), die kargen Leistungen für die Opfer der NS-Politik wurden von ihr noch nicht einmal thematisiert. Besondere Aufmerksamkeit widmet die AfD mit ihren Anfragen allen Projekten und Initiativen, die sich mit der extremen Rechten, mit Rassismus und Antisemitismus in Deutschland auseinandersetzen. Sie gelten ihr als »linksextremistisch«, denen die Finanzierung zu streichen sei.

Zwei Anträge (Einsetzung einer Enquete-Kommission »Direkte Demokratie« auf Bundesebene, Drs. 19/1699; Christenverfolgung stoppen und sanktionieren, Drs. 19/1698), einen Gesetzentwurf (Gesetz zur Änderung des Deutsche-Welle-Gesetzes, Drs. 19/1697) und eine Aktuelle Stunde (Internationales UN-Regelwerk [Global Compact for Migration]: Keine Verlagerung nationaler Zuständigkeiten bei der Zuwanderung auf transnationale Ebene) hat die AfD in dieser Sitzungswoche aufsetzen lassen.

Themenauswahl und einzelne Debatten haben gezeigt, dass eine pauschale Ablehnung konkreter Initiativen und Redebeiträge aus linker Sicht nicht immer unmittelbar einleuchtend ist und über die Einbettung in Ideologie und generelle Ausrichtung der Partei begründet werden muss. So war Gaulands Rede in der Debatte zur aktuellen Lage in Syrien auf den ersten Blick ein Plädoyer gegen militärische Eskalation und für pragmatische Verhandlungen mit allen Beteiligten. Erst vor dem Hintergrund einer auf nationale Eigenständigkeit und Herauslösung aus internationaler Einbindung gerichteten Außenpolitik (siehe Bericht zur vorhergehenden Sitzungswoche) wird die Formulierung vom »*ehrlichen Makler zwischen den Konfliktparteien*« (Deutscher Bundestag, 19. Wahlperiode, Protokoll 25. Sitzung, S. 2269) zu einem Baustein dieser Sichtweise. Ähnlich bei Armin Paul Hampel in der Debatte zu nuklearer Abrüstung. Die Mahnung zur militärischen Zurückhaltung wird schnell zur Aufforderung, Außenpolitik ausschließlich im nationalen Interesse und jenseits internationaler Verantwortung und Einbindung zu betreiben: »*Denn seien wir ehrlich, meine Damen und Herren: Wir räumen derzeit den postkolonialen Schrott von Großbritannien und Frankreich auf. Und da war Deutschland eben nicht beteiligt. Deshalb sind diese Länder zuallererst in der Verantwortung und müssen ihren Beitrag leisten.*« (Deutscher Bundestag, 19. Wahlperiode, Protokoll 26. Sitzung, S. 2302)

Ansonsten dominieren Rassismus, Xenophobie und völkische Sichtweisen die AfD-Debattenbeiträge. Im UN-Pakt für Migration sieht die AfD den Versuch, nationale Identitäten zugunsten eines einheitlichen und globalisierten Marktes aufzulösen. Der Abgeordnete Martin Hebner führt das Phantasma der AfD weiter aus: »*Was aber will ein Staat ohne Grenzen, ohne Budgethoheit, ohne Definition der eigenen Identität? Kein Grundgesetz kann die kulturelle Wertebeliebigkeit noch sinnstiftend regeln, die ein solches Siedlungsgebiet für jedermann darstellen würde. Das ist der bekannte One-World-Unsinn, der Armut sozialisiert, statt Leistung zu fördern, und der nicht erkennt, dass Toleranz ohne die Akzeptanz von Grundregeln zur Blaupause für Anarchie mutiert.*« (Ebd., S. 2349) Unweigerlich kommt Udo Hemmelgarn in der Debatte zum Thema Wohnungsbau auf die Migration als größtes Problem des Wohnungsmarktes: »*Aber die heftigste Verwerfung auf dem Wohnungsmarkt hat das Eindringen von über 1,4 Millionen sogenannter Flüchtlinge seit 2015 her-*

vorgerufen. Dies hat das Fass zum Überlaufen gebracht und bedroht massiv den sozialen Frieden.« (Ebd., S. 2334) Beim Thema Armut in Deutschland steht die AfD wie immer für das Treten nach weiter unten, wenn Martin Sichert ausführt: »*Wir haben, um das mal klar zu sagen, mit unseren Sozialleistungen Menschen nach Marxloh gelockt, die mit ihrem Verhalten dafür gesorgt haben, dass es dort nun Kakerlaken- und Rattenplagen gibt. Das ist nicht nur unsozial, sondern auch mit dem im Grundgesetz verankerten Recht auf Eigentum unvereinbar.*« (Ebd., S. 2388)

Sozialpolitisch ist von der angeblichen Klassenkampflinie des völkischen Flügels nichts im Bundestag zu hören, ganz im Gegenteil spricht sich Martin Sichert gegen jeden Vorschlag der Umverteilung von oben nach unten im Antrag der Linken »Armut in Deutschland bekämpfen« aus, weil er hierin ein Ausspielen der »*Bedürftigen gegen die hart arbeitenden Menschen*« sieht, mit dem die Gesellschaft gespalten werde. Nicht die größer werdende Einkommensschere, die gering besteuerten Superreichen oder die Finanzlobby sind laut Sichert verantwortlich für die Ungleichheit: »*Der Hauptgrund für die zunehmende Armut in Deutschland ist die EU.*« (Deutscher Bundestag, 19. Wahlperiode, Protokoll 26. Sitzung, S. 2388) Nationale Außenpolitik einer homogenen Nation ohne Oben und Unten, das ist das sozialpolitische Rezept der AfD: »*Wir müssten nur Europa und der Welt klarmachen, dass wir nicht weiter bereit sind, in diesem Hohen Hause Regelungen umzusetzen, die unseren Wohlstand vernichten. (…) Ja, es ist unsere Pflicht, der Armut in Deutschland den Kampf anzusagen. Das beste Rezept, um die Armut zu bekämpfen, ist, dass der Bundestag endlich nicht mehr wie ein willfähriger Erfüllungsgehilfe Brüssels agiert, sondern wie ein souveränes Parlament für die Interessen des deutschen Volkes.*« (Ebd.)

Sitzungswoche 25.-27. April 2018

Manchmal verschluckt sich die AfD an der vielen Kreide, die sie vor einigen Reden im Bundestag gefressen hat, um dann doch den Kern des nur mäßig getarnten Anliegens zu enthüllen. »Gesetz zur

Änderung des Strafgesetzbuches – Einführung einer teilweisen Legaldefinition für ›Teile der Bevölkerung‹ in § 130 StGB« – so heißt der sperrige Titel, mit dem die AfD den sogenannten »Volksverhetzungsparagraphen« zum Thema machte. »*Der vorliegende Gesetzentwurf (...) hat nicht das Ziel, den zurzeit geschützten Personenkreisen etwas wegzunehmen, den Anwendungsbereich zu verkleinern oder, wie ich in Kommentaren im Vorfeld lesen musste, das Hetzen und Pöbeln gegen Minderheiten freizugeben*«, so der AfD-Abgeordnete Jens Maier in seiner Rede. (Deutscher Bundestag, 19. Wahlperiode, Protokoll 30. Sitzung, S. 2837) Wer kann schon auf die Idee kommen, dass die Partei die von »Halbnegern« (Maier), »Kümmeltürken« und »Kameltreibern« (Poggenburg) spricht, Hetze und Pöbelei freigeben will. Allerdings erscheinen ihr Begriffe wie »Kartoffel« oder »Köterrasse« schlimmer, zumindest wenn sie gegen Deutsche im Sinne der AfD verwandt werden. Die »Entsorgung« der Staatsministerin Özoğuz (Gauland) oder die Bezeichnung »Halbneger« für Noah Becker (Maier) traf zwar auch Deutsche, aber nicht solche, wie sie sich die AfD vorstellt.

Aggression entsteht bei der AfD immer dann, wenn man ihr die Opferrolle abspricht und den häufig menschenverachtenden Kern ihrer Argumentationen benennt. Zahlreiche Institutionen hatten das bezogen auf die AfD-Anfrage zu Behinderungen und den angedeuteten Zusammenhang mit Inzucht und Migration gemacht (vgl. den Bericht zur letzten Sitzungswoche), aber vom Abgeordneten Uwe Witt kam in der Debatte zum Integrationsbericht kein Wort des Bedauerns, sondern die Anklage an alle Kritiker der AfD, sie wollten eine demokratisch gewählte Partei ausgrenzen und seien verantwortlich für Morddrohungen gegen die Abgeordnete Höchst (die die Anfrage gestellt hatte), wie gegen die AfD insgesamt. Verena Hartmann spitzte dieses »Wir gegen alle« in der Debatte zur Lage der Religions- und Weltanschauungsfreiheit weiter zu und stellte die AfD den verfolgten Minderheiten in aller Welt zur Seite: »*Damals als Christin, heute als AfD-Politikerin stigmatisiert und des Menschseins abgesprochen ist alles erlaubt. Ich staune immer wieder über die*

Arroganz und die disziplinierte Eintracht unter den Parteien, wenn es um die AfD geht. Sonst spinnefeind verschmelzen Sie zu einer Einheitspartei. (…) Und dieses Prinzip der Masse gegen eine Minderheit – von Le Bon richtig analysiert – funktioniert immer. Extreme Beispiele lassen sich zuhauf in der Vergangenheit finden und sind mir aus Zeiten der DDR-Diktatur wohlbekannt. (…) Ich kann Ihnen versichern, werte Kollegen, Sie wären hervorragende sozialistische DDR-Bürger geworden. Ein Erich Honecker wäre entzückt.« (Deutscher Bundestag, 19. Wahlperiode, Protokoll 30. Sitzung, S. 2833)

Verbal ist die AfD gegen Antisemitismus, den ihr Fraktionsvorsitzender Gauland jedoch vor allem als »*Kollateralschaden einer falschen Flüchtlings- und Einwanderungspolitik*« (Ebd., S. 2623) sieht. Andererseits kann die AfD als einzige Fraktion dem Antrag auf Ausschluss der NPD von der Parteienfinanzierung nicht zustimmen. Zwar sei die NPD »*eine zutiefst widerliche Partei*«, aber leider fehlten dem Antrag der Koalition die Fakten, weshalb er nicht »*tatsachenbegründet*« sei, womit der Vorsitzende des Rechtsausschusses des Bundestages, der AfD-Abgeordnete Stephan Brandner, souverän das Urteil des Bundesverfassungsgerichts in Sachen NPD ignoriert. Brandner ist es auch, der systematisch weiter an der Verächtlichmachung des Parlaments und der Abgeordneten arbeitet. Den Antrag der AfD auf Vermeidung von Sitzungsüberschneidungen begründet er mit der Aussage: »*alle von den Altparteien wollen hier weniger arbeiten, nur die AfD nicht*«, um den Kollegen dieser »Altparteien« dann zu bescheinigen: »*In 21 Wochen schaut man dann gelegentlich im Bundestag vorbei und tut so, als wäre man Abgeordneter.*« (Ebd., S. 2766) Auch so kann man die Kritik an den herrschenden Verhältnissen entpolitisieren, weil nicht mehr über (falsche) Inhalte, sondern nur noch über Formen herrschender Politik geredet wird.

Rüstungsexporte sind ein Beispiel dieser falschen Politik und wurden von der Partei Die Linke zum Thema gemacht. Die prinzipiellen Unterschiede rechter und linker Politikansätze werden in der Rede des AfD-Abgeordneten Steffen Kotré deutlich. Kritik an Rüstungsexporten ist bei ihm nicht humanitär oder menschenrechtlich, sondern vor allem deutschnational motiviert: »*Auszuschließen ist allerdings der Technologieexport ins Ausland. Deutsche Unternehmen gründen im Ausland Zusammenschlüsse, um Exportverbote zu umgehen. Rheinmetall möchte zum Beispiel in der Türkei – das kann man lesen – eine Panzerfabrik bauen und betreiben. Das ist ein weiterer Ausverkauf deutscher Technologie. Das ist ein Verrat an den Interessen Deutschlands.*« (Deutscher Bundestag, 19. Wahlperiode, Protokoll 30. Sitzung, S. 2864) Nicht »Kriegstreiber«, sondern »Volksverräter« lautet also der Vorwurf von rechts.

Sitzungswoche 15.-18. Mai 2018

Mit zunehmendem Drogenkonsum brauchen Abhängige häufig eine Steigerung der Dosis, damit die beglückende Wirkung anhält. Hetze und Rassismus gegen geflüchtete Menschen sind ganz offensichtlich die zentrale Droge der AfD und auch in dieser Haushaltswoche im Bundestag hat die AfD-Fraktion wieder einen besonders großen Schluck aus der Pulle genommen. Vielleicht auch deshalb, weil ihr andere den Stoff streitig machen – heißen sie nun Dobrindt, Seehofer oder Lindner.

Jedoch kann von Kontrollverlust noch keine Rede sein, denn die hetzerischen Ausfälle der Fraktionsvorsitzenden Weidel waren geplant und in ihrer Wirkung kalkuliert und berechnet. Der Ordnungsruf, den sie für den Satz »*Doch ich kann Ihnen sagen: Burkas, Kopftuchmädchen, alimentierte Messermänner und sonstige Taugenichtse werden unseren Wohlstand, das Wirtschaftswachstum und vor allem den Sozialstaat nicht sichern*« (Deutscher Bundestag, 19. Wahlperiode, Protokoll 32. Sitzung, S. 2972), war eingeplant oder wurde doch erfreut in Kauf genommen. Denn so bot sich erneut die Gelegenheit der Selbstinszenierung des »Wir gegen alle anderen«. Von »*Zuwanderung, teilweise aus frauenverachtenden Stammeskulturen*« (Ebd., S. 2973) war weiter die Rede, um die vermeintliche Primitivität der Migrant*innen auch sprachlich zu untermauern. Ähnlich Gauland, der »*kaum (…) hochkompetent(e)*« Flüchtlinge ausmachen kann, dafür aber »*viele Analphabeten*« (Ebd., S. 2999), von

»*Messereinwanderung*« und »*Blutrache*« schwadronierte und mit Thilo Sarrazin konstatierte »*Deutschland schafft sich ab.*« (Ebd.) Unliebsame Realitäten, die der eigenen Weltsicht widersprechen, werden durch Appelle an Gefühl und Emotion ersetzt. So heißt es bei Gauland mit Blick auf die sinkenden Zahlen der Kriminalitätsstatistik: »*Da wird uns allen Ernstes eine Statistik präsentiert, die sinkende Kriminalitätsraten beweisen soll. Glauben Sie wirklich, dass Sie damit dem Gefühl wachsender Unsicherheit begegnen können?*« (Ebd., S. 3000) Angst ist das zentrale Geschäftsmodell der AfD, weshalb sie Tag für Tag alles tut, diese Angst zu steigern und gegen die Migrant*innen zu lenken.

Unbestreitbarer Meister der Hetze bleibt jedoch der Abgeordnete Curio. Einige Kostproben: Vom »*rechtswidrigen Import von Hunderttausenden kulturfremder Kostgänger*« ist da die Rede; vom angeblichen »*Familiennachzug für Gefährder*«, zu dem es weiter heißt: »*Statt Ausweisung also jetzt Papa Gefährder, Mama Gefährder und die Gefährderbambini. Diese Kleinen gehen natürlich zum staatlichen Werteunterricht und hinterher zu Papas Enthauptungsunterricht. Die GroKo hat ein Programm zur Terroristennachwuchsförderung. Sicherheit der Bürger war gestern. Vorrang jetzt: Wohlergehen von Gefährdern.*« Nach der Verdinglichung von Menschen (»*Import von Kostgängern*«), ihrer generellen Kriminalisierung folgt schließlich ihre menschliche Entwertung als Ballast der Gesellschaft: »*Die Migranten, meist ohne Schulabschluss und Berufsausbildung, bleiben Leistungsempfänger. Wir riefen Flüchtlinge, und es kamen Fachkräfte fürs Ausplündern der Sozialsysteme: über 20 Milliarden Euro jährlich, Kosten nach oben offen. Der GroKo-Vertrag kennt keine Obergrenze. Der Bürger versteht es nicht, wenn illegale Grenzverletzer unbekannter Herkunft das Gleiche erhalten wie deutsche Arbeitslose. Das bedingungslose Grundeinkommen gibt es schon – für Ausländer.*« (alle Zitate: Deutscher Bundestag, 19. Wahlperiode, Protokoll 33. Sitzung, S. 3085 f.)

Ökonomisch und wirtschaftspolitisch bleibt die AfD den Leitsätzen des Wirtschaftsliberalismus treu – der Staat muss raus aus der Wirtschaft. Bei Weidel hört sich das so an: »*Staatsaufgabe ist nämlich, das über Generationen aufgebaute Volksvermögen treuhänderisch zum Wohle des deutschen Volkes zu verwalten und es nicht mit vollen Händen zum Fenster rauszuschmeißen.*« (Deutscher Bundestag, 19. Wahlperiode, Protokoll 32. Sitzung, S. 2972) Nicht Investitionen im Interesse der Bürgerinnen und Bürger, sondern Schatzbildung wird hier als Staatsaufgabe beschrieben.

Schließlich soll überall dort Geld eingespart werden, wo Dinge finanziert werden, die gegen ideologische Überzeugungen der AfD stehen. Im Kulturbereich nennt Marc Jongen sie »*kulturelle Schadprogramme*«, »*die einzig und allein dem Zweck dienen, Kunst und Kultur auf globalistische, migrations- und EU-euphorische Linie zu bringen.*« (Ebd., S. 3007) Hier ist wieder die allgegenwärtige linkskulturelle Hegemonie am Werk, gegen die die AfD wie gegen Windmühlen ankämpft. Ob auf den Theaterbühnen, die einen »*paranoiden Kampf gegen rechts*« führten, so Jongen, oder im Rahmen der Programme gegen Rechtsextremismus, über die nach Boehringer »*linksextreme und selbst antidemokratische Vereine, wie zum Beispiel die Amadeu-Antonio-Stiftung*« (Deutscher Bundestag, 19. Wahlperiode, Protokoll 31. Sitzung, S. 2893) gefördert würden und deren Mittel nach Ansicht des Abgeordneten Ehrhorn sofort und ersatzlos gestrichen werden müssen. (Deutscher Bundestag, 19. Wahlperiode, Protokoll 33. Sitzung, S. 3166)

Sitzungswoche 6.-8. Juni 2018

»Hitler und die Nazis sind nur ein Vogelschiss in über 1000 Jahren erfolgreicher deutscher Geschichte«, so äußerte sich der Partei- und Fraktionsvorsitzende der AfD, Alexander Gauland, beim Mitgliedertreffen der Jungen Alternative (JA) Anfang Juni und provozierte damit genau den von ihm angestrebten medialen Rummel. Neben der Einbindung von Alt- und Neunazis mittels Bagatellisierung der NS-Zeit geht es der AfD tatsächlich darum, nationale Traditionen und auch Mythen wiederzubeleben und ein ›kulturelles‹ Verständnis Deutschlands zu propagieren, das weit über den Rahmen des heutigen Landes hinausgeht. Mit einer ganzen Reihe von Kleinen Anfragen nahm sich die AfD in den letzten Wochen der »Kulturpflege« in den ehemaligen deutschen Siedlungsgebieten in Osteuropa an. In einer quasi einleitenden Anfrage geht es ihr um die »*Umsetzung des Völkerrechts für die deutschsprachige Bevölkerung der böhmischen Länder*«. (Drs. 19/2214) Hier wird ganz im Sinne der geschichtsrelativierenden Sicht des Bundes der Vertriebenen – dessen langjährige Vorsitzende Erika Steinbach nicht umsonst Vorsitzende der in Entstehung befindlichen AfD-Parteistiftung »Desiderius-Erasmus-Stiftung« (DES) ist – eine deutsche Opfererzählung vorgenommen, die die »Vertreibung« der deutschen Bevölkerung nach dem 8. Mai 1945 auch nicht ansatzweise in die historische Kausalität einordnet. Mit Bezug auf rechtskonservative Historiker wird die Vertreibung als »*Völkermord oder Verbrechen gegen die Menschlichkeit*« dargestellt und damit auf eine Stufe mit den Verbrechen Nazideutschlands in diesen Ländern gesetzt. In weiteren Anfragen erkundigt sich die Fraktion nach der vom Bund geförderten Kulturarbeit in Schlesien, Oberschlesien, Pommern, Ostbrandenburg, Westpreußen, Posener Land, Mittelpolen, Wolhynien, Galizien, Siebenbürgen, Bessarabien, Bukowina, Dobrudscha, Maramuresch, Moldau, Walachei, Ostpreußen, dem historischen Baltikum und den Siedlungsgebieten der Russlanddeutschen. (Drs. 19/2234, 19/2235, 19/2255, 19/2256, 19/2257, 19/2258) Im Zusammenhang mit der Klassifizierung »Völkermord« und »Verbrechen gegen die Menschlichkeit« für das Geschehen in der Tschechoslowakei könnte der Gedanke aufkommen, die AfD hege territoriale Revisionsgedanken bezüglich ganz Osteuropas. Tatsächlich will sie jedoch nur die Gefühlslage derer treffen, die das bis heute tun.

Vor dem Hintergrund einer eher langweiligen Parlamentswoche lohnt der weitere Blick auf aktuelle Anfragen der AfD. Demografie- und Reproduktionsfragen sind für die radikale Rechte schon immer zentral gewesen, schließlich geht es hier um den Erhalt des »Volkskörpers«. So fragt die AfD die Bundesregierung nach Möglichkeiten der »Steigerung der Geburtenrate in Deutschland mithilfe von familienpolitischen Maßnahmen«. (Drs. 19/2584) Als zentrales Problem wird benannt: »Es werden zu wenig deutsche Kinder geboren« (Ebd.), womit schnell klar wird, worum es geht. In der Anfrage zu »Langzeitauswirkungen und Folgen der frühen Fremdbetreuung von Kindern« (Drs. 19/2239) wird gleich das dazu passende Familien- und Rollenbild mitgeliefert. Zitat aus der Anfrage: »Eine der Gefahren für die Kinder, so die Studie, besteht darin, dass die Krippenbetreuung, wenn sie zu früh, zu oft und zu lange in Anspruch genommen wird, die mütterliche Empfindsamkeit schwächen kann – oder gar verhindert, dass sie sich überhaupt entwickelt. Letzteres passierte vor allem bei den Müttern, bei denen die Bindung zu ihrem Kind schon vorher schwach gewesen war.« (Ebd.)

Kritik an solchen Inhalten der AfD soll möglichst unhörbar gemacht werden. So fragt die Fraktion nach der »Förderung der Publikation ›Aktivitäten gegen den ‚Gender-Wahn'‹ durch das Bundesprogramm ›Demokratie leben!‹« (Drs. 19/2474), um so die Verwendung öffentlicher Mittel für solche Publikationen zu skandalisieren. Ähnlich erging es einer Publikation des nämlichen Programms zum Thema »Die christliche Rechte in Deutschland«, deren Förderung ebenfalls von der AfD hinterfragt wird. (vgl. Drs. 19/2476) Die Aktion »Reconquista Internet«, die sich gegen »hasserfüllte rechte Accounts« im Netz richtet und u. a. über das ZDF verbreitet wurde, provozierte eine weitere Anfrage der AfD. (Drs. 19/2243) Schließlich scheint die Fraktion bzw. ihre Mitarbeiter*innenschaft gut mit der Beobachtung der linken Szene durch den Verfassungsschutz vertraut zu sein, wie ihre Nachfrage zu »Immobilien der linksextremen Szene« (Drs. 19/2462) zeigt, mit der sie nach angeblichen Lücken in der ursprünglichen Antwort der Bundesregierung fragt.

In der ersten Fragestunde mit der Bundeskanzlerin kam es endlich zum direkten Aufeinandertreffen der AfD mit ihrer Lieblingsfeindin. Der Abgeordnete Curio stößt in einer Minute Fragezeit ohne Probleme mehr als ein halbes Dutzend rassistischer Unterstellungen aus: »*Der Verzicht auf Kontrolle einer Millionenflut von Illegalen hat Deutschland schwersten Schaden zugefügt: künftig Hunder-*

te Milliarden Kosten, Asyl- und Sozialbetrug, Import von Islamisten und Gefährdern, unendliches menschliches Leid durch Vergewaltiger und Mörder, Messerstecher und Terroristen.« (Deutscher Bundestag 19. Wahlperiode, Protokoll 35. Sitzung, S. 3265) Die völlig sachliche und emotionslose Antwort der Bundeskanzlerin mag ein Mittel der Reaktion sein. Die in Curios Ausbruch enthaltenen Behauptungen blieben damit aber unwidersprochen im Raum stehen.

Nicht nur in Reden, sondern auch durch Inszenierung versuchte die AfD in dieser Woche, den Mord an der 14-jährigen Susanna, mutmaßlich durch einen irakischen Asylbewerber, zum Thema im Plenum zu machen. Die Geschäftsordnungsdebatte zum Thema Parteienfinanzierung wurde von der AfD-Fraktion für den Versuch einer Gedenkminute genutzt, wofür sich die gesamte anwesende Fraktion schweigend erhob – was allerdings an den beiden Fraktionsvorsitzenden zunächst vorbeiging, die verdutzt sitzen blieben.

Sozialpolitisch hat die AfD-Fraktion nach wie vor nichts zu bieten außer der Universallösung »Abschieben«. So spricht sich der Abgeordnete Jens Maier in acht Minuten Redezeit gegen alle Vorschläge der Linken beim Thema »Mietenexplosion« aus: Vermieter würden schlechtgeredet, »*Privatautonomie*« (des Vermieters) beschränkt, Bürokratie eingeführt und »*Klassenkampf*« propagiert, um dann die Lösung aller Probleme in einem schlichten Satz zu präsentieren: »*Die Gäste von Frau Merkel, die ausreisepflichtig sind, müssen dieses Land so schnell wie möglich wieder verlassen.*« (Deutscher Bundestag, 19. Wahlperiode, Protokoll 36. Sitzung, S. 3392) Vom AfD-Abgeordneten Enrico Komning gab es in der Aktuellen Stunde zum Thema Arbeitsmarktlage noch einmal ein Bekenntnis zu den Leitsätzen neoliberaler Wirtschaftspolitik: »*Vollbeschäftigung, meine Damen und Herren, erreicht man, indem man Unternehmen dazu animiert, Menschen Jobs zu geben. Das erreicht man durch niedrige Steuern, weniger Bürokratie, eine gute Ausbildung und eine gute Infrastruktur. Keinesfalls erreicht man Vollbeschäftigung durch sozialistische, planwirtschaftliche und dirigistische Maßnahmen.*« (Deutscher Bundestag, 19. Wahlperiode, Protokoll 35. Sitzung, S. 3310)

Sitzungswoche 13.-15. Juni 2018

Der Streit über die Flüchtlingspolitik und die offensichtliche Regierungskrise haben die Bedeutung der AfD für die Ausrichtung der Politik in Deutschland noch einmal sichtbar gemacht. Alle Fraktionen und Parteien starren auf die AfD und vor allem CSU und FDP begeben sich punktuell in einen Überbietungswettbewerb mit ihr. Die AfD-Fraktion im Bundestag genießt diese Situation sichtlich und war nach den Kapriolen der Union am Donnerstag der letzten Sitzungswoche vor Selbstbewusstsein kaum noch zu bremsen. Ihrem zentralen Ziel: »Merkel muss weg!« sieht sich die AfD, dank der Unterstützung durch die CSU, ein entscheidendes Stück näher. Österreich und Italien dienen der AfD-Fraktion immer wieder als aktuelle Referenzpunkte und man sieht sich auf dem Weg zur Macht(beteiligung) in großen Schritten vorangehen. Exemplarisch für diese Stimmung ist der Satz des AfD-Abgeordneten Jens Maier: »*Mit der AfD ist eine Kraft in diesem Land aufgewacht, die weder Sie noch irgendein anderer aufhalten kann.*« (Deutscher Bundestag, 19. Wahlperiode, Protokoll 39. Sitzung, S. 3883)

Zu Beginn der Sitzungswoche wurde vom Bundestagspräsidenten Schäuble der Versuch der AfD-Fraktion aus der Vorwoche, eine Gedenkminute für den vermeintlich von einem Geflüchteten begangenen Mord an einem 14-jährigen Mädchen zu initiieren, gerügt. Vor allem die via Social Media auf dem Facebook-Kanal der Fraktionsseite der AfD betriebene Hetze gegen die Vizepräsidentin Claudia Roth wurde von Schäuble dabei angeprangert.

Von der AfD wurden in dieser Woche Anträge bzw. Gesetzentwürfe zu den Themen »Erfassung von Straftaten unter Zuhilfenahme des Tatmittels Messer«, »Angleichung der Renten von Vertriebenen und Spätaussiedlern« und »Regelungen des Rechts der parteinahen Stiftungen« aufgesetzt. Hetze gegen und pauschale Kriminalisierung von Geflüchteten durchziehen nach wie vor fast alle AfD-Reden. Etwa, dass die »*Masseneinwanderung*« zur »*blutige(n), häufig tödliche(n) Messereinwanderung*« geworden sei (Stephan Brandner). Auch der schärfste Hetzer der Fraktion, der Abgeordnete Curio, kann sich nur wiederholen, weil die Zuspitzungen schon nach wenigen Monaten am äußersten Punkt vor der Justiziabilität angekommen sind. In der Debatte zum Stein des Anstoßes zwischen Seehofer und Merkel, dem »Masterplan« des Innenministers zur Eindämmung der Migration, heißt es bei Curio: »*Wer illegal die Grenze übertritt, ist Betrüger; wer ohne Papiere kommt, will das deutsche Volk betrügen. Dieser Betrug ist Raub, ist Gewalt, ist Kriminalität. Und wer Leute ohne Papiere reinlässt, leistet Beihilfe, ist Mittäter. (…) Da wird ein Millionenheer archaisch geprägter junger Männer ins Land gelassen, denen Frauen als Schlampen und Übergriffsobjekte gelten, wenn sie sich nicht der islamischen Unterdrückungskultur anbequemen. Gelernte Frauenverachtung aber ist programmierter Frauenmord.*« (Deutscher Bundestag, 19. Wahlperiode, Protokoll 40. Sitzung, S. 4009)

»Identität«, »Souveränität« und »Nation« heißen die Stichworte, mit denen die AfD ihr Demokratieverständnis unterlegt. Die Ablehnung des Gesetzentwurfs der Linken zur Stärkung der direkten Demokratie im Grundgesetz durch die AfD begründet ihr Redner Christian Wirth mit der Absicht der Linken, dass alle Menschen, die länger als fünf Jahre in Deutschland leben und älter als 16 Jahre sind, daran teilnehmen können. Damit wolle Die Linke »*dem deutschen Volk das Recht auf die eigene Souveränität, die eigene Nation und somit die eigene Identität*« nehmen. (Deutscher Bundestag, 19. Wahlperiode, Protokoll 39. Sitzung, S. 3892) Dass diese »Identität« völkisch bzw. kulturalistisch definiert wird, zeigt der Abgeordnete Jürgen Braun in der Debatte zur Fußball-WM 2018 und Menschenrechten. Aus den ob ihres Treffens mit dem türkischen Staatspräsidenten Erdoğan umstrittenen Nationalspielern Özil und Gündoğan werden bei Braun »*zwei formelle deutsche Nationalspieler*«, die Vorwürfe gegen den DFB und *diese* Mannschaft lauten: »*Mannschaft statt Nationalmannschaft, Koranverse statt Nationalhymne, Marketingsprüche statt Fußball, Multikulti statt Integration in die deutsche Leitkultur.*« (Ebd., S. 3780 f.)

Verächtlichmachung von Parlamentarismus und Parteien ist ein weiterer Schwerpunkt der AfD im Bundestag. In der Debatte zur skandalösen Erhöhung der Parteienfinanzierung, wie sie von CDU/CSU und SPD durchgesetzt wurde, führte der AfD-Abgeordnete Thomas Seitz aus: »*Der AfD wird oft vorgeworfen, die parlamentarische Demokratie zu verachten. Das ist falsch. Was wir verachten, ist die von Ihnen, den Altparteien, geschaffene erbärmliche Parteiendemokratie. Diese Verachtung haben Sie uns durch Ihre jahrzehntelange Missachtung des Willens des Souveräns, nämlich des deutschen Volkes, gründlich gelehrt. So wie Sie den Willen des deutschen Volkes verachten, so verachten Sie das deutsche Volk selbst und entsprechend handeln Sie.*« (Deutscher Bundestag, 19. Wahlperiode, Protokoll 40. Sitzung, S. 3912) Mit dem AfD-Gesetzentwurf zum Thema Parteistiftungen wollte die AfD diese unterstellte Selbstbedienungsmentalität der Parteien noch einmal unterstreichen. Bei genauer Analyse des Gesetzentwurfs wird jedoch schnell deutlich, dass der Vorwurf der Selbstbedienung auf die AfD zurückfällt. Friedrich Straetmanns von der Linken führte zur AfD aus: »Ihr Vorschlag trifft rein zufällig ganz genau auf Ihre Situation zu und würde Ihre Partei im Vergleich zur jetzigen Situation und Praxis deutlich bevorteilen. Dass muss man sich einmal auf der Zunge zergehen lassen. Die AfD will noch in dieser Legislaturperiode schnell mal Bundesmittel abgreifen und verkauft das als sparsamen Umgang mit Steuergeldern. Ich nenne das eine Frechheit.« (Ebd., S. 3937)

Sitzungswoche 27.-29. Juni 2018

»*Jetzt sehen sie, wie Jagd geht. Wir sind beim Jagen*«, mit diesen Worten kommentierte Alice Weidel den Selbstzerstörungsprozess von CDU/CSU und erinnerte an die Ankündigung ihres Ko-Vorsitzenden Alexander Gauland vom Abend der Bundestagswahl im September 2017, in der er als Aufgabe der Bundestagsfraktion ankündigte: »*Wir werden sie jagen.*« Wer hätte gedacht, dass sich das Jagdwild so bald selbst vor die Flinte des Jägers begibt?

Bayerns Ministerpräsident Söder will den Begriff »Festung Europa« nicht länger negativ besetzen, spricht vom Ende des »geordneten Multilateralismus« und vom »Asyltourismus«, den man unterbinden müsse. Aufgenommen und legitimiert werden damit genau die Bilder und Mythen, die von der AfD Woche für Woche im Bundestag geäußert und via Facebook in den Echoraum geleitet werden. In der von der Linken beantragten Aktuellen Stunde zum Thema »Seenotrettung im Mittelmeer durchsetzen« spricht der Linken-Abgeordnete Michel Brandt davon, wie »*Tausende Geflüchtete in libysche Folterlager gebracht werden*«, und erntet von Beatrix von Storch den Zwischenruf: »*Die sind freiwillig hingegangen*«. (Deutscher Bundestag, 19. Wahlperiode, Protokoll 41. Sitzung, S. 4066) Seinen Dank an die »*engagierten Seenotretterinnen und -retter, die sich unermüdlich für Menschen einsetzen, die auf dem Mittelmeer in Not geraten sind*«, quittiert die AfD mit dem Zwischenruf »*Ein Hoch auf die Mörder!*« (Ebd.) Ganz offensichtlich geht es um die Umkehr von bisher gültigen Werten: Menschen in Not werden von der Rechten zu Abenteuerreisenden und Touristen, Menschenretter zu Mördern erklärt.

Der AfD-Abgeordnete Andreas Mrosek bescheinigt den Geflüchteten, eine solche »*Fahrt aufs Mittelmeer zu beginnen, ist leichtsinnig, grob fahrlässig und natürlich auch lebensgefährlich.*« Im Wissen um ihre vermeintliche Rettung brächten sie sich »*vorsätzlich in Lebensgefahr*« (Ebd., S. 4068) – ganz so, als gäbe es die allein zwischen 2015 und 2017 erfassten 12.000 Toten im Mittelmeer nicht.

Neben der Jagdmetapher sind bei führenden AfD-Politikern Tiermetaphern sehr beliebt. Beim Kyffhäusertreffen des völkischen Flügels der AfD hatte Björn Höcke davon gesprochen, man stehe in der heutigen Welt vor der Frage, ob man »Schaf oder Wolf« sein wolle, und man wolle »Wolf« sein. Mit etwas anderer Ausrichtung, aber einer sehr eindeutigen Konnotation hat der Abgeordnete Karsten Hilse in der Debatte zum Thema »Rückkehr des Wolfes« die Gleichsetzung von Menschen und Tieren genutzt, um die angebliche Bedrohung durch Migration zu veranschaulichen. Zwanghaft muss er auch bei diesem Debattenthema das Stichwort Migration aufrufen: »*Wie ich in meiner ersten Rede andeutete, zeigen die An-*

siedlung der Wölfe und die Migrationskrise Parallelen. Yascha Mounk ließ am 20. Februar 2018 in den ›Tagesthemen‹ die Katze aus dem Sack, indem er sagte: Wir sehen hier ein einzigartiges Experiment, nämlich die Umwandlung einer monoethnischen, monokulturellen Demokratie in eine multiethnische. (...) Was sind jetzt aber die Parallelen zur Neuansiedlung des Wolfes? Es ist die Vorgehensweise. In der Migrationskrise hat die Bundesregierung anfangs behauptet, dass vorwiegend Frauen und Kinder kommen. Die Leitmedien setzten diese wenigen Frauen und Kinder ordentlich in Szene.« Gekommen seien aber ungebildete junge Männer: »*Der überwiegende Teil lebt vom Sozialstaat. Genauso läuft es beim Wolf. (...) Ohne die Menschen zu fragen, was sie davon hielten, wohl wissend, dass es durch die Neuansiedlung Probleme mit der Landbevölkerung geben würde, haben Sie das Experiment Wolf begonnen.*« Nach diesem abermaligen Wechsel vom Geflüchteten zum Wolf steht – sprachlich bezogen auf die Wölfe – die Schlussfolgerung: »*Aber sie sind nicht niedlich. Sie sind Raubtiere.*« (Deutscher Bundestag, 19. Wahlperiode, Protokoll 42. Sitzung, S. 4240 ff.) Unschwer ist das Bild des Migranten als Wolf, als Raubtier zu erkennen, das hier vom AfD-Abgeordneten Hilse aufgerufen wird und mit dem er Emotionen und Ängste seiner Zuhörer und Zuhörerinnen befördert. Solche Mensch-Tier-Vergleiche in verächtlicher Form wurden von den Nazis immer wieder zur Entmenschlichung im Rahmen ihrer rassistischen Politik genutzt. Ganz offensichtlich will die AfD sich in diese Tradition stellen.

Schließlich noch eine Duftmarke der AfD in der Familienpolitik. Die Anträge von Linken und Grünen zur »Kostenfreiheit von Verhütungsmitteln« veranlassten den Abgeordneten Dr. Robby Schlund zu interessanten historischen Bezügen. Die angeblich geburtenfeindliche Politik der Linken wird von ihm gleich auf die Oktoberrevolution zurückgeführt, deren Experimente der »freien Liebe« dann 1936 unter Stalin korrigiert wurden: »*Aber kommen wir zu den interessanten Dingen, kommen wir zum Lenin-Experiment 1917, der freien Liebe, der ultimativen kontrazeptiven Revolution, das Lieblingskind der 68er-Generation. Es scheiterte kläglich und endete in einer gesellschaftlichen Katastrophe der frühen Sowjetunion. 1936 setzte man im sowjetischen sozialistischen Familiengesetz die Familie mit Kindern wieder in den Mittelpunkt und beendete dieses Desaster.*« (Deutscher Bundestag, 19. Wahlperiode, Protokoll 42. Sitzung, S. 4251) Und auch hier muss die AfD wahnhaft das Thema Zuwanderung und Islam aufrufen, um unweigerlich beim Rassismus zu landen. »*Sexuelle Selbstbestimmung muslimischer Frauen*« sei der AfD ein besonderes Anliegen, es sollte aber auch eine »*Aufklärung der muslimischen Männer erfolgen. Denn Kondome sind nicht nur Verhütungsmittel, sondern auch wirksame Mittel zur Verhinderung sexuell übertragbarer Krankheiten*«. (Ebd., S. 4252) Der muslimische Mann als Träger sexuell übertragbarer Krankheiten – der rassistische Assoziationsraum, der hier aufgerufen wird, füllt ganze Bibliotheken. Die AfD stellt den Stereotypen »des Juden« und »des schwarzen Mannes« jetzt offenbar die Gefahr »des Moslems« an die Seite.

Sitzungswoche 3.-5. Juli 2018

Vier Haushaltsdebatten stehen im Jahr 2018 auf dem Programm des Bundestages und zur Halbzeit dieser Debatten kann man sagen: Umverteilung von oben nach unten und eine sozialstaatlich orientierte Haushaltspolitik gehören nicht zu den Schwerpunkten der AfD-Fraktion, vielmehr sind sie eine Leerstelle. Stattdessen geht es ihr um das Ausspielen schwacher Gruppen der Gesellschaft gegeneinander, um so von der skandalösen Ungleichverteilung des vorhandenen gesellschaftlichen Reichtums abzulenken.

Wenn die Fraktionsvorsitzende Weidel in der Generalaussprache zum Haushalt 2018 sagt, »*die Staatsquote ist immer noch viel zu hoch*« (Deutscher Bundestag, 19. Wahlperiode, Protokoll 45. Sitzung, S. 4665), dann wiederholt sie das seit Jahren von Neoliberalen und Anhängern der Austeritätspolitik vorgetragene Mantra des schlanken Staates. Unter solchen Voraussetzungen weiß man, was gemeint ist, wenn Weidel eine »*radikale Steuerreform*« fordert und »*unsere Sozialsysteme zukunfts- und demografiefest*« machen will:

Kürzungen und Privatisierungen, wie sie schon Ende Juni Parteichef Meuthen beim AfD-Parteitag in Augsburg für das Rentensystem gefordert hatte.

Was in allen Debatten zum Haushalt und von der AfD generell ausgeblendet wird, ist der gesellschaftliche Gegensatz von Arbeit und Kapital, denn Letzteres kommt im Weltbild der AfD als Akteur überhaupt nicht vor. Insofern werden von ihr in allen Debatten zu realen Ungerechtigkeiten und sozialen Problemen Geflüchtete und Staat als Verursacher benannt, womit – sehr zu Freude von Unternehmen und Kapitalseite – die gesellschaftspolitische Verantwortung von Wirtschaft und Unternehmen niemals thematisiert wird. So wettert Beatrix von Storch in der Debatte zum Haushalt des Ministeriums für Familie, Senioren, Frauen und Jugend gegen die »*finanzielle Enteignung der Familien*«: »*Es gab Zeiten in diesem Land, da reichte ein Arbeitseinkommen, um eine Familie zu ernähren. Heute reichen kaum zwei. Das liegt an der systematischen Enteignung durch den Staat.*« (Deutscher Bundestag, 19. Wahlperiode, Protokoll 44. Sitzung, S. 4617) Der Steuerstaat, nicht aber die Unternehmen, die mit Billiglöhnen, Zeitarbeit, Befristungen, Tarifflucht etc. die Familieneinkommen immer weiter drücken, sind also nach Überzeugung der AfD verantwortlich. Weiter von Storch: »*Wir haben stagnierende Reallöhne, wir haben steigende Steuern und Abgaben, wir haben explodierende Lebenshaltungskosten, und wir haben die Verarmung der Mittelschicht, und Sie verkaufen uns das als gesellschaftlichen Fortschritt. So dreist muss man erst mal sein. Was in Wahrheit staatliche Ausbeutung ist, das nennen Sie Emanzipation.*« (Ebd.) Und was folgt daraus: Vermögenssteuer? Mindestlohnerhöhung? Stärkere Tarifbindung? Weit gefehlt: »*runter mit den Sozialabgaben*« (Ebd.) heißt die Lösung der AfD, über die sich auch die Vorstände von Siemens und der Deutschen Bank freuen werden.

Meistens bleibt die AfD jedoch jeden konkreten haushaltspolitischen Vorschlag schuldig und nutzt die Gelegenheit für die weitere Verbreitung rassistischer Stereotype. Martin Hohmann, früher CDU heute AfD, knüpfte an den Vergleich von Geflüchteten mit Wölfen an, wie ihn sein Kollege Karsten Hilse in der Vorwoche gezogen hatte, er nennt ihn: »*Vergleich zwischen der Zuwanderung unangepasster junger Männer und Wölfen.*« (Deutscher Bundestag, 19. Wahlperiode, Protokoll 44. Sitzung, S. 4576) Ganz offensichtlich hat der Redner Spaß an dieser Form der Parallelisierung von Geflüchteten und Wildtieren: »*In beiden Fällen wird das Gefahrenpotenzial von Politik und Medien kleingeredet. In beiden Fällen stehen die Kosten in keinem Verhältnis zum Nutzen. Und in beiden Fällen verachten die Herrschenden die, die schon länger hier leben. Zu denen, die schon länger hier lebten, gehörte – ja, gehörte – ein kleines Wildschafvorkommen von 150 Tieren in der Muskauer Heide. Kaum hatten die Wölfe die Grenze überschritten, waren diese Wildschafe durch die Wölfe nicht dezimiert, nein, ausgerottet. Was ist mit dem Lebensrecht der Wildschafe?*« (Ebd.)

Die Abgeordnete Birgit Malsack-Winkemann bevorzugt lieber Krankheitsmetaphern, wenn sie über Geflüchtete spricht: »*Weiter verweise ich auf eine Metaanalyse, über die das ›Deutsche Ärzteblatt‹ am 23. Mai 2018 berichtete. Danach hat jeder vierte Migrant in Europa antibiotikaresistente Bakterien. Zwar fand man im Rahmen der Studie laut dem Ärzteblatt keine Hinweise auf eine Ansteckung der einheimischen Bevölkerung. Nach logischem Menschenverstand wäre es jedoch ein Wunder, wenn sich die einheimische Bevölkerung nicht ansteckt, wenn die Migranten unter ihr sind. Wenn jeder vierte Migrant mit antibiotikaresistenten Bakterien besiedelt oder infiziert ist, ist nicht nur eine gründliche Gesundheitsuntersuchung jedes Migranten notwendig, sondern auch eine Form der Quarantäne der erkrankten Migranten zum Schutz der einheimischen Bevölkerung.*« (Ebd., S. 4660 f.) Geflüchtete als Krankheitserreger am deutschen Volkskörper – das ist Nazijargon in Reinkultur.

Auch jenseits des direkten Rassismus hantiert die AfD mit ideologischen Versatzstücken neurechter Ideologie. Marc Jongen, ihr redegewandter Partei- und Fraktionsphilosoph setzt das in rechtsgewirkte Sentenzen um: »*Was zulasten des eigenen Volkes geht, das interessiert Frau Merkel längst nicht mehr. Sie ist die Kanzlerin der anderen. Dass diese Mentalität an die Macht gelangen konnte und sich so lange dort halten konnte, das hat sehr viel mit dem kulturellen Klima zu tun, einem kulturellen Klima, in dem die Missachtung des Eigenen bei gleichzeitiger kritikloser Bejubelung alles Fremden als normal gilt und Kritik daran sofort mit der ›Rassismus‹-Keule beantwortet wird. Seit 20 Jahren mindestens steht die Kulturpolitik der Bundesregierung im Dienst des Umbaus Deutschlands zu einer multikulturellen Vielfaltsgesellschaft. Diese Politik arbeitet erklärtermaßen an der Aushöhlung der nationalen Identität und damit aktiv an der Zerstörung der Kulturnation Deutschland.*« (Deutscher Bundestag, 19. Wahlperiode, Protokoll 45. Sitzung, S. 4703) Was helfen könne sei allein eine totale Integration, gegen die auch nicht die AfD sei, vorausgesetzt: »*wenn es denn darum ginge, Migranten an die deutsche Kultur heranzuführen, sodass sie sich assimilieren und spätestens in der zweiten oder dritten Generation keine Fremden mehr sind. Nur dadurch wäre der soziale Frieden nachhaltig zu sichern in diesem Land.*« (Ebd.) Lässt sich das als totalitäres Kulturverständnis bezeichnen? Jedenfalls sei die Abweichung von diesem Verständnis die Kapitulation vor der politischen Linken: »*Ich habe mich lange gefragt, wie eine ehemals bürgerliche Partei wie die CDU sich solcher linksradikalen Ideologie widerstandslos ergeben kann. Seit ich im Kulturausschuss bin, weiß ich: Sie sind einfach zu unbedarft, um dieses Spiel zu durchschauen, aber ich erkläre es Ihnen gerne. Seit der gute alte Proletarier ausgedient hat, ist Die Linke auf der verzweifelten Suche nach einem neuen revolutionären Subjekt – und da hat sie den Migranten für sich entdeckt. Ziel bleibt wie eh und je die Zerstörung der bürgerlichen Gesellschaft und des Nationalstaats. Darum lassen Sie sich nicht täuschen, Frau Kollegin Motschmann und die gesamte CDU/CSU-Fraktion: Wenn Herr Bartsch die Bibel zitiert, dann meint er eigentlich die Mao-Bibel.*« (Ebd.)

2.
Delegitimierung demokratischer Institutionen und Verschwörungsmythen
Herbst 2018 bis Sommer 2019

Ende August und Anfang September 2018 kam es in Chemnitz zu einer Reihe von Demonstrationen. Anlass waren tödliche Messerstiche beim Stadtfest, für die zwei Täter mit Migrationsgeschichte bzw. Geflüchtetenstatus verantwortlich waren. Von der extremen Rechten in allen Schattierungen wurde die Tat zum Anlass genommen, um gegen die Migrationspolitik generell zu demonstrieren. Auch die AfD war bei der Demo am 1. September mit einem großen Teil ihrer Parteiprominenz dabei und ging Seite an Seite mit bekannten Vertretern des Pegida-Bündnisses aus Dresden sowie einer Reihe bekannter Neonazigruppierungen. Neben der extrem rechten Bürgerbewegung »Pro Chemnitz« waren auch zahlreiche Kader der militanten Naziszene anwesend.

Bundesweit wurde dieser Schulterschluss der AfD mit Teilen der auch gewaltbereiten neofaschistischen Rechten als Tabubruch bewertet. Am Rande der Demos kam es zu Bedrohungen und Gewalttaten gegen Menschen mit Migrationshintergrund, außerdem wurde ein jüdisches Restaurant attackiert. Die Auseinandersetzungen um die Ereignisse in Chemnitz bekamen durch die Stellungnahmen des Präsidenten des Bundesamtes für Verfassungsschutz (BfV), Hans-Georg Maaßen, eine bundespolitische Bedeutung. Maaßen bestritt öffentlich, dass es in Chemnitz so etwas wie »Hetzjagden« auf Migrant*innen gegeben habe und bezichtigte die Presse, von Antifaschist*innen erfundene Falschnachrichten zu verbreiten. Für die AfD wurde er damit zum Kronzeugen gegen eine angeblich linke Meinungsdiktatur durch Teile der Medien. In Reden im Bundestag wurden diese von Rednern der AfD als »Systemmedien« tituliert. Für die Koalition wurde Maaßen zu einer zentralen Belastung und von Innenminister Seehofer nach einigen Wirrungen schließlich in den einstweiligen Ruhestand versetzt.

Ganz offensichtlich versuchte die AfD, sich in Chemnitz als parlamentarischer Arm einer rassistischen Straßenbewegung zu inszenieren und sah auch den direkten Schulterschluss mit militanten Nazis nicht mehr als Problem an. Im Bundestag setze sich die Radikalisierung in der Fraktion fort, zumal das Thema der Migrationspolitik nach wie vor eine schwere Belastung für die Union war und von der AfD im Bundestag nach Kräften befeuert wurde. Gottfried Curio nannte die Migration in einer Rede im September 2018 die »Urkatastrophe des 21. Jahrhunderts«.

Kampagnen und Verschwörungsmythen

Selbstbewusstsein und mediale Durchschlagskraft der AfD ließ sich an einer Kampagne von Partei und Fraktion im Herbst und Winter 2018/19 ablesen, mit der das Thema Zuwanderung noch einmal geschärft werden sollte und die AfD zum aktiven Widerstand der Bevölkerung gegen eine drohende »Umvolkung« aufrief. Anlass war der von den Vereinten Nationen verabschiedete Globale Migrationspakt, der auch von Deutschland unterzeichnet wurde. Entgegen aller Wahrheit und durch nichts im vorliegenden und für alle nachlesbaren Vertragstext gedeckt, deutete die AfD den Pakt als Öffnung aller Schleusen und Beginn einer weltweiten Massenmigration nach Deutschland, die nichts anderes zur Folge habe, als die »Umwandlung eines Nationalstaates in ein Siedlungsgebiet«, wie es Alexander Gauland im November 2018 im Bundestag formulierte. Antisemitische Verschwörungstheorien wurden in diesem Zusammenhang von der

AfD befeuert und sie machte sich die Agitation der extremen Rechten gegen den Milliardär George Soros zu eigen, der als ein heimlicher Strippenzieher hinter diesen Machenschaften genannt wurde.

In den Debatten zum Globalen Migrationspakt wurde deutlich, dass die AfD im Bundestag vermehrt mit Verschwörungsmythen und bewussten Unwahrheiten arbeitete und sehr gezielt den Boden rationaler Argumentation verließ. »Der Pakt transportiert unter falschem Etikett das Gegenteil dessen, was er vorgibt«, so Gottfried Curio im November 2018 im Bundestag. Mit einem Satz werden so Fakten und Vertragstext in beliebig umdeutbare geheime Absichten verdreht und wird jeder rationalen Verständigung der Boden entzogen.

Die Verbreitung »alternativer Fakten« wurde im Laufe des Jahres 2019 auch für eine anderes zentrales politisches Thema zum Hauptzugang der AfD-Fraktion. Der menschgemachte Klimawandel wird von der Fraktion grundsätzlich geleugnet und alle politischen Maßnahmen dagegen werden abgelehnt. Auch hier verbindet sich ein verschwörungsmythisch motivierter Irrationalismus mit einer klaren Feindbestimmung, in diesem Fall gegen einen als links, kommunistisch, grün und verbrecherisch titulierten Gegner.

Systembruch von rechts

Generell war der AfD-Fraktion in dieser Phase die Überzeugung anzumerken, jede weitere Drehung der Radikalisierungsspirale komme ihr direkt zugute und steigere auch ihr Ansehen bei Bürgerinnen und Bürgern. Die Beteiligung von befreundeten Parteien wie der Lega (Italien) und der FPÖ an den jeweiligen Länderregierungen sowie der anhaltende Höhenflug in den Umfragen wurden als Bestätigung der eigenen Linie gewertet. Die Bezeichnung der Bundesrepublik als »DDR 2.0«, die Selbsteinschätzung als »Dissidenten«, die verbale Ausbürgerung der Bundeskanzlerin – »Merkel gehört nicht länger zu Deutschland« – all das war Ausdruck eines Willens zum

Systembruch von rechts. Inhaltlich wurde das von der AfD-Fraktion an einigen Stellen genauer ausgeführt, etwa in Form eines Gesetzentwurfs zur Inneren Sicherheit, der alle rechten Vorstellungen des autoritären Staates umfasst und eine Art Apartheidstaat skizzierte.

Der Mord an dem Kasseler CDU-Politiker Walter Lübcke durch Neonazis im Juni 2019 war für die AfD ein Einschnitt, setze doch damit eine verstärkte Debatte zur Gefährdung der Demokratie durch die extreme Rechte ein, die jetzt nicht mehr von den staatlichen Behörden ignoriert oder relativiert werden konnte. Die Beobachtung von Teilen der Partei und die Einstufung der Gesamtpartei als Prüffall des Verfassungsschutzes setzten eine innerparteiliche Debatte in Gang, mit der die Flügelkämpfe der Partei befeuert wurden, die sich auch in der Bundestagsfraktion bemerkbar machten.

Sozial- und wirtschaftspolitisch blieb die AfD-Bundestagsfraktion in dieser ganzen Zeit auf der Linie eines mehr oder weniger marktradikalen Ansatzes, verwarf im Gleichschritt mit der FDP alle Vorschläge zur Verbesserung für abhängig Beschäftigte und stritt gegen jede Form des sozialen Ausgleichs auf EU-Ebene.

Verstärkt wurde von der Fraktion dagegen die Kulturkampffront. Ein militanter Antifeminismus, die Ablehnung jeder Form von Gleichstellungspolitik, die Abwertung und Verächtlichmachung von Frauen finden sich hier genauso, wie die ablehnende Haltung gegenüber jeder öffentlichen Erinnerung an die NS-Vergangenheit. Die von einigen AfD-Abgeordneten demonstrative Verweigerung der Anrede »Frau Präsidentin« zu Beginn einer Rede soll diese Frauenverachtung genauso nach außen demonstrieren. In diesen Zusammenhang passen die von zahlreichen Abgeordneten anderer Fraktionen berichteten anzüglichen Bemerkungen gegenüber weiblichen Parlamentarierinnen.

Sitzungswoche 11.-14. September 2018

Die erste Sitzungswoche nach der Sommerpause – eine Haushaltswoche – stand ganz im Zeichen der Ereignisse von Chemnitz und des offensichtlichen Zusammengehens der AfD mit Teilen der militanten neofaschistischen Rechten. Die skandalösen und AfD-Positionen stützenden Äußerungen des BfV-Präsidenten Hans-Georg Maaßen trugen weiter zum verbalen Schlagabtausch mit der AfD im Plenum bei.

So eröffnete die AfD die Debatte mit dem Geschäftsordnungsantrag, den Haushalt des Bundespräsidialamtes, entgegen sonstiger Gewohnheiten, im Plenum zu diskutieren. Hintergrund ist die verbale Unterstützung des Bundespräsidenten Steinmeier für das Konzert »Wir sind mehr«, die ihm auch in Teilen der Medien als Unterstützung für angeblich »linksextreme« Bands ausgelegt wurde. Aufgrund einer erstmaligen Absprache aller anderen Fraktionen antwortete nur der Parlamentarische Geschäftsführer der Unionsfraktion auf diesen AfD-Antrag, um der AfD nicht unnötig Raum in der Debatte einzuräumen.

In der Generaldebatte (Elefantenrunde) am Mittwoch blieb es dem Fraktionsvorsitzenden Gauland vorbehalten, das zentrale Thema der AfD, die unauflösliche Verbindung von Zuwanderung und Kriminalität, rhetorisch geschickt zu intonieren. Die Frage nach der Gefährdung des »*inneren Friedens*« war die Figur, mit der Gauland den offensichtlichen Riss in der Gesellschaft als Folge der Flüchtlingspolitik der Regierung Merkel und ihrer Unterstützer darstellte. Die Vorlagen aus dem Innenministerium (Seehofer zur Migration als »Mutter aller Probleme«) wurden von der AfD gerne aufgegriffen und gegen den Teil der Regierung gewandt, mit dem auch der Innenminister über Kreuz liegt. Qualitativ neu ist, dass sich die AfD inzwischen auf Teile der Funktionseliten des Landes bei ihrer Propaganda berufen kann. So wurde mit Blick auf Maaßen von Gauland natürlich bestritten, dass es »Menschenjagden« gegeben habe: »*Tatsächlich war die Polizeibilanz in Chemnitz nicht anders als bei einem mittleren Bundesligaspiel.*« (Deutscher Bundestag, 19. Wahlperiode, Protokoll 48. Sitzung, S. 5037) Mehr als 140 Anzeigen, mehr als 30 rechte Gewalttaten und der sprunghafte Anstieg rassistischer Angriffe werden mit Verweis auf den BfV-Präsidenten und den sächsischen Ministerpräsidenten einfach beiseite gewischt. Der Nazimob wird von Gauland zu »*ein paar aggressive(n) Hohlköpfen*« (Ebd., S. 5036), von denen man sich distanziere, und die von der Kanzlerin benutze Formulierung der »Zusammenrottung« als Reminiszenz an das DDR-Strafgesetzbuch und den Umgang der DDR mit ihren Gegnern umgedeutet. Mit den Aussagen des BfV-Präsidenten werden von Gauland die Kanzlerin und ihr Sprecher der Verbreitung von Fake News bezichtigt.

Die Causa Maaßen ist ein Alarmzeichen: Eine Lehre aus Weimar muss sein, dass alle Alarmglocken schrillen, wenn Teile der Funktionseliten des Staates auf die Seite der Feinde der Demokratie wechseln. Der von Martin Schulz (SPD) erhobene Vorwurf, die rhetorische Figur der Reduzierung aller Probleme auf eine einzige Ursache, einen einzigen Sündenbock, sei ein »*tradiertes Mittel des Faschismus*« (Ebd., S. 5038), ist völlig richtig und nach den Ereignissen von Chemnitz auch eine angemessene Beschreibung der realen Gefahr.

In zahlreichen weiteren Debatten zum Haushalt kamen Chemnitz und die Rolle Maaßens, die zur Causa Maaßen geworden war, immer wieder zur Sprache. Der Abgeordnete Karsten Hilse (AfD) bezeichnete die »*Leitmedien*« als »*Systemmedien*« (Deutscher Bundestag, 19. Wahlperiode, Protokoll 47. Sitzung, S. 5003), womit er auch sprachlich den Duktus der extremen Rechten übernommen hat.

Wie immer bleibt es dem AfD-Abgeordneten Gottfried Curio vorbehalten, die größten verbalen Zuspitzungen vorzunehmen. An Wortschöpfungen wie »*Messermorde*« und »*Migrantenverbrechen*« hat man sich viel zu schnell gewöhnt, aber diesmal ging es Curio vor allem um die Opferrolle – ›der‹ Deutschen und der AfD: »*Den Deutschen wird in Chemnitz, wie anderswo, ihr täglicher friedlicher Lebensraum genommen.*« »*Duisburg, Berlin, Köln, Chemnitz: überall No-go Areas*«; »*Die Hass- und Hetzjagd* [hier gibt es sie also, G. W.] *gegen die größte Oppositionspartei wird eskaliert, je mehr Bürger in ihr ihren einzigen Anwalt sehen.*« (Deutscher Bundestag, 19. Wahlperiode, Protokoll 49. Sitzung, S. 5150 bzw. 5151) Und wo Seehofer die Migration als »Mutter aller Probleme« sieht, ist sie für Curio die »*Urkatastrophe des 21. Jahrhunderts*«, vergleichbar nur mit dem Ersten Weltkrieg: »*Nach der Urkatastrophe des 20. Jahrhunderts, 1914, erleben wir etwa 100 Jahre später im Herbst 2015 einen beispiellosen Dammbruch: für Völkerwanderung und Kulturkampf. Dieses Ereignis wird die Urkatastrophe des 21. Jahrhunderts sein*«. (Ebd., S. 5151) Auch an solchen Beispielen lässt sich erkennen, dass der verbale Wettlauf, wie er in dieser Zeit von der CSU und Seehofer geführt wurde, mit der extremen Rechten nie zu gewinnen ist.

Sitzungswoche 26.-28. September 2018

Nach wie vor spielt die Inszenierung als Opfer der »Altparteien« für die AfD-Fraktion im Bundestag eine große Rolle. Mit der Wahrheit nimmt man es dabei nicht so genau und baut vor allem auf Unkenntnis des Publikums: Für die Wahrnehmbarkeit der Debatten im Bundestag und ihre Spiegelung in den Medien ist der Zeitpunkt der Debatte zentral. Für Regierung bzw. Opposition wichtige Themen werden deshalb in die Kernzeiten (Donnerstag- und Freitagvormittag) gelegt. Die Koalition verfügt über 50 Prozent der Kernzeiten, die andern 50 Prozent müssen sich die Oppositionsfraktionen teilen. Bisher bevorteilte der Zugriff nach der Größe einseitig die AfD, die als größte Oppositionsfraktion über 50 Prozent der verbleibenden Kernzeiten verfügte (bei 12,6 Prozent gegenüber 29 Prozent von FDP, Linken und Grünen zusammen ein offenbar ungerechter Zustand). Eine unter den Fraktionen ausgehandelte Neuregelung verteilt diese »Oppositionszeiten« jetzt gerechter, was von der AfD jedoch wahrheitswidrig als Bruch mit der Tradition aller westlichen Demokratien gewertet wurde, nach der die größte Oppositionsfraktion immer zuerst auf die Regierung antwortet (was nach wie vor auch im Bundestag so ist).

In der Debatte zum Jahresbericht zum Stand der Deutschen Einheit zeichnet der AfD-Abgeordnete Enrico Komning ein Bild von Staat und Gesellschaft, das nur eine (völkisch) revolutionäre Veränderung zur Folge haben könne: Die Regierung arbeite weiter an »*einer auf Westdeutschland ausgedehnten DDR 2.0 (...). Bespitzelung der Bürger, Schmähung, Diskreditierung und Ächtung Andersdenken-*

der, Gefügigmachung der staatlichen Medien: Das alles war Realität in der DDR, und das ist es heute wieder. Helmut Kohl, Konrad Adenauer und, ich vermute, sogar Herbert Wehner würden sich im Grabe umdrehen, während Ulbricht, Mielke und Honecker sich im Jenseits die Hände reiben.« (Deutscher Bundestag, 19. Wahlperiode, Protokoll 52. Sitzung, S. 5401) Wohlgemerkt: Nicht die Bespitzelung einer kritischen Öffentlichkeit durch Polizei und Inlandsgeheimdienste ist hier gemeint – die will die AfD ausbauen –, sondern eine (viel zu seltene) politische und mediale Kritik an der Politik der AfD und ihres Umfeldes. Widerspruch gehört für diese selbsternannte Alternative offenbar nicht zur Grundlage der Demokratie.

Nicht die Zerschlagung sozialer Sicherungen, die Deindustrialisierung weiter Teile Ostdeutschlands, die Übernahme der führenden Positionen durch Menschen aus dem Westen, die Aberkennung der Lebensleistungen der Menschen in Ostdeutschland sind laut AfD Probleme der Einheit, sondern – natürlich – die Zuwanderung und damit – in ihrem Verständnis – der »*Import von Parallelgesellschaften, von fremden Kulturen und von Kriminalität*«, so der Abgeordnete Steffen Kotré in der gleichen Debatte. Merkel erscheint als vaterlandslose Gesellin, die »*die deutsche Fahne ja mal verächtlich weggetan*« habe und mit Erdoğan »*lieber vor der türkischen statt vor der deutschen Fahne*« sitze. (Deutscher Bundestag, 19. Wahlperiode, Protokoll 52. Sitzung, S. 5410) Hintergrund, so Kotré sei ihre Auffassung, »*zum deutschen Volk gehört jeder, der hier lebt*«, was völliger Unsinn von Kotré ist, weil die von Merkel geführte Regierung – ganz im Sinne der AfD – bis heute Millionen seit vielen Jahren in Deutschland lebenden Menschen elementare bürgerliche Rechte verweigert, z. B. das Wahlrecht für Menschen ohne deutschen Pass. Sinn ergibt eine solche Behauptung nur vor dem Hintergrund eines völkischen Weltbildes, nach dem die Gleichberechtigung von deutschen mit Migrationshintergrund generell in Frage gestellt wird, sie also im Verständnis der AfD nicht zum »Volk« gehören.

Die AfD will dieses völkische Weltbild auch gesetzlich verankern, zentral dabei ist zunächst der antimuslimische Rassismus. So brachte die Fraktion einen Antrag ins Plenum ein, in dem es um die Ausweitung der Möglichkeit auf Aberkennung der Grundrechte (Artikel 18 GG) geht, der jetzt auch auf die Religionsausübung ausgeweitet werden soll. (Drs. 19/4484) Was die AfD verbal im Plenum verschweigt, aber ohne jeden Zweifel meint, ist die Aberkennung der Grundrechte für solche Muslime, die ihr als Islamisten gelten. Dass dies generell mit dem normalen Strafrecht auch ohne Grundgesetzänderung möglich ist, interessiert die AfD nicht, denn ihr geht es um den symbolischen Punkt und das Schüren von Ängsten.

Sozialpolitisch bewegt sich die AfD nach wie vor in Widersprüchen, häufig aber auch im eindeutig neoliberalen Fahrwasser. In der Debatte zur u. a. von der Linken beantragten »Gerechtere(n) Finanzierung der gesetzlichen Krankenversicherung im Jahr 2019« (Drs. 19/4244) macht sich der AfD-Abgeordnete Jörg Schneider eins zu eins die Unternehmerposition zu eigen und zeigt anschließend, wie weit die AfD von der Lebensrealität der so oft zitierten »kleinen Leute« entfernt ist. Zur von der Linken geforderten Entlastung der Versicherten heißt es: »*Den Entlastungen der Versicherten stehen quasi in gleicher Höhe Belastungen der Arbeitgeber gegenüber. Das mag vielleicht zunächst egal sein, aber es wird unter Umständen dazu führen, dass Arbeitsplätze verloren gehen, es wird vielleicht dazu führen, dass neue Arbeitsplätze nicht in dem Maße geschaffen werden. Zumindest aber wird es den Spielraum von Arbeitgebern bei zukünftigen Lohnabschlüssen einengen.*« Sein Gegenvorschlag lautet: »*ein echter Wettbewerb*« – das Patentmittel der Neoliberalen – und eine Werbeeinlage für die private Krankenversicherung: »*Ich mache Ihnen einmal einen Vorschlag. Ich persönlich bin privat krankenversichert. Das ist gar nicht so teuer, weil ich im Jahr bis zu 2000 Euro selber bezahle. Das bedeutet: Wenn ich jetzt nicht gerade schwer erkranke oder einen Unfall habe, zahle ich sämtliche Arztrechnungen und Medikamente selber.*« (alle Zitate: Deutscher Bundestag, 19. Wahlperiode, Protokoll 52. Sitzung, S. 5486) Relative oder reale Armut, chronische Erkrankungen, krankmachende Arbeitsbedingungen – all das scheint für die AfD eine fremde Lebenswelt zu sein.

Sitzungswoche 10.-12. Oktober 2018

Den Islam als eine verbrecherische Ideologie darzustellen, ist das Ziel des Antrags der AfD-Fraktion mit dem Titel »Unvereinbarkeit von Islam, Scharia und Rechtsstaat – Der Radikalisierung den Boden entziehen, keine Verbreitung gesetzwidriger Lehren«. (Drs. 19/4840) »*Islamismus ist nur angewandter Islam*« (Deutscher Bundestag, 19. Wahlperiode, Protokoll 55. Sitzung, S. 5892), so der unvermeidliche Gottfried Curio in seiner Rede, um gleich jede Differenzierung zu vermeiden und alle Angehörigen der Religion zu potenziellen Verbrechern zu erklären. Eine wilde Aneinanderreihung von Koranzitaten soll diese Unterstellung belegen, aber selbst die C-Parteien räumen in der Debatte ein, dass sich eine ähnliche Reihe von Horrorzitaten auch aus der Bibel extrahieren lasse. Immer geht es der AfD bei solchen Debatten um den Affekt des »wir gegen die« bzw. der angeblichen Ausnutzung der Deutschen durch die »Fremden«: »*Ganz nebenbei: Polygamie ist nicht nur ungesetzlich, sie ist auch unsozial. Der Neubürger holt seine Zweit- und Drittfrau nach, der Altbürger darf sich zur Finanzierung einen Zweit- und Drittjob suchen.*« (Ebd., S. 5891) Schließlich geht Curio auch dazu über, die aus seiner Sicht politisch Verantwortliche verbal auszubürgern: »*Alltägliche Messergewalt, Angsträume für Frauen, für Juden, Mobbing deutscher Schüler, wachsende No-go Areas: All das gab es vor Merkel nicht. Wenn Merkel meint, der Islam gehöre zu Deutschland, gehöre zu unserem Rechtsstaat Deutschland, dann sagen wir: Der Islam gehört zu Merkel, aber Merkel gehört nicht länger zu Deutschland.*« (Ebd., S. 5892)

Ganz im Kulturkampfmodus nutzte die Abgeordnete Beatrix von Storch die Debatte zur Änderung der in das Geburtenregister einzutragenden Angaben (Stichwort: geschlechtliche Vielfalt) für einige reaktionär-konservative Bekenntnisse: »*Sie hatten und haben nur ein Ziel: Sie wollen die Zweigeschlechtlichkeit grundsätzlich abschaffen, und ihre ideologischen Verbündeten von links bis in das Herz der Union hinein werden das jetzt umsetzen. (...) Es geht Ihnen um einen Kreuzzug gegen die Zweigeschlechtlichkeit, um einen Kreuz-*

zug gegen die Biologie und gegen die Natur des Menschen schlechthin. (…) Hinter der Genderideologie steht ein großer linker Irrweg. Sie setzen den Menschen gegenüber der Schöpfung absolut. Sie wollen Gott spielen. (…) Ihrem Wahn von Machbarkeit opfern Sie alles. Was Ihnen dabei im Wege ist, wollen Sie zerstören: die angeborene Geschlechtsidentität des Menschen, die Familie, die Tradition, die Kultur. Wir treten an, um diese Zerstörung gegen Sie alle hier im Haus zu verteidigen. Deswegen ist die AfD die einzige konservative Kraft in Deutschland.« (Deutscher Bundestag, 19. Wahlperiode, Protokoll 55. Sitzung, S. 5990)

Sitzungswoche 17.-19. Oktober 2018

Ein Jahr ist seit der Konstituierung des 19. Bundestages vergangen und unweigerlich setzen sich die Normalisierung und der Gewöhnungseffekt gegenüber der AfD im Parlament weiter fort. Hetze und Verächtlichmachung von Bevölkerungsgruppen wiederholen sich Woche für Woche und auch der Beobachter fragt sich, was davon jeweils noch einen Neuigkeits- oder auch nur Berichtswert hat. Allerdings befindet sich die AfD immer noch in der Radikalisierungsspirale, auch wenn die drohende Beobachtung durch den Verfassungsschutz die innerparteilichen Alarmglocken zum Läuten gebracht hat. Spitzel- und Denunziationsportale gegen Lehrerinnen und Lehrer sorgen in den Ländern für Aufregung.

Weitgehend unbeachtet blieb dagegen ein Gesetzentwurf der Bundestagsfraktion, der das einlöst, was der AfD zurecht immer vorgeworfen wird: den Weg in einen anderen – autoritären – Staat. Hinter dem harmlosen Titel »Entwurf eines Gesetzes zur Verbesserung der Inneren Sicherheit – Verfahrensbeschleunigungsgesetz und verbesserte Eingriffsrechte der Justiz« (Drs. 19/5040) verbirgt sich eine Form des Sonderstrafrechts, die den Gleichheitsgrundsatz des Grundgesetzes ad absurdum führt und eine Feindgruppe im Land markiert, gegen die mit allem Mitteln vorgegangen werden soll: die »Ausländer«. Auf 45 Seiten legt der ehemalige leitende Oberstaatsanwalt aus Berlin und jetzige AfD-Abgeordnete Roman Reusch eine

Wunschliste autoritären Staatsverständnisses vor, die tatsächlich einen Ausblick auf einen von der AfD maßgeblich gelenkten Staat gibt. Abschaffung der Revision als Rechtsmittel, Einschränkung des Jugendstrafrechts, Erschwerung von Bewährungsstrafen zugunsten der Haft – all das ist kleine Münze im Gesetzentwurf. Zu richtiger Form läuft dieser AfD-Gesetzentwurf erst auf, wenn es gegen die zentrale Feindgruppe der »Ausländer« geht: »Die Änderungen im Ausländerrecht dienen vornehmlich dem Zweck, Asylsuchende, die kein Bleiberecht haben bzw. straffällig geworden sind, ausweisen bzw. abschieben zu können«, so heißt es im Entwurf. Im Fokus stehen aber nicht »nur« Asylsuchende, der Entwurf richtete sich gegen alle »Ausländer« in Deutschland. Eingeführt werden soll das Mittel der »Präventivhaft« gegen Asylsuchende, die als »Gefahr für die Sicherheit der Bundesrepublik Deutschland oder die Allgemeinheit« angesehen werden. Geschaffen werden soll die Möglichkeit der »Unterbringung von Ausländern in einem aufnahmebreiten Drittstaat«: »Ein Ausländer, der kein Bleiberecht hat, aber aufgrund eines Abschiebeverbots nicht in sein Herkunftsland verbracht werden darf, ist in eine in einem aufnahmebereiten Drittstaat gelegene Einrichtung zu verbringen.« Ist das nicht möglich, soll es bei Gefahrenlage eine unbegrenzte Inhaftierung geben – ohne Urteil, ohne vorherige Tat. Das Staatsangehörigkeitsrecht soll generell auf das »Recht des Blutes« (ius sanguinis) zurückgeführt, die Elemente des Geburtsrechts (ius soli) sollen abgeschafft werden – folgerichtig für eine Partei mit einem völkischen Weltbild. Einbürgerungen sollen ausgeschlossen werden, wenn ein zwingender Ausweisungsgrund vorliegt. Der liegt nach dem Willen der AfD schon dann vor, wenn man zu einer Strafe von mindestens einem Jahr verurteilt wird, also u. a. bei relativ geringfügigen Anlässen wie einem Handtaschenraub. Liegt ein solcher Ausweisungsgrund vor, soll die deutsche Staatsangehörigkeit entzogen werden und zwar auch dann, wenn die Person dadurch staatenlos wird. Hierfür will die AfD eine Schlussfolgerung aus dem Faschismus, dass niemand staatenlos gemacht werden darf, gesetzlich streichen. Versagt werden soll die Einbürgerung auch, wenn man aus einer Familie stammt, die »bereits gehäuft strafrechtlich in Erscheinung getreten« ist. Die Sippenhaft soll somit Gesetz werden. In den Ausführungen heißt es: »Das Bundesministerium des Inneren wird ermächtigt, eine Liste der kriminell besonders auffälligen Familien zu führen.« Der Abgeordnete Martens von der FDP erinnerte in der Debatte zum Gesetzentwurf an die sogenannten »Sippschaftsbögen« des Reichssicherheitshauptamtes der SS.

Zentrales Ziel dieser Initiative der AfD ist die Markierung einer Bevölkerungsgruppe – der »Ausländer« – als prinzipiell nicht zugehörig und potenzielle Gefährder. Ganz egal wie lange Menschen dieser Gruppe hier leben, sie sollen nach dem Willen der AfD niemals ganz dazugehören, denn mit dem hier konstruierten Sonderrecht schwebt das Damoklesschwert der Ausweisung, der Aberkennung der Einbürgerung für immer über ihnen. Im Vorschlag zum § 54 des Aufenthaltsgesetzes kann man erkennen, wie weit dieser Wille zur gesellschaftlichen Apartheid bei der AfD geht. Dort heißt es u. a.: »Ein Ausländer wird in der Regel ausgewiesen, wenn 5. durch sein Verhalten die öffentliche Gesundheit oder die Gesundheit von Personen gefährdet oder [er] längerfristig obdachlos ist, 6. für sich, seine Familienangehörigen oder sonstige Haushaltsangehörige Sozialhilfe nach SGB XII oder Grundsicherung für Arbeitssuchende nach SGB II in Anspruch nimmt, 7. Hilfe zur Erziehung außerhalb der eigenen Familie oder Hilfe für junge Volljährige nach dem Achten Buch Sozialgesetzbuch erhält; das gilt nicht für einen Minderjährigen, dessen Eltern oder dessen allein personensorgeberechtigter Elternteil sich rechtmäßig im Bundesgebiet aufhalten.«

Dieser Auszug aus 45 Seiten macht deutlich, dass die AfD nicht nur verbal, sondern sehr real den Weg in einen autoritären Apartheidstaat gehen will.

Die selbsternannte »Partei der kleinen Leute« besorgt im Parlament nach wie vor das Geschäft der »Besserverdienenden« und Superreichen. So lehnt die AfD-Fraktion den Linken-Antrag »Streikrecht bei Ryanair durchsetzen« ab und stellt sich an die Seite der Billigflieger und ihrer beschäftigtenfeindlichen Methoden. Die von der Linken geforderte Ausweitung von Mitbestimmungsrechten wird vom AfD-Abgeordneten Dirk Spaniel als »*Kosmetik*« abgetan. Stattdessen müsse es darum gehen, endlich »*fairen Wettbewerb (...) zu ermöglichen und die deutschen Marktteilnehmer am internationalen Wettbewerb durch Befreiung von unfairen Wettbewerbsnachteilen zu ertüchtigen.*« (Deutscher Bundestag, 19. Wahlperiode, Protokoll 59. Sitzung, S. 6648) Mitbestimmung und Beschäftigtenrechte sind hier gemeint, die der AfD jedoch als »*Wettbewerbsnachteil*« gelten. Verpflichtet fühlt sich die AfD den Unternehmen, nicht den Beschäftigten, denn für erste will sie die Luftverkehrssteuer und die Nachtflugverbote abschaffen bzw. einschränken. Internationale Schutzrechte für Beschäftigte stoßen bei der AfD auf wenig Gegenliebe: »*Die Vorstellung der Linksfraktion, dass sich Luftfahrtunternehmen in Deutschland an die Normen der Internationalen Arbeitsorganisation halten müssen oder ihre Start- und Landerechte in Deutschland verlieren, wie es bei Ihnen durchklang, halten wir für einen unverhältnismäßigen Eingriff in die Tarifautonomie.*« (Ebd., S. 6649)

Sitzungswoche 7.-9. November 2018

Dass die AfD illegale Parteispenden von Schweizer Pharmafirmen bekommt passt in das Bild ihrer Finanz- und Steuerpolitik, die sie im Bundestag betreibt. Eine europäische Finanztransaktionssteuer, wie sie seit vielen Jahren gefordert und von der Linken als Antrag in den Bundestag eingebracht wurde, lehnt der Abgeordnete Bruno Hollnagel u. a. mit Verweis auf die »*Investoren*« ab, die dadurch belastet würden. Außerdem schwäche sie den Bankenstandort Deutschland. Spekulanten und Banken, die hauptsächlich von einer solchen Steuer betroffen wären, will die AfD schützen. (Deutscher Bundestag, 19. Wahlperiode, Protokoll 62. Sitzung, S. 7159) Bei der von der Regierung geplanten steuerlichen Entlastung von Familien beklagt der AfD-Abgeordnete Kay Gottschalk, dass immer mehr Menschen in Deutschland den Spitzensteuersatz zahlen müssten, wohingegen ihm das Kindergeld als »*ineffizient*« erscheint (Deutscher Bundestag, 19. Wahlperiode, Protokoll 61. Sitzung, S. 6907) – den Blick einer »Partei der kleinen Leute« hatte man sich immer anders vorgestellt.

Während die AfD die Einnahmen des Staates durch Entlastungen für Besserverdienende systematisch verringern will, will sie bei Militär- und Rüstungsausgaben mit vollen Händen ausgeben. Dem Zwei-Prozent-Rüstungsziel der NATO stimmt sie zu und damit einer perspektivischen Verdopplung der Rüstungsausgaben auf 70-80 Milliarden Euro im Jahr. (Deutscher Bundestag, 19. Wahlperiode, Protokoll 61. Sitzung, S. 6846) Für die Förderung öffentlicher Beschäftigung und Teilhabechancen von Langzeitarbeitslosen sind ihr 4 Milliarden Euro jedoch zu viel. (Ebd., S. 6887)

So bleiben Hetze und Angstmache beim Thema Flucht und Migration als einigende Klammer der Fraktion. Nachdem die Migrationszahlen weiter rückläufig sind und ihr zentrales Feindbild Merkel bald abhandenkommt, ist die Partei dringend auf der Suche nach neuem Kampagnenstoff. Der Global Compact for Migration dient der AfD und ihrem Umfeld als solcher. Eine systematische Angstkampagne, verbunden mit der Verbreitung massenhafter Fake News durch das gesamte Umfeld der AfD orchestriert ihr Agieren im Bundestag. Alexander Gauland blieb es vorbehalten, diese neue Kampagne im Plenum zu präsentieren und den Antrag der AfD, dem Abkommen nicht beizutreten, vorzustellen. Von »*Einwanderung in die Sozialsysteme*« und einem »*Weg zur Preisgabe der Souveränität unseres Landes*« war da die Rede. Weiter Gauland: »*Millionen von Menschen aus Kriegsregionen werden angestiftet, sich auf den Weg zu machen. Linke Träumer und globalistische Eliten wollen unser Land klammheimlich aus einem Nationalstaat in ein Siedlungsgebiet verwandeln.*« (Deutscher Bundestag, 19. Wahlperiode, Protokoll 61. Sitzung, S. 6807)

Mit Blick auf eine mögliche Beobachtung durch den Verfassungsschutz warnte der juristische Gutachter der AfD noch vor der Verwendung von Vokabeln wie »Umvolkung«. In der Zusammenfassung des Gutachtens durch den AfD-Abgeordneten Roland Hartwig heißt es, zu unterlassen seien: »Die Verwendung von Begriffen wie ›Überfremdung‹, ›Umvolkung‹, ›Großer Austausch‹, ›Volkstod‹, die Bezeichnung von Immigranten als ›Invasoren‹, die Darstellung der Einwanderung als von den politischen Eliten planmäßig betriebener Prozess mit dem Ziel, die deutsche Kultur / das deutsche Volk durch eine andere Bevölkerung zu ersetzen.« Gauland wollte ganz offensichtlich demonstrieren, dass ihn das nicht interessiert, denn sein Zitat enthält genau die angeführten Behauptungen. Die Gegenüberstellung »Nation« versus »Siedlungsgebiet« wurde auch von weiteren AfD-Rednern aufgegriffen.

Sitzungswoche 20.-23. November 2018

Selbst aus der Defensive einer Spendenaffäre um illegale Parteispenden dubioser Geldgeber aus dem Ausland an Alice Weidel und einer drohenden Beobachtung durch den Verfassungsschutz schafft es die AfD, den anderen politischen Akteuren ihre Themen aufzuzwingen und die gesellschaftspolitische Debatte konstant auf das Thema zu fokussieren, das nur und ausschließlich ihr nutzt. Die von der Partei inszenierte Kampagne zum Global Compact for Migration hat über das Kandidaten- und Kandidatinnenrennen um den CDU-Vorsitz Einzug in alle Medien gefunden und mit der Infragestellung des Asylrechts versucht der Kandidat Merz gleich noch, die AfD rechts zu überholen. Zwei Prozent Steigerung in den Umfragen sind der Lohn der AfD für diese Zuarbeit aus der Union.

Einen Eindruck von der Mobilisierungsmacht der AfD und ihres Umfeldes bekommt man mit Blick auf die Debatten um den besagten Global Compact for Migration. Wie aufgescheuchte Hühner treibt die AfD hier die anderen Parteien vor sich her: Angst und Verunsicherung und nicht der Hauch eines selbstbewussten und klaren Umgangs kennzeichnet das Agieren der politischen Konkurrenz. Inzwischen hat die AfD den Petitionsausschuss des Bundestages als probates Kampfmittel für sich entdeckt, um hier den vermeintlich von ihr repräsentierten »Volkswillen« zu dokumentieren. Dutzende von Petitionen gingen zum Thema ein, einige davon wurden gleich in den Büros von AfD-Abgeordneten selbst geschrieben. Der Versuch des Ausschusses, die Veröffentlichung der Petitionen zu verhindern, war weitere Munition für die Kampagne der AfD. Inzwischen gibt es eine veröffentlichte Leitpetition, unter der sich alle anderen zum Thema sammeln. Innerhalb kürzester Zeit hat sie das nötige Quorum (50.000) erreicht und die rechten Trolle nutzen das Online-Forum des Ausschusses, um sich hier (soweit das in einem moderierten Forum geht) im Sinne der AfD zu inszenieren.

In der Haushaltswoche des Bundestages nutze fast jeder Redner und auch die wenigen Rednerinnen der AfD die Möglichkeit, Lügen und falsche Behauptungen über den Global Compact zu verbreiten. Nach einer Annahme des Paktes werde »*alle Migration per se regulär und legal sein*«, so der Abgeordnete Martin Hess. (Deutscher Bundestag, 19. Wahlperiode, Protokoll 63. Sitzung, S. 7248) Mit dem Pakt würden »*die Tore Deutschlands und Europas für eine weitere Welle von Millionen Migranten*« geöffnet, verbunden mit dem einzigen Ziel, »*dass es das Deutschland, das es vorher gab, in der Form nicht mehr geben soll*«, sagte Armin Paul Hampel. (Deutscher Bundestag, 19. Wahlperiode, Protokoll 64. Sitzung, S. 7354) Ob beim Etat für Gesundheitspolitik, dem Bildungshaushalt oder dem Finanzministerium – die AfD nutzte jede Gelegenheit, um diese Debatte zu befeuern. Beunruhigend ist, wie wenig es zu gelingen scheint, diesen Lügen mit Fakten und Argumenten den Wind aus den Segeln zu nehmen.

Spendenaffäre und Migrationspakt waren die AfD-Themen der Woche. Die Fraktionsvorsitzende Weidel nutzte ihren Beitrag in der Elefantenrunde gleich zu einer nahezu kompletten Rede in eigener Sache. Die – zumeist richtigen – Vorhaltungen Weidels zu den Finanzskandalen der anderen Fraktionen bestätigten nur eines: die AfD ist genau dort angekommen, wo sie angeblich nie hinwollte, aber immer schon war – im Geruch der käuflichen Politik. Denn mit welchen Erwartungen erhält Weidel als Speerspitze des neoliberalen Teils der AfD Geld über Schweizer Pharmalobbyisten? Das wird auch die Höcke-Leute interessieren, die jedoch nach der publikumswirksamen Umarmung von Gauland und Weidel im Plenum vorerst ruhiggestellt wurden. Vielleicht liegt das Interesse solcher Spender in der Verbindung des AfD-typischen Rassismus mit Sätzen wie diesen von Weidel: »*Wir leisten uns eine gigantische Sozialindustrie mit einer wuchernden Doppelstruktur aus staatlichen und nichtstaatlichen Akteuren, die vor allem sich selbst helfen. (...) Am allerwenigsten aber nützen sie denen, für deren staatliche Zwangsbeglückung sie angeblich geschaffen wurden.*« (Deutscher Bundestag, 19. Wahlperiode, Protokoll 64. Sitzung, S. 7295) Besser kann auch die FDP die Denunziation des Sozialstaates als »Zwangsbeglückung« nicht auf den Punkt bringen.

Auf der anderen Seite kokettiert Alexander Gauland – versteckt hinter einem Zitat Heinrich Heines – mit dem Aufstand der Unzufriedenen bald auch in Deutschland, den er für die AfD vereinnahmen will. Mit Blick auf die Proteste der »Gelbwesten« in Frankreich fragt er: »*Ob diese Demonstrationen auch Deutschland bald erreichen? Gründe dafür gäbe es genügend. (...) Ja, meine Damen und Herren, den protestierenden französischen Autofahrern gehört unsere ungeteilte Sympathie.*« (Deutscher Bundestag, 19. Wahlperiode, Protokoll 64. Sitzung, S. 7317)

Sitzungswoche 28.-30. November 2018

In seinem Buch »Ursprünge der faschistischen Ideologie« schreibt der israelische Faschismusforscher Zeev Sternhell: »Wenn der *Antirationalismus* zu einem politischen Werkzeug wird, zu einem Mittel für die Mobilisierung der Massen und zu einer Waffe gegen den Liberalismus, den Marxismus und die Demokratie, wenn er mit einem starken Kulturpessimismus, einem ausgeprägten Kult der Gewalt und der aktivistischen Eliten einhergeht, dann führt er zwangsläufig zu faschistischem Denken.«[13]

---

13 Zeev Sternhell, Die Entstehung der faschistischen Ideologie, Hamburg 1999, S. 317.

Die Nutzung des Antirationalismus als politisches Werkzeug konnte man in der letzten Sitzungswoche beim Umgang der AfD mit dem UN-Migrationspakt beobachten. Das Thema wurde von ihr erfolgreich in den politischen Diskurs der Bundesrepublik implementiert und der Bundestag beschäftigte sich gleich dreimal (!) in einer Sitzungswoche mit diesem Thema. Die Regierungsfraktionen sahen sich aufgrund des Drucks der AfD genötigt, in einer Resolution die Unverbindlichkeit des Paktes und vor allem die in ihm enthaltenen Abwehrmaßnahmen gegen steigende Migrationszahlen zu betonen. Der Effekt solcher Versicherungen und Verweise auf den Text des Paktes ist jedoch null und nichtig und erreicht weder die AfD noch den unter ihrem Einfluss stehenden Teil der Bevölkerung, der inzwischen in eigenen Wahrheitswelten zu leben scheint, die nicht oder nur noch äußerst schwer mit rationalen Argumenten zu erreichen sind.

So war die Rede des AfD-Abgeordneten Gottfried Curio bezogen auf den Migrationspakt eine einzige Aneinanderreihung von Lügen und Unwahrheiten, die sich alle mit Blick auf den Text des Paktes widerlegen lassen.[14] Diese Lügen sind aber inzwischen zu »alternativen Fakten« geadelt worden und der offensichtliche Widerspruch zum Text des Paktes gilt der Rechten einmal mehr als ein Beweis für die Gefährlichkeit und Hinterlist derer, die diesen Pakt in den Augen der AfD ersonnen haben. »*Der Pakt transportiert unter falschem Etikett das Gegenteil dessen, was er vorgibt*«, so Curio. (Deutscher Bundestag, 19. Wahlperiode, Protokoll 68. Sitzung, S. 7736) Damit sind Text und Inhalt des Paktes mit einem Satz beiseitegewischt und Thema wird die versteckte Agenda dahinter, die natürlich nur die AfD kennt. Über diese redet Curio dann, belegen muss er sie nicht mehr, weil Wort und Schrift ja »falsches Etikett« sind. »*Kein Fluchtgrund, kein Asylgrund, keine Qualifikation sind mehr nötig, um einzuwandern; keine Papiere, ja keine Legalität – nichts.*« (Ebd.) Dass im

14 Vgl. Globaler Pakt für eine sichere, geordnete und reguläre Migration, 10./11. Dezember 2018, PDF unter: www.un.org/depts/german/migration/A.CONF.231.3.pdf [Abruf: 26.1.2022].

Pakt das Gegenteil steht – egal. Dass die Realität der Migration das Gegenteil ausweist – egal. Curio weiß: »*Er propagiert die ›voraussetzungslose Migration‹. Er ist nichts anderes als eine verantwortungslose Einladung zur weltweiten Völkerwanderung nach Deutschland ohne Obergrenze.*« (Ebd.)

»Umvolkung« und »Invasion« darf die AfD gegenwärtig aus Angst vor dem Verfassungsschutz nicht sagen, also behilft sie sich mit »*Umsiedlungsprogramm*« und »*Siedlungsgebiet*« Deutschland, wie es Anton Friesen in der Aktuellen Stunde der AfD zum nämlichen Thema ausführt. (Deutscher Bundestag, 19. Wahlperiode, Protokoll 69. Sitzung, S. 8105) Der Abgeordnete Markus Frohnmaier bevorzugt etwas direkter die Diktion der Neuen Rechten, bei ihm heißt es: »*Wer Grenzen abschaffen und damit Staatsgebiet auflösen will, wer das Staatsvolk durch Umsiedlung austauscht, der attackiert beinahe alles, was einen demokratischen Staat ausmacht.*« (Ebd., S. 8115)

Wer will aber diese Umwandlung Deutschlands in ein »Siedlungsgebiet«, diesen Austausch der Bevölkerung? Curio bleibt bei der Lieblingsfeindin und macht nur Andeutungen auf eine größere Verschwörung: »*Dieser von Frau Merkel angestoßene Pakt, minutiös geplant bei der UN, bei den ›Verneinten Nationen‹* [ein schwacher Kalauer, G. W.] *(...) Wohin geht denn die Reise? Was lesen wir? In einer EU-Studie von 2010 heißt es: Deutschland könne bis zu 274 Millionen Einwohner haben. – Schöne neue Welt.*« (Deutscher Bundestag, 19. Wahlperiode, Protokoll 68. Sitzung, S. 7738) Armin Paul Hampel (AfD) weiß da schon mehr, denn natürlich hat der allgegenwärtige George Soros die Fäden in der Hand: »*Meine Damen und Herren, Herr Soros hat es Ihnen vorgedacht, und die Bundesregierung als maßgeblicher Initiator dieses Paktes hat es in den letzten Monaten und Jahren umgesetzt.*« (Deutscher Bundestag, 19. Wahlperiode, Protokoll 69. Sitzung, S. 8017) Schon in der vorangegangenen Sitzungswoche hatte der AfD-Abgeordnete Stephan Brandner Soros als »*zwielichtigen, dubiosen internationalistischen Strippenzieher*« bezeichnet und sich damit die eindeutig antisemitisch konnotierten Kampagne der internationalen extremen Rechten gegen Soros zu eigen gemacht. Der ungarische Ministerpräsident Orbán, eines der Vorbilder der AfD, sagte mit Bezug auf Soros: »Wir müssen mit einem Gegner kämpfen, der anders ist, als wir es sind. Er kämpft nicht mit offenem Visier, sondern er versteckt sich, er ist nicht geradheraus, sondern listig, nicht ehrlich, sondern bösartig, nicht national, sondern international, er glaubt nicht an die Arbeit, sondern spekuliert mit dem Geld, er hat keine Heimat, da er das Gefühl hat, die ganze Welt gehört ihm.« (FAZ, 20.7.2018) Diese Sätze aus dem Lehrbuch des Antisemitismus belegen einmal mehr den Gehalt einer Kampagne, die in Deutschland vor allem von der AfD gepusht wird.

Aus den weiteren Debatten vielleicht nur noch ein Blick auf Karsten Hilse, einen der Hauptvertreter der Klimaleugner-Position in der AfD, dem ob des Höhenflugs der Grünen ganz offensichtlich der Kragen geplatzt ist: »*Unter diesem grünen Mäntelchen haben sich in der Geschichte Ihrer Partei Pädophile, Inzestverharmloser, Kommunisten, Maoisten und bis zum heutigen Tag Deutschlandhasser und Deutschlandabschaffer versteckt. Die Linke und ihre Antifa tragen ihren Deutschlandhass wenigstens offen vor sich her. (…) Dass die SPD mitmarschiert, ist klar. Sie haben in Ihrer Geschichte Deutschland nicht nur einmal verraten* [Dolchstoßlegende und andere rechte Mythen klingen hier an, G. W.] *(…) Sie* [bezogen auf die CDU, G. W.] *haben einfach zu viel Platz im Schritt, um gegen diesen ideologischen Irrsinn offen zu opponieren. Seit Merkels Machtübernahme in der CDU wird diese geflutet von roten und grünen Systemlingen, die die noch verbliebenen konservativen Werte, die Sie einmal ausgemacht haben, von innen wie ein Krebsgeschwür auffressen.*« (Deutscher Bundestag, 19. Wahlperiode, Protokoll 68. Sitzung, S. 7759)

Sitzungswoche 12.-14. Dezember 2018

Die letzte Sitzungswoche des Jahres stand von Seiten der AfD ganz im Zeichen des Kulturkampfes. Frontfrau ist hier Beatrix von Storch, die gleich in zwei Debatten ran durfte und mit verbalen Zuspitzungen aufwartete, die für den weiteren Verlauf der Legislaturperiode wenig Steigerungspotenziale offenlassen. Zu einem Beschluss des

Juso-Kongresses, die Paragraphen 218 und 219 aus dem Strafgesetzbuch zu streichen, hatte die AfD eine Aktuelle Stunde beantragt, in der von Storch große Geschütze auffuhr. Die Jusos wollten »*das Töten von Babys erlauben*«, weshalb sich die SPD »*von der Babymörderfraktion in ihrer Jugendorganisation*« abgrenzen müsse. »*Wenn die Jusos mit breiter Mehrheit das Recht auf Abtreibung bis unmittelbar vor der Geburt, also das Töten von lebensfähigen Kindern, fordern und sich die SPD davon nicht distanziert, sondern gleichzeitig die Legalisierung der Werbung für Abtreibung zur Schicksalsfrage ihrer Koalition macht, dann drängt sich der Schluss geradezu auf: Die Entwertung und Zerstörung ungeborenen menschlichen Lebens ist für die SPD und ihre Parteijugend offensichtlich ein politisches Herzensanliegen. (…) Wenn Sie jetzt nicht gegen diejenigen vorgehen, die die Babytötung legalisieren wollen, dann ist die Botschaft der SPD klar. Die Kritik am Islam ist gegen die Parteilinie* [gemeint ist das Ausschlussverfahren gegen Sarrazin, G. W.], *die Legalisierung von Kindermord offenbar nicht.*« (alle Zitate: Deutscher Bundestag, 19. Wahlperiode, Protokoll 71. Sitzung, S. 8256 f.) Das Frauenbild, das von Storch in ihrer Rede offenbarte, steht exemplarisch für die Frauenverachtung der gesamten Partei. Nicht als schwerwiegende Entscheidung in einer schwierigen Situation wird der Schwangerschaftsabbruch von ihr dargestellt, sondern als willkürlicher Entschluss aus einer Laune heraus. »*Ein lebensfähiges, voll ausgewachsenes Kind darf dann auch noch eine Minute vor der Geburt getötet werden.*« (Ebd.) Die betroffenen Frauen, aber auch die Ärztinnen und Ärzte, die Schwangerschaftsabbrüche vornehmen, werden als potenziell verantwortungslose Mörder dargestellt und außerhalb von Kultur und Zivilisation angesiedelt: »*Was ist das für ein Menschenbild? Es ist nicht das Menschenbild unserer Kultur und nicht das Menschenbild unserer Zivilisation.*« (Ebd.)

Einmal in Fahrt kennt von Storch kein Halten. Sie spricht davon, der Arzt wolle das Kind »*zerstückeln*« und der zweite AfD-Redner, Martin Reichardt, bedient weitere Horrorphantasien: »*Der Juso-Beschluss ermöglicht es nun, dass eine Nadel durch den Bauch der Mutter in das Herz des Ungeborenen gestoßen wird, um dessen*

Tod durch das Injizieren von Kochsalzlösung herbeizuführen.« (Ebd., S. 8264) Völlig zurecht sprach die Linken-Abgeordnete Cornelia Möhring von »kranken Fantasien« der AfD. Für Reichardt ist der Juso-Beschluss »*eine Grausamkeit und Unmenschlichkeit, wie sie in der Nachkriegsgeschichte Deutschlands einmalig ist.*« Das erscheint ihm jedoch als zu schwach, weshalb im nächsten Satz daraus eine Parallelisierung des Beschlusses mit den »*größten Unmenschlichkeiten und Kulturbrüche(n) der ganzen Menschheitsgeschichte.*« wird (Ebd., S. 8265) »*Entmenschlichte Rhetorik*« und das »*Ende der humanen Gesellschaft*« fallen dem Redner noch ein, auch »*die unmenschliche Fratze linker Ideologie*«, mit der »*Kinder getötet*« würden. Schließlich bleibt das »*pervertierte Selbstbestimmungsrecht der Frau*«, gegen das sich die Tiraden der AfD vor allem richten.

Ebenfalls auf der Kulturkampfebene wurde von der AfD der Gesetzentwurf zur Qualitätsverbesserung in der Kindertagesbetreuung behandelt. Kinderbetreuung außerhalb der Familie steht die AfD generell skeptisch gegenüber, sie diene dem Staat vor allem dazu, »*die Lufthoheit über den Kinderbetten*« zu erlangen, wie der Abgeordnete Thomas Ehrhorn ausführte. (Deutscher Bundestag, 19. Wahlperiode, Protokoll 72. Sitzung, S. 8450) Zum Thema hatte der Redner nichts zu sagen, nutzte seine Zeit aber, um eine Lieblingsfeindin der AfD anzugreifen, die Amadeu-Antonio-Stiftung und ihre Vorsitzende Anetta Kahane. In einer Elternbroschüre der Stiftung werden Tipps zum Umgang mit Ideologien der Ungleichwertigkeit im Rahmen der frühkindlichen Pädagogik gegeben. Der AfD und ihrem Umfeld ein Anlass für eine weitere Öffentlichkeitskampagne. Ehrhorn nimmt das im Bundestag auf: »*Wer denkt sich so etwas aus? Für so etwas kommen natürlich nur die Besten der Besten infrage. Wir holen uns ja immer die Besten. Messerfachkräfte holen wir uns aus Nordafrika. Aber wenn es um das Aushorchen von Kindern geht, kommt nur eine einzige Person infrage: Anetta Kahane, selbst lange Zeit Stasispitzel, bekannt unter dem Namen IM Victoria, und heute – richtig! – Vorstandsvorsitzende der roten Amadeu-Antonio-Stiftung. Aber Sie haben recht: Wenn man eine Sekretärin für Agitation und*

Propaganda des FDJ-Führungskaders in der Regierungsspitze hat, dann kommt es darauf vielleicht auch nicht mehr an.« (Ebd.) Es sei nur daran erinnert, dass die AfD gerade in zahlreichen Bundesländern ein Denunziationsportal gegen Lehrerinnen und Lehrer freigeschaltet hat, mit dem sie Schülerinnen und Schüler zum Spitzeln auffordert.

Sitzungswoche 16.-18. Januar 2019

Die AfD hat die erste Sitzungswoche des Jahres dazu genutzt, den Europawahlkampf einzuleiten. Während der Parteitag beschloss, den deutschen EU-Austritt vorzubereiten und als ersten Schritt die Abschaffung des EU-Parlaments zu fordern – von dem man jedoch, solange es noch Bestand hat, gerne die Diäten nimmt – versucht der Fraktionsvorsitzende Gauland die AfD als Ausdruck aller mehr oder weniger berechtigten Unzufriedenheit mit dieser EU zu platzieren. Die Law-and-Order-Partei AfD, die Vertreterin einer rigiden Sparpolitik und des schlanken Staates, die Verächterin einer Vermögens- und Erbschaftssteuer macht sich verbal zum Anwalt der »Gelbwesten« in Frankreich. Ganz in Straßenkämpfermanier führt der biedere Tweed-Jackett-Träger in der von der AfD beantragten Aktuellen Stunde mit dem Titel »Zustand der EU – Deutsch-Französischer Sonderweg« aus: »*Die auf zahlreichen Videos bezeugte polizeiliche Gewalt gegen sie* [die Gelbwesten] *ist maßlos. Es gibt inzwischen mindestens zehn Tote, die Zahl der Verletzten liegt im vierstelligen Bereich, ebenso die Zahl der Inhaftierten. Im Nachbarland herrschen bürgerkriegsähnliche Zustände.*« (Deutscher Bundestag, 19. Wahlperiode, Protokoll 74. Sitzung, S. 8629) An Gaulands Ausführungen lässt sich der Radikalisierungsprozess eines ehemals Konservativen zum systemoppositionellen Präfaschisten nachvollziehen. Das Gewaltmonopol des Staates wird von ihm in Zweifel gezogen, ein schierer Horror für jeden Konservativen: »*Frau Merkel hat sich auf bemerkenswerte Weise zu den Straßenschlachten geäußert: Die Möglichkeit zu protestieren, sei Teil der Demokratie, aber das Gewaltmonopol liege beim Staat.*« »Ist das nicht so?«, fragt entgeistert ein Zwischenrufer der Union. (Ebd., S. 8630) Die von der Kanzlerin wegen fehlender Kritik an der Gewalt von Seiten der »Gelbwesten« angegriffene Partei Die Linke wird von Gauland mittels Gleichsetzung von Demonstrationsgewalt und Staatsgewalt verteidigt: »*Da sie zu den Übergriffen der Staatsgewalt nichts gesagt hat, dürfen wir sie so verstehen, dass die Bundeskanzlerin diese Gewalt billigt, weil es Macron ist? Ich hoffe, nicht.*« (Ebd.) Und mit Blick auf den gerade abgeschlossenen Aachener Vertrag zweifelt er die Legitimität der französischen Regierung an: »*Aber wie vertieft man die Verbindungen zu einem Land, das selbst dermaßen uneins und gespalten ist, zu einem Land, das die Regeln der Demokratie außer Kraft setzen muss, um die Opposition zu bekämpfen? Mehr als die Hälfte der Franzosen unterstützt laut Umfragen die Gelbwesten. Mit welchem Teil Frankreichs verhandeln wir eigentlich?*« (Ebd.)

Gauland schlüpft hier in die Rolle des national-sozialen Revolutionärs, wie sie schon sein Pendant Matteo Salvini in Italien einnimmt und wie sie die europäische radikale Rechte als Mobilisierungsmodell gegen die EU-Eliten für den EU-Wahlkampf nutzbar machen will. Macron ist dabei zum zentralen Feindbild dieser Rechten mutiert, weil er das elitäre EU-Europa ideal verkörpert. Nicht die sozialpolitisch desaströse Bilanz Macrons ist es, die ihn zu diesem Feind macht, sondern sein Versuch, diese Politik mit den Mitteln der neoliberal gepolten EU umzusetzen. Zwei Linien kapitalistisch grundierter Machtpolitik stehen sich hier gegenüber: die »globalistische« der EU-Eliten und die national-soziale der modernisierten radikalen Rechten.

Sitzungswoche 30. Januar bis 1. Februar 2019

Die Gedenkstunde des Bundestages anlässlich des Gedenktages für die Opfer des Nationalsozialismus war ein zentraler Punkt der Plenarwoche. Eine beeindruckende Rede wurde von Saul Friedländer gehalten, Historiker und einer der wichtigsten Geschichtsschreiber der Shoah. Anders als im Bayerischen Landtag, wo die AfD-Fraktion die Feierstunde bei der Rede der Vorsitzenden der Israelitischen

Kultusgemeinde und Holocaustüberlebenden Charlotte Knobloch ob ihrer Kritik am Rassismus der AfD verließ, war die Bundestagsfraktion weitgehend anwesend. Eine geschichtspolitische Debatte desselben Tages machte jedoch deutlich, dass Friedländers Rede für den völkischen Teil der Fraktion nur eine Zumutung gewesen sein kann.

Zum Linken-Antrag »Gedenkort für die Opfer des NS-Vernichtungskrieges in Osteuropa« (Drs. 19/4917) trat Marc Jongen als Redner für die AfD auf. Innerhalb der Fraktion entwickelt sich Jongen immer mehr zum zentralen intellektuellen Sprachrohr neurechter Ausrichtung und zeigt auch in dieser Debatte, dass er die Kernpositionen dieser Richtung vollständig übernommen hat. Ein zentrales Ziel dieser Rechten ist seit Jahrzehnten die Auflösung der Spezifik der NS-Verbrechen, ihre Relativierung und darüber die Rückkehr zu einer von der Last der Vergangenheit befreiten »selbstbewussten Nation«. Bis in die Diktion hinein schließt Jongen an die Positionen Ernst Noltes an, eines Kronzeugen dieses Geschichtsrevisionismus von rechts. »*Der Sozialismus in all seinen Spielarten hat unendliches Leid über die Menschheit gebracht.*« (Deutscher Bundestag, 19. Wahlperiode, Protokoll 77. Sitzung, S. 88976) Gleich mit dem ersten Satz entledigt Jongen die politische Rechte und damit sich selbst jeder Verbindungslinie zum historischen Faschismus. Kommunismus, Nationalsozialismus – beides wird zu unterschiedlichen Ausprägungen des Sozialismus und damit der politischen Linken zugeschoben. Dass die Rechte, für die Jongen steht, zu den Wegbereitern des Faschismus gehörte, soll so geleugnet werden. Bieder totalitarismustheoretisch geht es weiter, wenn er von »*diesen beiden Abarten des totalitären Sozialismus*« spricht, bei denen es sich »*gewissermaßen um zwei Paralleldrachen handelte, die bei allem tödlichen Hass aufeinander auch zahlreiche Strukturmerkmale gemeinsam hatten.*« (Ebd., S. 8977) Aber so ganz möchte er diese Gleichsetzung doch nicht stehen lassen und macht sich, versteckt hinter einem Zitat des Historikers Jörg Baberowski, die alte Position von Ernst Nolte im Historikerstreit zu eigen, nach der das NS-Regime nur eine

Antwort auf die vorausgegangenen Verbrechen des Kommunismus gewesen sei: »*(...) ohne die Exzesse der stalinistischen Diktatur wird überhaupt nicht verständlich, worauf der Nationalsozialismus auch eine Antwort war.*« (Ebd.)

Den Antrag der Linken lehnt Jongen selbstredend ab, weil er »*durch das gezielte Weglassen der nicht minder fürchterlichen Verbrechen, die von der sowjetischen Seite an den deutschen Kriegsgefangenen, beim Vorrücken der Roten Armee dann auch an der deutschen Zivilbevölkerung begangen worden sind*«, »*heuchlerisch*« sei. (Ebd.) Historische Verantwortung, Kausalität, Auslöser und Reaktion – all das will Jongen im totalitarismustheoretischen Einheitsbrei vermengen, um unweigerlich bei den deutschen Opfern zu landen. Denn, so der Vorwurf, der Antrag und auch die im Koalitionsvertrag fixierte Stärkung der Erinnerung an die Opfer des deutschen Vernichtungskrieges blende die »*deutschen und osteuropäischen Opfer des Stalin'schen Vernichtungskrieges*« aus. (Ebd.) So gehe es der Linken in Wahrheit nicht um die Erinnerung, sondern um die moralische Zerstörung Deutschlands: »*Ihnen geht es gar nicht um ein würdiges Gedenken an die Opfer dieser Verbrechen. Ihnen geht es in Wahrheit darum, ein tiefes Schuldbewusstsein in Deutschland für alle Zeiten zu verankern. Vor allem den nachwachsenden Generationen wollen Sie einen moralisch zermürbenden Gedanken einpflanzen: Die Deutschen sind böse, Deutschland ist eine Verbrechernation, es wäre eigentlich besser, wenn Deutschland verschwände. Das ist doch auch Ihr erklärtes Ziel. Deutschland soll als Nation, als Land, als Volk verschwinden, es soll ein mehr oder weniger offenes Siedlungsgebiet für Migranten aus aller Welt werden und soll dann auch aufgehen in einem europäischen Superstaat, der ja schon jetzt bezeichnenderweise von Kommissaren verwaltet wird, einer EUdSSR – ganz nach Ihrem Geschmack.*« (Ebd., S. 8978) Erst jetzt läuft Jongen zu richtiger Form auf und es wird deutlich, dass jedes öffentliche Erinnern an die NS-Verbrechen von ihm und der AfD als feindlicher Akt gegen Deutschland betrachtet wird. Höckes Forderung nach einer 180-Grad-Wende in der Erinnerungskultur ist auch der Maßstab

Jongens, denn, wer wie die Linke, die Erinnerung an deutsche Verbrechen wachhalten will, »*ist offenkundig vom Hass auf das Eigene diktiert, und damit ist er vergiftet und verdorben.*« Für die AfD, so muss man Jongen verstehen, soll Schluss mit dieser Form der Erinnerung sein, denn man wolle kein »*bewusstes Offenhalten der Wunde und keine künstlich herbeigeführte Neutraumatisierung jeder neuen Generation in Deutschland.*« (Ebd.)

Sitzungswoche 13.-15. Februar 2019

Mit Blick auf das Wahljahr 2019 und die weitere Entwicklung der Union scheinen Teile der AfD-Fraktion im Bundestag die Möglichkeit einer national-konservativ-liberalen Mehrheit stärker in den Fokus rücken zu wollen. Die politischen Klausuren der Koalitionsfraktionen CDU und SPD – Flüchtlingsabwehr hier, partielle Wiederentdeckung des Sozialstaates dort – haben auch die Bundestagsdebatten der letzten Woche in zwei Aktuellen Stunden zu den jeweiligen Beschlüssen dieser Klausuren bestimmt. In beiden Debatten formulierte die AfD direkte Avancen an Union und FDP.

Das Ergebnis des CDU-Werkstattgesprächs zur Flucht- und Migrationspolitik brachte Ulla Jelpke, Abgeordnete der Linken, mit einem Satz auf den Punkt: »Die AfD schreit; die Union liefert und bedient damit die Hetze.« (Deutscher Bundestag, 19. Wahlperiode, Protokoll 80. Sitzung, S. 9357) Und so ist das Resümee durch Beatrix von Storch nur folgerichtig: »*Die asylpolitische Wende und damit die Lösung der Schicksalsfrage für unsere Nation, für unsere Kultur und für ganz Europa gibt es nur mit Mehrheiten rechts von der Mitte; das sieht man in Österreich, das sieht man in Dänemark. Und eine Mehrheit rechts von der Mitte, die gibt es in Deutschland nur mit der AfD.*« (Ebd., S. 9353) Ähnlich, nur von der anderen Seite her, argumentiert der AfD-Abgeordnete Uwe Witt. Weil die teilweise Rückkehr zu sozialdemokratischen Grundsätzen seitens der SPD der AfD schon zu weit geht, wirbt sie für Mehrheiten gegen jede soziale Wende im Land: »*Vielleicht denken die Wähler bei den nächsten Wahlen mal über konservativ-liberale Allianzen zwischen CDU, FDP und AfD nach, die für Deutschland wahrlich die bessere Alternative wären.«* (Deutscher Bundestag, 19. Wahlperiode, Protokoll 81. Sitzung, S. 9542)

Ob die Union tatsächlich mit einer Partei koalieren will, in deren Jugendverband auch schon mal über die Todesstrafe für »Politiker, die ihr Volk verraten«[15] – und damit nach Lesart der AfD für Frau Merkel – diskutiert wird, bleibt abzuwarten. Auch der Bundestagsabgeordnete Thomas Seitz hatte erst wenige Wochen zuvor die Wiedereinführung der Todesstrafe gefordert.[16]

Im Plenum bleibt es zunächst bei der »normalen« Hetze der AfD. In der Debatte »70 Jahre Allgemeine Erklärung der Menschenrechte« versteigt sich der Abgeordnete Jürgen Braun zu der absurden Behauptung, Islamkritik werde in Deutschland kriminalisiert: »*Was in den Berichten des Instituts* [für Menschenrechte, G. W.] *ebenfalls fehlt, ist ein Hinweis darauf, dass die Kritiker totalitärer Tendenzen hierzulande zunehmend kriminalisiert werden. Wer hierzulande den Islam kritisch diskutiert, wird kriminalisiert, und die Menschen spüren das.«* (Deutscher Bundestag, 19. Wahlperiode, Protokoll 80. Sitzung, S. 9318) Die AfD, ihr Umfeld aber auch die Mainstream-Presse sind täglicher Beweis des Gegenteils, aber die Opferinszenierung ist nach wie vor ein wichtiger Teil der AfD-Auftritte im Bundestag.

»Hypermoral« heißt das neue Schlagwort in AfD-Reden, mit denen Solidarität und Humanismus diskreditiert werden sollen. Braun nutzt den auf den konservativen Säulenheiligen Arnold Gehlen zurückgehenden Begriff dazu, linksliberale Gesellschaftsvorstellungen zu diskreditieren: »*Die Jahresberichte* [des Deutschen Instituts für Menschenrechte, G. W.] *entlarven das Institut im Ganzen als ideologisch geprägte Einrichtung. Diese Herangehensweise ist weit entfernt von den Menschenrechten, den klassischen Freiheitsrechten, den*

15 Vgl. Junge Alternative teilen offenbar extremistische Äußerungen in Chatgruppe, in: Spiegel Online, 15.2.2019 [Abruf: 23.11.2021].

16 AfD-Abgeordneter Thomas Seitz aus Lahr: Todesstrafe darf kein Tabu in Deutschland sein, in: Badische Zeitung, 31.12.2018, badische-zeitung.de [Abruf: 23.11.2021].

Schutzrechten. Im jüngsten Bericht dieses Instituts werden stattdessen auf 145 Seiten soziale Anrechte gefordert. Es wird das demokratische Gemeinwesen Deutschland verunglimpft und in Zweifel gezogen. Es wird der Eindruck erweckt, als ließe sich mithilfe sozialer Maximalforderungen eine links-grüne Hypermoral über Deutschland stülpen – ein Deutschland, dem die Autoren der Berichte zutiefst misstrauen. Das ist ein Ausdruck der links-grünen Hypermoral, der dieses Institut offenkundig verfallen ist. Diese links-grüne Hypermoral ist eine totalitäre Ideologie, meine Damen und Herren.« (Ebd., S. 9317 f.) Soziale Rechte und Ansprüche werden hier als »Hypermoral« denunziert, womit die AfD ihre Stellung als Partei der Besserverdienenden, des schlanken Staates, des Neoliberalismus unterstreicht. Die AfD negiert soziale Menschenrechte offenbar generell ab, Ansprüche von abhängig Beschäftigten und ärmeren Menschen werden von ihr abgelehnt. Noch einmal Braun: »*Sie deuten die elementaren Abwehrrechte der Menschen in soziale Ansprüche und pure Geldforderungen um. Doch die Allgemeine Erklärung der Menschenrechte ist kein Verdi-Blättchen, keine Infopostille der IG Metall.*« (Ebd., S. 9319)

Sitzungswoche 20.-22. Februar 2019

»Frauenhass gehört zum Programm und zur Praxis der AfD« (Deutscher Bundestag, 19. Wahlperiode, Protokoll 83. Sitzung, S. 9654), mit dieser Feststellung reagierte die Linke-Abgeordnete Doris Achelwilm u. a. auf einen Gesetzentwurf der AfD-Fraktion zur »Wiederherstellung der Gleichberechtigung im Wahlrecht und in den politischen Parteien«. Anlass für den Vorstoß der AfD ist das im Bundesland Brandenburg verabschiedete Parité-Gesetz, mit dem die Parteien verpflichtet werden sollen, bei Wahlen gleich viele Frauen und Männer aufzustellen. Die AfD will dies per Gesetz verbieten und greift gleich jede Form der Quotierung in den Parteien an. Konsequent für eine Partei, die mit 10 Frauen bei 91 Abgeordneten Frauen offenbar möglichst weitgehend aus dem Parlament heraushalten will. Im hessischen Landesverband der Jungen Alternative wird neben der Einführung der Todesstrafe auch schon mal über die Abschaffung des Frauenwahlrechts schwadroniert.[17] Die Konsequenzen des AfD-Gesetzentwurfs, der nach dem Willen der Fraktion sofort in Kraft treten soll, macht der FDP-Abgeordnete Ruppert deutlich. Da alle Bundestagsparteien bis auf FDP und AfD mit Quoten oder Quoren arbeiten, müssten alle Listen zur Europawahl gestrichen werden. Da aber die AfD in ihrem Gesetzentwurf das Diskriminierungsverbot aus Artikel 3 Absatz 3 Grundgesetz zur Begründung anführe, müsste auch die AfD ausgeschlossen werden, da sie per Unvereinbarkeitsbeschluss zu bestimmten Organisationen Personen aus solchen Organisationen von der Listenaufstellung ausschließe. Einzig zugelassene Bundestagspartei zur Europawahl wäre demnach die FDP. Nun ja, nicht jeder Gesetzentwurf der AfD ist bis zum Ende durchdacht …

Antifeminismus und Frauenverachtung zogen sich wie ein roter Faden durch die Parlamentswoche der AfD. In der Debatte zum Paragraphen 219a fordert Beatrix von Storch das »*Bundesamt für Verfassungsschutz auf, solche Organisationen zu beobachten, die der Abschaffung des § 218 das Wort reden*« (Deutscher Bundestag, 19. Wahlperiode, Protokoll 83. Sitzung, S. 9743) und der AfD-Abgeordnete Bystron versuchte anlässlich des Grünen-Antrags zum Thema »Feministische Außenpolitik« die Bundestagsvizepräsidentin Claudia Roth zu provozieren. Nachdem er das Zwiegespräch mit der gerade leitenden Vizepräsidentin Roth suchte und behauptete, es gäbe »*Diskussionen im Hause, dass Sie der Rolle der Vizepräsidentin nicht gewachsen sind*«, qualifiziert er den Antrag als »*kulturmarxistische Propaganda*« ab: »*Die Autorinnen wollen sich lediglich mehr Geld und Macht sichern mit Quoten für Jobs, für die ihnen die Qualifikation fehlt.*« (Deutscher Bundestag, 19. Wahlperiode, Protokoll 84. Sitzung, S. 9944)

Marc Jongen gibt in der Debatte zur »Kulturpolitischen Aufarbeitung unseres kolonialen Erbes« Einblicke in seine Vorstellung von weißer europäischer Überlegenheit. Die Diskussion über die Rück-

17 AfD-Parteijugend äußerte sich in Chats extremistisch, in: Zeit Online, 16.2.2019, zeit.de [Abruf: 23.11.2021].

gabe kolonialer Kulturgüter wird von ihm als »*Ausverkauf unseres Landes*« bewertet. Nicht die Aneignung von Kulturgegenständen in den Kolonien, sondern die Undankbarkeit der ehemaligen Kolonien gegenüber den alten Kolonialmächten ist Thema von Jongen, um am Ende unweigerlich bei der gegenwärtigen Migrationsdebatte zu landen: »*Auf die Frage, ob die kuratorischen und konservatorischen Leistungen der ethnologischen Sammlungen in Berlin jemals gewürdigt worden sind durch afrikanische Staaten, antwortet die Bundesregierung, diese Frage stelle sich gar nicht. Auch ob die Kunstwerke dort überhaupt sachgerecht konserviert und präsentiert werden können, spielt offenbar keine Rolle. Es geht in dieser Debatte gar nicht um die Wertschätzung der betroffenen Objekte, meine Damen und Herren, es geht einzig und allein (…) um die Kultivierung eines Schuldkomplexes in Bezug auf die deutsche Kolonialgeschichte. Dieser hat einen ganz bestimmten Zweck: Er soll als psychopolitische Grundlage dienen für die Akzeptanz von Massenmigration und Multikulturalismus. Das ist das erklärte politische Ziel der Restitutionsaktivisten.*« (Deutscher Bundestag, 19. Wahlperiode, Protokoll 83. Sitzung, S. 9777)

Sitzungswoche 13.-15. März 2019

Die Umwertung von Fakten gehört zum Kerngeschäft der modernisierten radikalen Rechten. Die AfD nutzt sie insbesondere im Bereich des Kulturkampfes. Abgewickelt wird so z. B. der Internationale Frauentag, den es laut AfD nicht mehr braucht, weil alle Ziele längst erreicht seien. Bei der Abgeordneten Beatrix von Storch hört sich das so an: »*Bei allem, was schlecht läuft in diesem Land, können wir heute aus Anlass des Internationalen Frauentages etwas Positives sagen: Die Gleichberechtigung von Männern und Frauen ist in Deutschland tatsächlich erreicht, und das schon seit Jahrzehnten. (…) Und weil das so selbstverständlich ist, sollten wir darüber überhaupt nicht mehr sprechen. Deswegen brauchen wir eigentlich auch keinen Internationalen Frauentag. Dem Mainstream-Feminismus geht es aber nicht um Gleichberechtigung, sondern um Gleichstellung. Gleichstellungspolitik zerstört Gleichberechtigung. (…) Wir müssen heute aktiv die Gleichstellungspolitik bekämpfen, um die Gleichberechtigung zu bewahren.*« (Deutscher Bundestag, 19. Wahlperiode, Protokoll 87. Sitzung, S. 10280) Die Entgeltdifferenz zwischen Männern und Frauen z. B., seit Jahren durch den »Equal pay day« in den Fokus gerückt, lässt sich aber nur durch Gleichstellung erreichen, wofür jedoch die AfD nachweislich nicht steht. Nicole Höchst, als zweite Rednerin der AfD in der Debatte zum Frauentag, geht weiter: »*Brauchen wir den klassischen Feminismus noch? Weg damit!*« (Ebd., S. 10286) Statt den ganzen Kladderadatsch von »Gleichstellung« müsse es endlich um das tatsächliche Thema gehen, »*die islamische Unterwerfung der Frau.*« (Ebd.) Hier läuft sie dann zu großer Form auf und fordert, »*dass wir nicht ohne Not zusätzliche Horden testosterongesteuerter junger Männer aus islamisch geprägten Kulturkreisen en masse importieren und uns mit Messern oder sonst wie abschlachten lassen.*« (Ebd.)

Die Pathologisierung des politischen Gegners wird von der AfD auch auf die Schüler*innen-Demos der Fridays for Future angewandt. Da es den vom Menschen gemachten Klimawandel laut AfD ja nicht gibt, kann sie sich die internationale Schülerbewegung zum Thema nur als verführt und fehlgeleitet erklären. Der Abgeordnete Martin Reichardt meint: »*Aufgabe einer verantwortungsvollen Politik ist es aber, dafür Sorge zu tragen, dass das Engagement der Jugend nicht in die Fänge der grünen Klimasekte gerät, einer Sekte, in der gewissenlose Gurus wie Herr Habeck, Frau Baerbock oder auch Frau Roth unsere Jugend mit irrationalen Klimaängsten für linksextreme Gesellschaftsmodelle gefügig machen wollen.*« (Deutscher Bundestag, 19. Wahlperiode, Protokoll 86. Sitzung, S. 10081) Marc Jongen nimmt sich gleich das Gesicht der Bewegung, Greta Thunberg, persönlich vor. Dieses »*Mädchen mit dem Habitus einer 12-jährigen*« werde »*in einer professionellen Kampagne missbraucht, in der es um Macht und sehr viel Geld geht (…). Der Fall Greta ist von höchster Symbolkraft für die wahnhafte Klimarettungspolitik im Ganzen, die immer mehr einer Zivilreligion gleicht mit Greta Thunberg als kindlicher Prophetin an der Spitze. (…) Asperger-Patienten pflegen ein extremes Schwarz-*

Weiß-Denken. Das Abwägen und Differenzieren ist nicht ihre Sache. Aber gerade das wäre in der Klimapolitik das Entscheidende. Greta Thunberg steht auch ganz bewusst dazu.« (Deutscher Bundestag, 19. Wahlperiode, Protokoll 87. Sitzung, S. 10372) Was soll man daraus anderes lesen, als dass Jongen die Schülerinnen und Schüler als verführte Autisten ohne Differenzierungsvermögen darstellt?

Sitzungswoche 20.-22. März 2019
Politische Positionen werden im Bundestag nicht nur im Plenum bezogen. Ein großer Teil der Arbeit von Abgeordneten und Fraktionen findet jenseits davon statt. Ausschussarbeit, Anhörungen, Gesetzentwürfe, Anträge, Anfragen – in diesen Aktivitäten spiegeln sich auch die Positionen der Fraktionen wider. Häufig werden hier tatsächliche politische Haltungen jenseits programmatischer Lyrik deutlich. In der Anhörung des Innenausschusses vom 18. März 2019 zum Gesetzentwurf der Fraktion Die Linke zum Thema »Stärkung der direkten Demokratie im Grundgesetz« wurde deutlich, dass die AfD-Fraktion – entgegen programmatischer Aussagen – doch eher große Vorbehalte gegen jede direktdemokratische Ausweitung der Demokratie hat. Ein kleines Stöckchen im Antrag der Linken – die Forderung, dass alle mindestens fünf Jahre im Land lebenden Menschen an einer solchen Volksabstimmung teilnehmen dürfen – reichte, damit die AfD nicht mehr über Bürger*innenbeteiligung, sondern nur noch über Zuwanderung redete.

Mit inzwischen mehr als 700 Kleinen Anfragen lässt sich diese Form der AfD-Politik im Bundestag nur noch schwer im Blick behalten. Mehr als ein Drittel (ca. 270) entfallen auf die Bereiche Zuwanderung/Migration (ca. 146) und Innenpolitik (ca. 124), worin sich die von der AfD vorgenommene zentrale Verknüpfung von Migration und Kriminalität zeigt. Mehr als 40 Anfragen gibt es aber auch zur Förderung von Projekten, die sich irgendwie kritisch mit der aktuellen Rechtsentwicklung auseinandersetzen, bzw. Anfragen, die unter dem Stichwort »Linksextremismus« laufen. Die Antworten sind [soweit ich sie wahrnehmen kann, G. W.] zumeist sachlich, manchmal aber auch erfrischend. So fragt die AfD mit Blick auf die Einordnung der Partei durch das BfV als »Prüffall«, »in welchen anderen Fällen (…) Parteien, Organisationen und Gruppen, die sich ausdrücklich zur freiheitlichen demokratischen Grundordnung bekennen, dennoch als ›verfassungsfeindlich‹ eingestuft bzw. vom Verfassungsschutz geprüft oder beobachtet« wurden? Die Antwort der Bundesregierung verweist auf eine wunderbare Parallele – ein klassisches Eigentor der AfD: »Es ist nicht ungewöhnlich, dass sich Organisationen oder Parteien zumindest verbal als verfassungskonform darstellen, aber dennoch eine erwiesen extremistische Ausrichtung aufweisen. So bescheinigt das Bundesverfassungsgericht in seinem Urteil vom 17. Januar 2017 der NPD eine verfassungsfeindliche, mit der freiheitlichen demokratischen Grundordnung nicht zu vereinbarende politische Zielsetzung, obschon die Partei selbst für sich ausdrücklich in Anspruch nimmt, im Sinne des Grundgesetzes zu agieren.« (Drs. 19/8302)

Der AfD-Abgeordnete Marc Jongen fragt die Bundesregierung zum Thema »Genderkritik und die Gefahren der Spaltung der Gesellschaft durch Misandrie«. Ein Blick ins Fremdwörterlexikon verrät, »Misandrie« ist Männerfeindlichkeit. Hier sieht Jongen die eigentliche Gefahr unserer Zeit: »Aus Sicht der Fragesteller ist es hohe Zeit, die wissenschaftliche Erforschung der Männerfeindlichkeit (Misandrie) mit entsprechenden Fördermitteln auszustatten. Diese Forschung bedarf additiv begleitender Aufklärungskampagnen, die auf die Gefahren des radikalen Feminismus und der ihm inhärenten Misandrie aufmerksam machen.« (Drs. 19/8220) Nun ja, die Parallelwelt der AfD ist tatsächlich ganz anders aufgebaut…

Das Brexit-Chaos ist auch für die AfD ein Problem, denn ihre tendenzielle Dexit-Position gewinnt dadurch nicht an Attraktivität. Dennoch stehen die beiden Fraktionsvorsitzenden Gauland und Weidel an der Seite der Briten, allerdings mit interessanten Argumenten. Gauland erwidert auf die Regierungserklärung der Bundeskanzlerin u. a.: »*Man wird nämlich den Eindruck nicht los, dass es der EU um anderes als um den Frieden in Irland geht, nämlich darum, zu verhindern, dass Großbritannien zu einem deregulierten, von niedrigen Löhnen und niedrigen Steuern geprägten Wettbewerber der EU wird.*« (Deutscher Bundestag, 19. Wahlperiode, Protokoll 89. Sitzung, S. 10485) Ein dereguliertes Niedriglohnland? Offenbar kein Schreckgespenst, sondern ein reizvolles Modell aus Sicht der AfD. Verstärkt wird dieser Verdacht durch die anschließende Rede von Weidel, die ein Bekenntnis zu den Rezepten des Neoliberalismus ist: »*Was hatte David Cameron denn so Fürchterliches verlangt? Keine Sozialhilfe sofort und für alle, stärkere nationale Parlamente, weniger EU-Bürokratie. Doch in Brüssel hat er damit auf Granit gebissen. Dabei wäre eine schlankere Gemeinschaft, die sich auf ihre Kernaufgabe besinnt, einen gemeinsamen Markt zu schaffen und zu erhalten, eine große Chance gewesen.*« (Ebd., S. 10496) Schlanker Staat, Abbau sozialer Sicherung und natürlich das Mantra dieser Schule: der Markt als zentrales Regulierungsinstrument.

Sitzungswoche 3.-5. April 2019

Die erneute Nichtwahl der AfD-Kandidatin für den Posten einer Vizepräsidentin des Bundestages dokumentiert einmal mehr, dass es die Fraktion in anderthalb Jahren geschafft hat, sich bei der Mehrzahl der Abgeordneten so unbeliebt zu machen, dass selbst die positiven Stellungnahmen der Fraktionsvorsitzenden von CDU/CSU und FDP zur AfD-Kandidatin nichts genützt haben. Ganz offenbar hatte die AfD nicht mit einer solchen klaren Reaktion gerechnet. Auch dem Fraktionsvorsitzenden Gauland gehen da mal die Nerven durch. Nach der Kurzintervention des Abgeordneten Kuhle von der FDP rastet Gauland bei der Antwort seines Parlamentarischen Geschäftsführers Baumann geradezu aus. Die Brüllerei kann auf Seite 11201 des Protokolls der 93. Sitzung nachgelesen werden.

Was der Anlass für die aktuelle Fundamentalablehnung der AfD sein könnte, kann man exemplarisch dem Beitrag des Abgeordneten Marc Jongen entnehmen, der zunehmend für den ungebremsten Geschichtsrevisionismus der AfD steht. Der Antrag der Koalition mit dem Titel »Bundesprogramm ›Jugend erinnert‹ – Wissensvermittlung über Wirkung und Folgen von Diktatur und Gewaltherrschaft stärken« (Drs. 19/8942) ist in Teilen eine krude Gleichsetzung von NS-Diktatur und DDR, in der schon einmal »Rassismus, Antisemitismus, Antiziganismus, Islamfeindlichkeit oder Klassenideologie« als Formen gruppenbezogener Menschenfeindlichkeit parallelisiert werden. Jongen stört sich jedoch nicht daran, sondern an der Tatsache, dass überhaupt an negative Erfahrungen der Nationalgeschichte erinnert wird: »*Da ist es schon interessant, zu sehen, welche Aspekte unsere Regierung aus der deutschen Geschichte herausgreift, welche jeder jungen Generation als identitätsstiftende Kollektiverinnerungen einpflanzt werden sollen. Es sind ausschließlich negative Aspekte, meine Damen und Herren. Wichtig ist der Regierung vor allem – und der linksgrünen Pseudoopposition ja umso mehr –, an Diktatur und Gewaltherrschaft auf deutschem Boden zu erinnern.*« (Deutscher Bundestag, 19. Wahlperiode, Protokoll 93. Sitzung, S. 11161) Ziel dieser Art der Geschichtspolitik ist es laut Jongen, »*dass die Jugend systematisch zu Schuld und Scham über ihr Deutschsein erzogen wird, dass sie lernt, mit Deutschland Negatives, ja Böses zu assoziieren, und dass sie lernt, sich an einen Gedanken zu gewöhnen: Deutschland hat eigentlich kein historisches Lebensrecht. Es ist gut, wenn Deutschland verschwindet. Besser ist es, andere nehmen hier unseren Platz ein. – Das ist doch die eigentliche Absicht dieser Form von Gedächtnispolitik. (…) Sie ist darauf ausgelegt, den Daseinswillen der Deutschen als Volk und Nation zu brechen, und sie ist damit schon erschreckend weit vorangeschritten, meine Damen und Herren.*« (Ebd.) »Umvolkung«, »Volkstod« – Jongen vermutet sie auch als Ziel der Erinnerungspolitik der Regierung. Ob sie von George Soros gesteuert wird? Er sagt es uns nicht. Was folgt daraus? Jedenfalls das Ende von Schulbesuchen in Stätten der NS-Vernichtungspolitik. Weiter bei Jongen: »*Ein ausschließlich negatives Selbstbild, wie es hierzulande schon seit Jahrzehnten kultiviert wird, ist wie ein psychisches Gift, das schleichend zum Tod des Patienten führt. Sie meinen vielleicht, es ist eine Medizin. Aber warum sollte es denn nötig sein, die Jugend durch Schocktherapie in KZ-Besuchen und ähnlichen Einrichtungen permanent vor einer möglichen Wiederho-*

lung dieser Verbrechen zu warnen? Doch nur dann, wenn man die jungen Leute als potenzielle Mörder und Verbrecher sieht, die man vor dem Bösen in sich selbst erschrecken muss.« (Ebd.) Gefordert ist stattdessen, laut Jongen, eine Konzentration auf die positiven Momente deutscher Geschichte: »*Aber im Zentrum unserer Gedächtnispolitik müssen die hellen, die lichtvollen Seiten der deutschen Geschichte stehen, und daher lehnen wir Ihren Antrag ab.*« (Ebd., S. 11162)

Sitzungswoche 10.-12. April 2019

Wie weit sich nach eineinhalb Jahren AfD im Bundestag die Dimensionen dessen, was an Hetze und Menschenverachtung ohne jeden Widerspruch geäußert werden kann, verschoben haben, dokumentierte in dieser Sitzungswoche Bundeskanzlerin Merkel. In der Regierungsbefragung, der sich neuerdings auch die Regierungschefin viermal im Jahr stellen muss, war sie mit dem schon bekannten Rassisten Gottfried Curio konfrontiert. Curios Frage ist wie immer ein Stakkato aus Falschaussagen und Unterstellungen: »*Frau Bundeskanzlerin, aktuelle Bilder zeigen einen gewaltsamen Durchbruchsversuch von 2000 Migranten, um von Griechenland zur geschlossenen Balkanroute zu gelangen. Angreifer mit Kindern als Schutzschilder schleudern Steine gegen die Einsatzkräfte. Nur ein robuster Polizeieinsatz verhindert das gewaltsame Durchbrechen der Grenze. Diese notwendige Aktion wird hierzulande oft mit dem Ausdruck ›Hässliche Bilder‹ verleumdet. Sie haben sich mit dem Global Compact for Migration zur Förderung von Migration schlechthin verpflichtet – auch jenseits von Flucht oder Arbeitsaufnahme. Das ist ein weiterer Magnet für illegale Migration. Mit einem erfolgreichen Durchbruch auf die Balkanroute ist jetzt jederzeit zu rechnen. Im September 2015 haben Sie die bereits vorbereitete Sicherung der deutschen Grenze verhindert. Werden Sie diesmal Vorkehrungen für einen tatsächlich effektiven Grenzschutz treffen und Leute, die ohne Fluchtgrund – der Krieg in Syrien ist aus – als Karawane aus bereits sicheren Ländern kommen, abweisen? Das heißt: Werden Sie die Grenze, wenn nötig, effektiv und robust sichern?*« (Deutscher Bundestag, 19. Wahlperiode, Protokoll 94. Sitzung, S. 11235)

»Kinder als Schutzschilde«, Global Compact als »Förderung von Migration schlechthin«, »Sicherung der deutschen Grenze verhindert«, »Leute, die ohne Fluchtgrund kommen« – es hätte zahlreiche Punkte zum verbalen Widerspruch gegeben, aber Merkel antwortet im emotionslosen Regierungssprech: »Wir haben seit 2015 ja eine Vielzahl von Maßnahmen ergriffen, darunter auch eine engere Zusammenarbeit der Mitgliedstaaten. Deshalb hilft Frontex in Griechenland, und deshalb gibt es auch eine deutsch-griechische Zusammenarbeit und einen sehr engen Austausch. Auf dieser Grundlage werden wir auch weiter arbeiten.« (Ebd.) Fünf Minuten später, bei einer Frage des Linken-Abgeordneten Fabio De Masi ist das ganz anders. In seiner Frage zur geplanten Fusion von Deutscher Bank und Commerzbank sagt er u. a.: »Zwei kranke Truthähne ergeben keinen Adler« (Ebd., S. 11237), was Merkel sofort mit dem Satz: »Ich lehne erst einmal ab, auf diese Art und Weise über zwei Bankinstitute in Deutschland zu sprechen. Das tut wirklich nicht gut.« (Ebd., S. 11238) zurückweist. Was lernt man daraus? Über Geflüchtete darf im Bundestag inzwischen problemlos verächtlich gesprochen werden, flapsige Bemerkungen zu deutschen Bankinstituten werden dagegen umgehend von der Kanzlerin gerügt.

In der Debatte zur »Rolle Europas in einer Welt des Umbruchs« zeichnet Alexander Gauland ein dystopisches Bild der EU: »*Unsere Eurokraten suchen für Europa nach einer Zukunftsvision. Allmählich beginnt man zu ahnen, wie sie aussehen soll: die Vereinigten Staaten von Europa als deindustrialisiertes, von Windrädern übersätes Siedlungsgebiet, in dem die nationalen Identitäten abgeschafft sind, das Einwanderern aus aller Welt offensteht, denen die europäischen Werte gleichgültig sind und die sich nicht in die europäischen Gesellschaften integrieren müssen, weil sie bestens in der jeweiligen Parallelgesellschaft integriert und aufgehoben sind, ein Erdteil, meine Damen und Herren, wo nur noch Elektroautos verkehren, wo Bargeld verboten, der Fleischverzehr limitiert ist und das korrekte Sozialverhalten der Bewohner auf unterschiedlichste Weise überwacht wird.*« (Deutscher Bundestag, 19. Wahlperiode, Protokoll 96. Sitzung, S. 11553) Diesen Traum der so geschilderten »Vereinigten Staaten von Europa« träumen laut Gauland »*viele Angehörige der politischen Klasse, der Wirtschaftseliten und eben auch linke Intellektuelle.*« (Ebd.) Es wird das Geheimnis von Gauland bleiben, warum etwa die »Wirtschaftseliten« von einem »deindustrialisierten« Europa träumen sollten.

Sitzungswoche 8.-10. Mai 2019

Die Europawahlen rücken näher und werden von den Fraktionen des Bundestags zum Anlass genommen, ihre europapolitischen Positionen in Debattenthemen zu verdeutlichen. Für die AfD, deren Ausgangspunkt ja 2013 das EU-Thema war, läuft es in der Europafrage gegenwärtig nicht nach Plan. Das Brexit-Chaos lässt ihre Position für einen bedingten Dexit wenig attraktiv erscheinen und eine von der AfD in Auftrag gegebene Umfrage unter Wählerinnen und Wählern zeigt, dass selbst 50 Prozent der potenziellen AfD-Wähler*innen gegen einen D-Exit sind.

Die Bundestagsfraktion macht sich vor allem die verbreitete EU-Kritik an Bürokratie, Überregulierung und Zentralismus zu eigen, lässt aber die wirtschaftsliberale Grundlage und damit den Grund für das Ungleichgewicht in der EU und die zunehmende Unzufriedenheit der Menschen in vielen Ländern völlig außer Acht. In der von der FDP beantragten Debatte zu den harmlosen Kühnert-Thesen[18] zum Thema Enteignung stößt die AfD ins Horn der FDP und geißelt wie diese den »Bürokratismus«. Der AfD-Abgeordnete Hansjörg Müller geht jedoch weiter und plädiert nach wie vor klar für den EU-Austritt: »*Unsere Unternehmen können nur dann vom existenzgefährdenden Bürokratismus befreit werden, wenn sie vom Moloch der EU befreit werden.*« (Deutscher Bundestag, 19. Wahlperiode, Protokoll 97. Sitzung, S. 11679) Als Konkurrenten um den wirtschaftsfreundlichsten Politikansatz begreift die AfD insbesondere die FDP, der Müller vorwirft »*keine wirtschaftsliberale Partei mehr*« zu sein.

18 Vgl. Was heißt Sozialismus für Sie, Kevin Kühnert? – Interview, in: Zeit Online, 1.5.2019, zeit.de [Abruf: 21.12.2021].

Ohne Zweifel stellt sich ein Gewöhnungseffekt ein, wenn man Woche für Woche den AfD-Reden zum Thema Flucht und Migration lauscht. Die Rede des Parlamentarischen Geschäftsführers der AfD-Fraktion, Bernd Baumann, zu später Nachtstunde und zum Linken-Antrag »Solidarische Städte und kommunale Initiativen zur Flüchtlingsaufnahme unterstützen« gehalten, ist aber ein besonders abstoßendes Beispiel des Zynismus, weil Baumann die Not der Menschen, die sich auf den Weg machen, negiert und die Menschenverachtung von Rechtsregierungen wie in Italien oder Australien in Humanismus umdeutet: »*Als in Italien noch die Sozialdemokraten regierten, 2016, starben im Mittelmeer 5 149 Menschen, elendiglich ertrunken, auf das Meer gelockt von kriminellen Schleusern und Menschenhändlern. Jetzt, im ersten Quartal 2019, waren es nur noch 289. Dieser Rückgang ist einzig und allein auf die erfolgreiche Grenzpolitik der neuen Regierung Italiens zurückzuführen. Meine Damen und Herren, wir gratulieren Matteo Salvini zu dieser großartigen und mutigen Leistung. Aber 289 Tote sind immer noch zu viel. Noch erfolgreicher sind die Australier, sie zeigen, wie man verhindert, dass Migranten im Meer ertrinken und Schlepperbanden profitieren. (…) Als die linke Labor-Partei noch in Australien regierte – bis 2013 –, starben 1 200 illegale Bootsmigranten vor den Küsten Australiens. Das Meer spülte zerstückelte Leichen von Kindern an. Haie hatten sie in den Gewässern zerfressen. Die neue, nun konservative Regierung begann 2013 ihr Programm ›Souveräne Grenzen‹, eine breite Medienkampagne mit dem Titel ›No Way‹ und machte in allen Herkunftsländern klar: Illegal Einreisende haben keine Chance, no way.*« (Deutscher Bundestag, 19. Wahlperiode, Protokoll 98. Sitzung, S. 11889) Italien und Europa sorgen heute dafür, dass die Menschen in den libyschen Folterknästen misshandelt werden und umkommen, dass sie in der Wüste verdursten, im Bombenhagel der Bürgerkriegsländer bleiben oder als stumme Opfer globaler Ungleichheit unsichtbar sind. Wofür sich Baumann bedankt, ist die Tatsache, dass Leute wie Salvini dafür sorgen, dass die Menschen wieder außerhalb des Gesichtsfeldes der Europäer vor die Hunde gehen.

Sitzungswoche 15.-17. Mai 2019

»Deutschland zuerst!«, diese für jedes Land adaptierbare Parole der modernisierten radikalen Rechten kennzeichnet die Debatten der AfD im Bundestag in der Woche vor der Europawahl. Und wie schon beim Thema Flucht und Migration versucht die AfD, auch das EU-Thema sozialpolitisch aufzuladen. Ein Antrag von ihr in der Sitzungswoche lautet: »Einsparungen aus dem EU-Budget nutzen – Durchschnitts- und Geringverdiener bei den Sozialabgaben entlasten«. (Drs. 19/10170) In diesem Antrag verspricht sie eine Entlastung beim Arbeitnehmeranteil der Sozialversicherungsbeiträge von 300 Euro. Der Abgeordnete Jörg Schneider führt zur Finanzierung dieses Vorhabens aus: »*Ein Großteil der Finanzierung dieses Projekts kommt aus einem anderen Topf, und zwar möchten wir die EU-Beiträge der Bundesrepublik Deutschland deutlich reduzieren. (...) Wir möchten, dass dieses Steuergeld im Land verbleibt. Wir möchten mit diesem Geld die Geringverdiener in Deutschland entlasten.*« (Deutscher Bundestag, 19. Wahlperiode, Protokoll 101. Sitzung, S. 12170) Uwe Witt als zweiter AfD-Redner in der Debatte stößt ins gleiche Horn: »*Wir vertreten die Interessen der für wenig Geld hart arbeitenden Menschen in unserem Land. Genau: In unserem Land, und das heißt Deutschland.*« (Ebd., S. 12177) Allerdings sieht die AfD die Soziale Frage immer als eine Verteilungsfrage zwischen Gruppen in der unteren Hälfte der Gesellschaft (den subalternen Klassen) und niemals als eine Frage der Umverteilung von oben nach unten. So heißt es bei Witt weiter: »*Teilweise geht es Bürgern, die von Sozialleistungen leben, besser als der arbeitenden Bevölkerung im Niedriglohnbereich.*« (Ebd.) Letzteren will die AfD aber nicht abschaffen, sondern mit der Umverteilung von EU-Mitteln zementieren, wie die Linke-Abgeordnete Susanne Ferschel ausführt: »Letztlich läuft es damit auf ein staatliches Förderprogramm für den Niedriglohnbereich hinaus.« (Ebd., S. 12174)

»*Die wirkliche Gefahr geht von denen aus, die das Gleichgewicht zwischen Freiheit und Gleichheit immer von neuem zulasten der Freiheit verschieben wollen.*« (Deutscher Bundestag, 19. Wahlperiode,

Protokoll 101. Sitzung, S. 12147) Diese Beschreibung der deutschen Gesellschaft als einem vor allem von einem Übergewicht an Gleichheit geprägten Land, unter dem die Freiheit zu ersticken drohe, stammt nicht von der FDP, sondern vom AfD-Fraktionsvorsitzenden Alexander Gauland, geäußert in der Debatte zum 70. Jahrestag des Grundgesetzes. Angesichts einer gerade zwei Wochen zuvor vom Deutschen Institut für Wirtschaftsforschung (DIW) vorgelegten Studie zur wachsenden Ungleichheit der Einkommen in Deutschland eine bemerkenswerte These. Aber Gauland und der AfD geht es bei Fragen der Gleichheit selten bis nie um soziale Gleichheit, ihr Augenmerk richtet sich auf gleiche Rechte und Teilhabe für Minderheiten in der Gesellschaft – gegen diese Form der Teilhabe macht die AfD immer dann Politik, wenn sie sich nicht gerade selbst als verfolgte Minderheit stilisiert. Gauland vertritt scheinbar einen liberalen Ansatz, wenn er formuliert: »*Das Grundgesetz ist ein Rahmen, in dem vieles möglich ist, auch Kevin Kühnerts Enteignungsfantasien oder eine demokratische Identitätspolitik, wie wir sie vertreten.*« (Ebd.) Verschleiert werden soll so, dass die AfD eine völkische Form der Identitätspolitik vertritt, die dem Gleichheits- und Menschenwürdegrundsatz des Grundgesetzes diametral zuwiderläuft.

Jede Woche bietet die AfD-Fraktion unzählige Beispiele dieser völkischen Sichtweise und der Verächtlichmachung von Bevölkerungsgruppen aufgrund ihrer Herkunft. So heißt es bei Gottfried Curio in der Debatte zum Thema »Ausreisepflicht« (sprich: Abschiebungen) mit Blick auf die Ausweitung der Abschiebehaft: »*Aber was ist schlimm daran, wenn Asyltäuscher dort zwischenverwahrt werden?*« (Deutscher Bundestag, 19. Wahlperiode, Protokoll 101. Sitzung, S. 12186) Die als Betrüger – »Asyltäuscher« – markierte Gruppe wird verdinglicht und kann »zwischenverwahrt« werden. Als Individuen gibt es diese Menschen bei Curio nicht, sie sind Teil einer homogenen und kriminellen Gruppe: »*Angesichts des Ausländeranteils in Gefängnissen von über 50 Prozent ist das doch nicht wirklich eine fremdartige Umgebung.*« (Ebd.) Volksverhetzung im umgangssprachlichen Sinne ist im Bundestag inzwischen ohne Probleme möglich.

Sitzungswoche 5.-7. Juni 2019

Als großes »Migrationspaket« waren insgesamt sieben Gesetzesvorhaben der Bundesregierung angekündigt, die in dieser Sitzungswoche in Höchstgeschwindigkeit über alle parlamentarischen Hürden gebracht wurden. Auch die AfD hat im Hintergrund an den darin zum Teil enthaltenen massiven Verschärfungen bei Abschiebungen, Abschiebehaft, Leistungskürzungen etc. mitgewerkelt, denn nicht zuletzt die Angst vor der AfD sitzt der Bundesregierung bei diesem Thema im Nacken.

Dennoch hat ein größerer Teil der AfD-Fraktion z.B. bei der Verschärfung der Abschiebemöglichkeiten dagegen gestimmt (27 Gegenstimmen, 52 Enthaltungen, 1 Zustimmung), weil ihm offenbar selbst diese, von zahlreichen Menschenrechtsorganisationen beklagten, Verschärfungen nicht weit genug gingen.

Mit Blick auf die Landtagswahlen im Herbst versucht sich die AfD besonders als Anwalt der Menschen in Ostdeutschland zu profilieren. So suggeriert Tino Chrupalla in der Debatte »30 Jahre Friedliche Revolution«, »*die Widerständler von damals*« seien »*auch die Widerständler von heute.*« (Deutscher Bundestag, 19. Wahlperiode, Protokoll 104. Sitzung, S. 12602) Marc Jongen erhebt die Wut- und Pegidabürger gleich zu heutigen Dissidenten: »*Natürlich ist die Bundesrepublik nicht die DDR. Aber 30 Jahre nach deren Ende tauchen einige ihrer Merkmale gespenstisch wieder auf. Schuld daran sind gewiss nicht die Populisten, sondern die Kryptosozialisten in den Altparteien, bald wohl wieder Blockparteien. Lassen Sie ab von Ihrer Arroganz! Nehmen Sie die heutigen Dissidentenstimmen ernst! Treten Sie mit den Dissidenten in den Dialog!*« (Ebd., S. 12610)

Nachdem die Klimadebatte der AfD das Thema Fluchtmigration verhagelt hat, lässt sie ihren ganzen Frust über die Entwicklung an den Grünen ab. Ihr oberster Klimaleugner, Karsten Hilse, entwickelt mit seinen Tiraden ein Hetzstakkato, das an Gottfried Curio heranreicht. In der Aktuellen Stunde zur Klimapolitik hört sich das so an: »*Liebe Landsleute! Deutschland wurde in den letzten Monaten von einer professionell durchgezogenen Kampagne heimgesucht, offensichtlich organisiert von finanzkräftigen Lobbyisten, NGOs und der Umweltzerstörungspartei, unterstützt von einem Großteil der Medien. Das begann damit, dass Ökoterroristen im Hambacher Forst, die Polizisten mit Brandsätzen bewarfen, als Umweltaktivisten bezeichnet wurden. Extremisten, die gezielt Menschen töten wollen, sind keine Aktivisten, sondern potenzielle Mörder. (…) Die größten Einpeitscher sind aus der Umweltzerstörungspartei mit dem grünen Mäntelchen. Darunter verstecken sich Sozialisten und Kommunisten jeglicher Couleur. In der Tradition Maos missbrauchen diese die Kinder, um sie gegen ihre Eltern aufzuhetzen. Vorbild ist das China zur Zeit der Kulturrevolution mit Millionen von Toten.«* (Deutscher Bundestag, 19. Wahlperiode, Protokoll 103. Sitzung, S. 12570)

Sitzungswoche 26.-28. Juni 2019

Die letzte Sitzungswoche vor der parlamentarischen Sommerpause stand weitgehend im Zeichen der Ermordung des Kasseler Regierungspräsidenten Walter Lübcke, mutmaßlich durch einen Neonazi. Der möglicherweise rechtsterroristisch motivierte Mord hat die Debatte über die Verrohung des gesellschaftlichen Klimas und die Verantwortung der AfD dafür in den Mittelpunkt gerückt. Die AfD-Bundestagsfraktion – sichtlich in der Defensive – tat das, was sie in solchen Situationen immer tut: sie stellte sich als das eigentliche Opfer dar.

Kein Wort der Selbstkritik kam von der AfD in der Aktuellen Stunde zum Mordfall Lübcke. Stattdessen der Appell, dieser »*Mord sollte nicht zur Instrumentalisierung verleiten, etwa um einen politischen Konkurrenten zu verleumden*«, denn – mit Blick auf die AfD: »*Wenn Politiker wegen ihrer gebotenen Kritik am Regierungshandeln in Mithaftung genommen werden sollen für Gewalttaten, dann ist das parteipolitischer Missbrauch eines Mordes.*« (Deutscher Bundestag, 19. Wahlperiode, Protokoll 107. Sitzung, S. 13167) Die AfD sieht sich als Schutzmacht des hetzenden Wutbürgers im Netz, wo der Mord in drastischer Art und Weise begrüßt wurde: »*Wir verteidigen hier und heute auch Millionen Bürger gegen die Beleidigung als Menschen-*

feinde, Hasser, Hetzer, dieses ganze wohlfeile Verleumdungsvokabular. Nicht Ausländer werden gehasst. Unsinn! Abgelehnt wird Asylbetrug. Kritik ist nicht Hass, ist nicht Hetze.« (Ebd., S. 13168) Eine Minute zuvor hatte der Redner noch mit Blick auf das »*Migrationschaos*« von »*gemesserte(n), vergewaltigte(n), ermordete(n) Mädchen*« (Ebd., S. 13167) gesprochen, aber Hetze liegt Curio natürlich fern. Er beschließt seine Rede mit einer Reverenz an Björn Höcke, der in einer Rede 2017 von der AfD als letzter evolutionärer Chance gesprochen hatte (»Die AfD ist die letzte evolutionäre, sie ist die letzte friedliche Chance für unser Vaterland.«): »*Nur bei unbehinderter Arbeit der AfD kann niemand behaupten, er müsse außerparlamentarisch handeln, gar gewalttätig werden, um einem Ruf nach Änderung Gehör zu verschaffen.*« (Ebd., S. 13168) Klare Botschaft: wer der AfD massiv entgegentritt, riskiert den Bürgerkrieg.

Die Wiederbelebung der Hetze gegen Walter Lübcke u. a. durch die AfD-Stiftungsvorsitzende Erika Steinbach,[19] Verhöhnung und Hasskommentare auf AfD-Seiten[20] oder die Behauptung des AfD-Abgeordneten Martin Hohmann, Schuld am Tod Lübckes sei die »Grenzöffnung« durch Frau Merkel[21] – all das wird von der AfD nicht kommentiert.

Stattdessen macht die Fraktion genau so weiter und legt bei der Hetze noch mal eine Schippe drauf. »Clankriminalität« ist ein Thema wie für die AfD geschaffen, geht es ihr doch darum, Zuwanderung, vermeintliche kulturelle Fremdheit und Kriminalität fest miteinander zu verknüpfen. Schon mit dem Begriff »Clankriminalität« anstatt soll der archaische, kulturell fremde Hintergrund der

19 Vgl. Erika Steinbach heizte Hass auf Walter Lübcke neu an, in: t-online.de, 17.6.2019 [Abruf: 23.11.2021].

20 Vgl. Tod von Lübcke verhöhnt: Kreispolitiker fordern Rücktritt von AfD-Mann Reschke, in: fr.de (Frankfurter Rundschau), 17.6.2019 [Abruf: 23.11.2021]; Hasskommentare tagelang auf Facebookseite der AfD, in: nordkurier.de, 21.6.2019 [Abruf: 23.11.2021].

21 Vgl. Hohmann: Ein missbrauchter politischer Mord, in: afdbundestag.de, 25.6.2019 [Webpräsenz der AfD-Fraktion im Deutschen Bundestag, Abruf: 23.11.2021].

Täter in den Fokus gerückt werden. Mit Formen der Sippenhaft hat der Redner Bernd Baumann keine Probleme, wenn er von 200.000 »*Clanmitgliedern*« spricht und damit mal eben alle Familienangehörigen von kriminellen Tätern zu Mittätern macht. Es gelte, den »*massiven Angriff orientalischer Großfamilien auf unseren Rechtsstaat*« abzuwehren. Die Ursache der Bedrohung sieht Baumann in der Herkunft der Täter, die zwar häufig in Deutschland geboren sind, für die AfD aber immer ethnisch fremd bleiben und deshalb prinzipiell nicht integrierbar seien: »*Die Polizei spricht von ethnisch-kultureller Kriminalität bzw. von Ethno-Clans, sieht also die Ursachen in der Herkunftskultur. Was wir hier bei uns sehen, ist der Zusammenprall grundsätzlich verschiedener Kulturen, meine Damen und Herren! (…) Wir müssen den massiven Angriff orientalischer Großfamilien auf uns und unseren Rechtsstaat abwehren. Nur so können wir unsere Kultur und Identität bewahren. Sie sind die Voraussetzung unserer Freiheit. Wir wollen nicht orientalisiert werden, meine Damen und Herren! Das muss einmal deutlich gesagt werden. Ethnie, Kultur und Identität – das werden die Themen der nächsten Jahrzehnte sein.*« (Deutscher Bundestag, 19. Wahlperiode, Protokoll 107. Sitzung, S. 13113 f.) Wie Baumann mit dieser ethnopluralistischen Sicht die ganz ähnlichen Strukturen etwa der italienischen Mafia erklärt, deren orientalische Herkunft zumindest bisher verborgen geblieben ist, bleibt sein Geheimnis.

3.
Veränderte Themen – verstärkter Gegenwind
Herbst 2019 bis Sommer 2020

Zur Halbzeit der Wahlperiode stand die AfD im Bundestag mehr als erfolgreich da. Sie hatte sich als lautstarke Opposition etabliert, die immer wieder mit skandalösen Auftritten von sich Reden machte und die politischen Gegner in Bedrängnis brachte. Und sie hatte einen weiteren Radikalisierungsschritt zur extremen Rechten vollzogen, ohne dass ihr das spürbar an den Wahlurnen schadete. Ganz im Gegenteil: Mit den Wahlerfolgen in Brandenburg (23,5 Prozent), Sachsen (27,5 Prozent) und Thüringen (23,4 Prozent) im Herbst 2019 konnte sich die AfD in Ostdeutschland nachhaltig mit Stimmanteilen einer Volkspartei etablieren. Von den mehrheitlich dem »Flügel« angehörenden Landesverbänden wurde das als Beleg für den Erfolg ihrer völkischen Programmatik ins Feld geführt. Allerdings war die weitere Etappe bis zum Sommer 2020 durch eine Reihe von Problemen und politischen Entwicklungen gekennzeichnet, die den erhofften weiteren Aufstieg der Partei nachhaltig bremsten.

Klimaleugnung und rechter Terror

Vier Jahre nach dem Sommer der großen Flüchtlingsaufnahme rückte dieses zentrale Thema der AfD im Bundestag Stück für Stück aus den Schlagzeilen und wurde durch andere Themen ersetzt. An erster Stelle ist hier der Klimawandel und die sich etablierende weltweite Bewegung Fridays for Future zu nennen. Zielsicher stellte sich die AfD konträr zur generellen Positionierung aller anderen Parteien auf und bestritt jede Form eines menschengemachten Klimawandels, womit sie sich auch gegen alle aus dem Klimawandel abgeleiteten Maßnahmen aussprach.

In bekannter Manier ging es der AfD im Bundestag darum, die Klimapolitik als weiteren Baustein in einem angeblich geplanten Umbau der Gesellschaft darzustellen und ihre Verfechter als verblendet, psychopathisch, von fremden Mächten gesteuert vorzuführen. Von der »bedauernswerten Greta«, einem »am Asperger-Syndrom leidenden bedauernswerten Kind« war da die Rede.

Der rechtsextreme und antisemitisch motivierte Anschlag in Halle im Oktober 2019, bei dem der Täter ein Blutbad in einer Synagoge anrichten wollte, zwei Menschen erschoss und mehrere Menschen verletzte, und der rassistische Anschlag in Hanau im Februar 2020, bei dem der Täter neun Menschen mit Migrationsgeschichte erschoss, brachten die AfD nachhaltig in die Defensive. Zu offensichtlich stand die Frage im Raum, ob Hass und Hetze von Seiten der AfD auch über solche Taten einen Widerhall in der Gesellschaft fänden. Die AfD im Bundestag war stark darum bemüht, diese Anschläge nach Kräften zu entpolitisieren und sie als Einzeltaten psychisch Kranker darzustellen. »Der geistig gesunde Mensch reagiert auf Missstände, indem er die AfD wählt«, so Gottfried Curio im Bundestag. Eine weitere Reaktion der AfD bestand in einer rabiaten Hetze gegen die politische Linke und einem veritablen Antikommunismus, der nicht nur gegen Linke und Grüne, sondern auch gegen SPD und Union in Stellung gebracht wurde, denen die AfD den heimlichen Plan zum Aufbau eines Sozialismus unter Verwendung von Stasimethoden unterstellten.

Verfassungsschutzbeobachtung und Corona-Krise

Das änderte jedoch nichts daran, dass das Bundesamt für Verfassungsschutz unter seinem neuen Präsidenten Thomas Haldenwang zunächst den völkischen »Flügel« der AfD und dann die Partei in Gänze zum Prüffall und, bezogen auf die Teilorganisationen, später zum Verdachtsfall einer rechtsextremen Ausrichtung erklärte. Antifaschist*innen waren auf diese Erkenntnis des Inlandsgeheimdienstes nicht angewiesen, für die Reputation der AfD hatte sie jedoch weitreichende Folgen und heizte den Flügelstreit der Partei kräftig an. Mit dem Parteiausschluss des wichtigsten Organisators und Multifunktionärs Andreas Kalbitz durch eine von Jörg Meuthen organisierte Mehrheit im Parteivorstand nahm dieser Streit erst richtig Fahrt auf.

Mitten in diese Phase fiel die Wahl eines FDP-Ministerpräsidenten (Thomas Kemmerich) in Thüringen mit den Stimmen der AfD. CDU und FDP begingen hier den – allerdings schlecht – kalkulierten Tabubruch, der in der Konsequenz die CDU ihre Vorsitzende Annegret Kramp-Karrenbauer kostete. Im Bundestag schlug sich diese Entwicklung in aufgeregten Debatten nieder, bei denen die AfD auf der einen Seite die Kanzlerin beschuldigte, demokratische Entscheidungen auszuhebeln, auf der anderen Seite aber einer sich von Merkel befreienden Union deutliche Angebote für bürgerliche Mehrheiten rechts der Mitte machte.

Mit Beginn der Corona-Krise ab März 2020 dominiert ein gesundheitspolitisches Thema weltweit die Öffentlichkeit, für das der AfD keinerlei Kompetenzen zugebilligt wurden. Nach anfänglicher Zustimmung zu den Corona-Maßnahmen der Regierung vollzog die AfD im April 2020 einen vollständigen Wechsel ihrer Position und stellte sich an die Seite der Corona-Skeptiker, -Leugner und Querdenker. Hier wurden von der Fraktion im Bundestag alle Verschwörungsmythen befeuert, die sie schon beim »Großen Austausch« und beim Klimathema verbreitet hatte. Soros und Gates als Nutznießer der Krise, Corona als Verschwörung der Eliten und die Propagierung eines »Widerstandsrechts« gegen die diktatorischen Maßnahmen der Regierung waren die Reaktionen der AfD im Bundestag. Erfolgreich war sie damit zunächst nicht, denn im Frühjahr 2020 rutschte sie in den Umfragen erstmals seit der Bundestagswahl 2017 unter die 10-Prozent-Marke.

Sitzungswoche 10.-13. September 2019
Am Abend der Landtagswahlen in Brandenburg und Sachsen sagte der AfD-Fraktionsvorsitzende Alexander Gauland in der Talkshow Anne Will in der ARD auf entsprechende Vorhaltungen: »Nennen Sie mir eine Rede im Bundestag, die völkisch ist. Ich kann mit dem Begriff auch überhaupt nichts anfangen.« Was soll man auch von einem Partei- und Fraktionsvorsitzenden erwarten, der seinem Parteikameraden Andreas Kalbitz trotz erwiesener Nazivergangenheit attestiert, »*genauso bürgerlich*« zu sein wie er selbst? Aber auch wenn Gauland vorgibt, nicht zu wissen was völkisch ist – seine und die Schlussfolgerung der AfD-Fraktion aus den Landtagswahlen ist offensichtlich: mehr davon.

Bei Gauland hört sich das in der sogenannten Elefantenrunde der Haushaltsdebatte so an: »*Wie Deutschland im Kleinen, so ist Europa im Großen gespalten, entlang derselben Bruchlinien zwischen Ost und West, zwischen Globalisten und Partikularisten. Zumindest für die europäische Politik ist die Migrationsfrage nach wie vor das entscheidende Thema. Es wird immer deutlicher, dass die Verfestigung der supranationalen EU-Strukturen und die Förderung der Migration nach Europa zusammengehören. Es ist die Zange, in welche die Nationen und Nationalstaaten so lange genommen werden sollen, bis von den europäischen Demokratien nur noch Potemkinsche Dörfer übrig sind. Deswegen wird jeder Migrationskritiker verteufelt, deswegen werden Schlepperhelfer zu Helden stilisiert, und deswegen wird der Öffentlichkeit suggeriert, man könnte die Migrationsrouten nicht schließen. Über die Verteilung der Migranten innerhalb der EU sollte sich nach dem Willen der Bundeskanzlerin jedes europäische Land der Massenzuwanderung öffnen. Ist erst einmal die relative Homogenität der europäischen Völker aufgelöst, löst sich allmählich auch der nationale Zusammenhalt auf und der Nationalstaat kann durch eine neue internationale, übernationale Struktur ersetzt werden. Das wird ohne eine Umerziehung der nach wie vor in ihren nationalen Klausuren lebenden, denkenden und fühlenden Völker nicht funktionieren. Diese Umerziehung erleben wir täglich. Sie beginnt in den Schulen, sie er-*

gießt sich über die Werbung und endet abends in den ›Tagesthemen‹.« (Deutscher Bundestag, 19. Wahlperiode, Protokoll 111. Sitzung, S. 13644) Planmäßige Zerstörung »homogener Völker«, Auflösung der Nationalstaaten, Umerziehung der Bevölkerungen durch systematische Propaganda – die zentrale These der völkischen Rechten von der »Umvolkung« wird von der AfD im Bundestag Woche für Woche verbreitet.

Während Gauland den weichen Tonfall bevorzugt, treten Ideologen wie der Abgeordnete Markus Frohnmaier aggressiver auf. Konkrete Feinde werden von ihm genannt – die UNO, Soros, Kirchen- oder Parteivertreter. Der Siegestaumel nach den Landtagswahlen ist ihm noch anzumerken, denn die Gewissheit, schon bald reale politische Macht in diesem Land ausüben zu können, wird von vielen AfD-Kadern ausgestrahlt: »*Als die UN 2015 den Fahrplan für die Transformation unserer Welt, die Agenda 2030, verabschiedete, schossen die Kosten durch die Decke. Der Finanzierungsbedarf wird auf insgesamt 5 bis 7 Billionen US-Dollar geschätzt.(…) Im Rahmen dieser sozialistischen Eine-Welt-Ideologie wollen Sie unser Geld in den globalen Süden transferieren. Dabei machen Sie sich das kollektive Trauma der Merkel'schen Grenzöffnung von 2015 zunutze. Vertreter Ihrer Regierung drohen ganz offen: Wenn der deutsche Steuerzahler nicht für die Bildung, die Gesundheit und neuerdings sogar die Arbeitsplätze in Afrika aufkommt, dann kommt Afrika zu uns. Das ist die Logik eines Schutzgelderpressers. Meine Damen und Herren, in Berlin wüten zwei Stämme: die Araberclans und die GroKo. (…) Wer profitiert also? Die wirklichen Profiteure sitzen in der linken Entwicklungshelferindustrie. Die Profiteure heißen Soros, Bedford-Strohm und SPD-Aussteiger Thorsten Schäfer-Gümbel. Die Profiteure, das sind Politiker und Prominente, über die niemand mehr spricht, bis sie sich in eine Traube fröhlicher afrikanischer Kinder begeben und dort fotografieren lassen. Als AfD-Fraktion stehen wir für die Beendigung dieser Politik. Wir wollen die Rückabwicklung der Agenda 2030. (…) Was diese Regierung für den Dieselmotor ist, werden wir für die linke Helferindustrie sein. Wir werden sie abschaffen.«* (Ebd., S. 13706)

Die drohende Rezession wird von der Fraktion genutzt, um ihre Politik der ›Klimaleugnung‹ zu legitimieren. Trotz 20 Jahren neoliberaler Politik im Interesse zentraler Kapitalfraktionen und einer von der Bundesregierung ganz Europa aufgedrückten Austeritätspolitik sieht Alice Weidel eine »im Kern« sozialistische Ideologie am Werk: »*Die Schwierigkeiten, in die die deutsche Wirtschaft und damit das ganze Land hineinrutscht, sind die Folge Ihrer verhängnisvollen und wirtschaftsfeindlichen Politik, einer im Kern grün-sozialistischen Ideologie, die unser Land ruiniert und seiner Zukunftsfähigkeit beraubt. Diese Regierung trägt die Verantwortung für die Demontage der Autoindustrie durch Klimaschutzwahn und E-Auto-Planwirtschaft. Sie ruinieren unser Land mit der absurden Idee, gleichzeitig aus Atomenergie und Kohleverstromung aussteigen zu können und zu einem fiktiven Datum in nicht allzu ferner Zukunft – typisch Planwirtschaft! – das Land* CO_2*-neutral zu machen.*« (Deutscher Bundestag, 19. Wahlperiode, Protokoll 111. Sitzung, S. 13615) Gezielt wird von Weidel an der Angstschraube gedreht, denn Angst und Unsicherheit sind der Boden, auf dem die AfD ihre politischen Botschaften sät: »*Wir werden bei gleichbleibender Entwicklung eine Staatsschulden- und Bankenkrise erleben, Hyperinflation und anschließend eine Währungsreform, bei der die Menschen alles verlieren werden.*« (Ebd., S. 13616)

Sitzungswoche 25.-27. September 2019

Drei Themenblöcke mit Blick auf die AfD waren für diese Parlamentswoche kennzeichnend: Die Versuche, sich in der Klimadebatte als Partei der Autofahrer und der durch die Energiewende belasteten Mittelschichten darzustellen; die ideologischen Versatzstücke einer völkischen und Neuen Rechten, die die Fraktion in verschiedenen Debattenpunkten immer wieder bedient und die der verbalen und leider auch realen Munitionierung einer gesellschaftlichen extremen Rechten dienen, und schließlich die Versuche, sich auch sozialpolitisch als Anwalt der kleinen Leute darzustellen, die jedoch durch das reale Verhalten der AfD konterkariert werden.

Mit der Klimaleugnerposition versucht die AfD ein Alleinstellungsmerkmal in einer Debatte zu reklamieren, die ihr prinzipiell zuwiderläuft, weil das Thema Klima den national bornierten Standpunkt der Partei für alle sichtbar in Frage stellt und das Thema Flucht weiter in den Hintergrund rückt. Umso aggressiver die verbalen Attacken aus der Fraktion. Hauptfeindbild ist Greta Thunberg, die von den AfD-Abgeordneten durchweg als krankes Kind beschrieben wird. Karsten Hilse spricht von der »*bedauernswerten Greta*«, deren Rede vor der UNO »*die typische Ausdrucksweise eines am Asperger-Syndrom leidenden bedauernswerten Kindes*« sei. Diejenigen, die »*das Kind wiederholt ins Rampenlicht zerren*«, würden seine »*Kindheit zerstören*« und machten sich »*moralisch des Kindesmissbrauchs schuldig. (…) Sie treten die Würde dieses Kindes mit seiner Zurschaustellung mit Füßen.*« (alle Zitate: Deutscher Bundestag, 19. Wahlperiode, Protokoll 115. Sitzung, S. 13968)

Greta Thunberg ist im Herbst 2019 sechzehn Jahre alt. Sie ist kein Kind, sondern eine politisch engagierte Teenagerin. Hilse dagegen will sie als krank, minderbemittelt und im Grunde nicht zurechnungsfähig darstellen. Krankheitsmetaphern und die Pathologisierung politischer Gegner gehören zum Repertoire der extremen Rechten. Insofern werden Vertreter*innen einer konsequenten Klimapolitik als »Klimahysteriker« und »Klimasekte« bezeichnet.

Der zweite Strang der AfD-Reaktion auf die Klimadebatte ist der Versuch, Mittelschichten und abhängig Beschäftigte in einen Gegensatz zum Thema Klimaschutz zu bringen. Der Abgeordnete Martin Reichardt führt das in seiner Rede vor: »*Seitdem aber in Deutschland der nüchterne politische Sachverstand dem Regierungsdogma ›Greta diktiert, Merkel pariert‹ (…) gewichen ist, verläuft die wahre Spaltung in Deutschland zwischen den grün-urbanen Besserverdienenden und denen, die sich nicht um einen erfundenen Weltuntergang Gedanken machen, sondern die sich darum Gedanken machen müssen, wie viel Geld am Monatsende noch auf dem Konto ist, meine Damen und Herren.*« (Ebd., S. 13959) Dass es vor allem ärmere Bevölkerungsschichten sind, die unter den gesundheitlichen Folgen der Klimaveränderung leiden, interessiert die AfD nicht.

Eine militante Form des Antikommunismus wird von der AfD immer wieder ins Plenum getragen, häufig verbunden mit massiven Formen der Geschichtsfälschung. Anlass bot in dieser Woche die Debatte um die Überführung der Stasiunterlagen ins Bundesarchiv, zu der die AfD zusätzlich eine Aktuelle Stunde beantragt hatte. Gegen die Position aller anderen Fraktionen, der BStU-Behörde selber und der übergroßen Mehrheit der Bürgerrechtler*innen will die AfD auch weiterhin die Überführung der Unterlagen ins Bundesarchiv verhindern. Unverkennbar zielt diese Positionierung eher auf das antikommunistische Publikum im Westen als auf die AfD-Anhänger in Ostdeutschland, die dieser Reduzierung der DDR auf »Stasi« eher skeptisch gegenüberstehen könnten.

Marc Jongen, Chefideologe des historischen Revisionismus, versucht – wie schon des Öfteren –, Sozialismus und Faschismus als zwei Formen linker Diktaturen erscheinen zu lassen: »*Die Hinterlassenschaften der sozialistischen Diktatur, der zweiten auf deutschem Boden, sollen im Giftschrank eingeschlossen und einem weisungsgebundenen Beamten unterstellt werden.*« (Deutscher Bundestag, 19. Wahlperiode, Protokoll 115. Sitzung, S. 14035) Dann geht es ihm darum, das Fortbestehen der DDR in der Bundesrepublik zu behaupten, um das »Widerstandsmotiv«, das die AfD in den aktuellen Wahlkämpfen spielt, zu rechtfertigen. »*Aber die Rache der DDR an der Bundesrepublik ist heute an sehr vielen Stellen zu konstatieren. Die Bundesregierung beispielsweise fördert die Amadeu-Antonio-Stiftung mit Millionenbeträgen, die sich die Zensur des Internets und die Diffamierung und Ausgrenzung aller, die sich der Multikulti-Staatsdoktrin nicht unterwerfen wollen, zur Aufgabe gemacht hat. Die Vorsitzende dieser Stiftung, Frau Anetta Kahane, war schon zu DDR-Zeiten als IM Victoria für die Stasi in Sachen Bürgerbespitzelung aktiv. Ein Skandal in Permanenz ist das, und das ist nur ein Beispiel für die gespenstische Wiederkehr von DDR-artigen Verhältnissen in dieser Republik unter Frau Merkel. (…) Cui bono? Wem nützt es? Könnte es sein, dass in Zeiten schrumpfender Volksparteien ein Klima geschaffen werden soll, in dem auch Koalitionen mit den geistigen und materiellen Erben der Mauerschützenpartei SED, nämlich mit der Linken, den Bürgern schmackhaft gemacht werden sollen?*« (Ebd.)

Nach Jongen bietet der Abgeordnete Stephan Brandner in derselben Debatte die vulgäre Variante des gleichen Inhalts. Brandner scheut auch nicht vor der Aneinanderreihung von Unwahrheiten und platten Lügen zurück, die aber immerhin einen Blick in diese Gedankenwelt ermöglichen: »*Der Sozialismus in all seinen Schattierungen ist eine zutiefst verbrecherische und menschenverachtende Ideologie, eine Ideologie, die noch niemals und nirgendwo auf dieser Erde Gutes bewirkt hätte und dies auch niemals tun wird, eine Ideologie, die immer und stets, wenn sie Staatsideologie war, verbrannte Erde hinterlassen hat, eine zugrunde gerichtete Umwelt hinterlassen hat, ermordete, gebrochene, drangsalierte und schikanierte Menschen zum Ergebnis hatte. (…) Meine Damen und Herren, die DDR mit ihrer Staatspartei SED, deren Fortsetzer und Profiteure heute hier als Die Linke immer noch sitzen, war die zweite verbrecherische sozialistische Diktatur auf deutschem Boden, die rote Diktatur nach der braunen Diktatur. Die Spitzel- und Drangsalierungstruppen der SED – vulgo Die Linke – rekrutierten sich aus den Spitzel- und Drangsalierungstruppen der NSDAP und der Gestapo. (…) Die Stasi ist immer noch präsent und regiert in Deutschland wieder mit. (…) Die Linke, die so tut, als hätte sie Menschenrechte, Demokratie und Freizügigkeit erfunden: In Wahrheit waren Sie die letzte Partei in Deutschland, die auf Flüchtende mit Maschinenpistolen hat schießen lassen wie auf Karnickel. Sie sollten sich schämen und ausziehen aus diesem Bundestag. Sie haben hier nichts verloren. Das war ein großer historischer Fehler in der DDR, Ihren Misthaufen nicht zu verbieten; das sage ich Ihnen.*« (Deutscher Bundestag, 19. Wahlperiode, Protokoll 115. Sitzung, S. 14043)

Dem Abgeordneten Frohnmaier blieb es in dieser Woche vorbehalten, das »Umvolkungsphantasma« der extremen Rechten im Bundestag zu bedienen, dieses Mal am Beispiel der UN-Agenda

2030, mit der die UNO eine nachhaltige Entwicklung weltweit befördern will – für Frohnmaier ein Angriff auf »die Völker«: »*Ohne Einverständnis der Völker soll mit der Agenda 2030 unser Planet mit jakobinischem Eifer transformiert werden. Die Agenda 2030 setzt sich insgesamt aus 17 Zielen und 169 Unterzielen zusammen. Sie hat den totalen Anspruch – von der Wirtschaft über die Umwelt bis hin zum Denken der Menschen –, alle herrschenden Verhältnisse, also alles, was wir als normal begreifen, umzuwerfen. Die Agenda 2030 ist der Kommunismus des 21. Jahrhunderts.*« (Deutscher Bundestag, 19. Wahlperiode, Protokoll 115. Sitzung, S. 14159) Natürlich spricht sich Frohnmaier gegen das Ziel aus, Armut – immerhin eine zentrale Fluchtursache – weltweit zu beseitigen: »*Jegliche Armut zu beseitigen, würde bei fast 8 Milliarden Menschen auf der Erde verlangen, dass der gesamte Wohlstand durch staatliche Nötigung und Ausbeutung der Bürger in den Industrieländern umverteilt werden müsste. Der globale Norden, also auch Deutschland, müsste bis ans Ende aller Tage für den globalen Süden bezahlen. (…) Die Deutschen sind zusammen mit den anderen Völkern Europas die Gefangenen und müssen für ihren Wohlstand büßen.*« Schließlich gibt er sich einem Strudel drastischer Angstphantasien hin: »*Der UN-Migrationspakt ist die Pestbeule der Agenda 2030. (…) Würde Dante heute leben, würde er im innersten Kreis der multilateralen Hölle die Agenda 2030 finden. (…) Sie möchten unsere Welt in einen multikulturellen Gulag verwandeln.*« (Ebd., S. 14160) Ganz eindeutig sind solche Worte für manche Menschen Aufforderungen zu Taten.

Sitzungswoche 16.-18. Oktober 2019

Der antisemitisch motivierte rechtsterroristische Anschlag in Halle lag als Schatten über den Debatten der vergangenen Sitzungswoche des Bundestages. Beschämende Äußerungen aus der AfD-Bundestagsfraktion zum Anschlag und die Einschätzung, die AfD sei verantwortlich für das gesellschaftspolitische Klima, in dem ein solcher Anschlag stattfände, waren Gegenstand von mehreren Debatten.

Neben deutlich antisemitischen Äußerungen (Wolfgang Gedeon, MdL Baden-Württemberg) und Formen der Holocaustrelativierung (Höcke, Gauland) ist es vor allem ein struktureller Antisemitismus, der sich bei der AfD sowie bei den meisten Parteien dieses Typs findet. Im Bundestag zeigt er sich in der Woche für Woche vorgetragenen Rede von einer »Umvolkung«, vom geheimen Plan häufig nicht näher benannter Eliten, die deutsche Bevölkerung durch die massenhafte Ansiedlung »kulturfremder« Menschen auszutauschen und aus Deutschland ein »Siedlungsgebiet« ohne Staatsnation zu machen. Diese Erzählung bedient das uralte antisemitische Stereotyp des großen Strippenziehers, der heimlich und ausgestattet mit ungeheurer Macht, Völker und Nationen auslöscht. Auch die AfD nutzt zur Personifizierung immer wieder den Namen George Soros. Rechtsterroristische Attentäter wie Breivik (Oslo), Tarrant (Christchurch/Neuseeland) oder Stephan B. (Halle) sehen sich als Widerständler gegen solcherart behauptete Verschwörungen.

Der AfD geht es beim Anschlag von Halle vor allem darum, die extrem rechte Motivation zu leugnen und Antisemitismus als Ausdruck linker Ideologie oder des Islamismus erscheinen zu lassen.

Für Aufsehen sorgte der Vorsitzende des Rechtsausschusses, Stephan Brandner, der einen Tweet verbreitete, in dem u.a. gefragt wurde, warum deutsche Politiker mit Kerzen vor Moscheen und Synagogen »herumlungerten«, wo die Opfer doch Bio-Deutsche seien (was Juden demnach nicht sein können)? In einem zweiten (eigenen) Tweet beschimpfte Brandner den ehemaligen stellvertretenden Vorsitzenden des Zentralrats der Juden, Michel Friedman, der im Fernsehen über »Judenhass und Menschenhass« der AfD gesprochen hatte. Neben dem Deutschen Anwaltverein und dem Deutschen Juristinnenbund forderten auch die anderen Fraktionen des Bundestags in der Sitzung des Rechtsausschusses dieser Woche Brandner zum Rücktritt auf.

Fraktionschef Gauland, der für die AfD in der vereinbarten Debatte zum antisemitischen Anschlag in Halle sprach, wollte sich trotz mehrfacher Aufforderung nicht von Brandner distanzieren.

Für das gesellschaftspolitische Klima, in dem solche Anschläge stattfinden könnten, so Gauland weiter, trage nicht die AfD, sondern trügen jene die Verantwortung, die für eine Willkommenskultur in diesem Land stünden: »*Man kann nüchtern feststellen, dass es seit der Ausrufung der Willkommenskultur 2015 zu einer gewaltigen Radikalisierung und Spaltung der gesamten Gesellschaft gekommen ist. Für diese allgemeine Radikalisierung haben jene die Ursache gesetzt, die in einem historisch beispiellosen Akt mehr als 1,5 Millionen unserer Kultur fremder Menschen ins Land gelassen haben.*« (Deutscher Bundestag, 19. Wahlperiode, Protokoll 118. Sitzung, S. 14407) Strategisch ging es Gauland darum, den Antisemitismus von der politischen Rechten zum Islamismus zu schieben: »*Denn während wir angeblich nur für irgendein Klima verantwortlich sind, sind Sie für reale Zustände verantwortlich, für den Import des muslimischen Antisemitismus.*« (Ebd., S. 14408)

Dieser Strang wurde von Beatrix von Storch weiter ausgebaut, die in derselben Debatte Antisemitismus vor allem zu einem Problem der Linken machen wollte, um die politische Rechte von jedem Antisemitismus freizusprechen: »*Linksextremisten und Rechtsextremisten sind siamesische Zwillinge, und es gibt zwischen ihnen eine ganz große Klammer, nämlich ihren gemeinsamen Hass auf Israel und ihr Antisemitismus. Dieser Antisemitismus ist kein Randphänomen gewaltbereiter Extremisten. Er kommt aus der Mitte des linksliberalen Milieus, aus linksliberalen Leitmedien und aus dem linken Kulturbetrieb. Die vergiften das gesellschaftliche Klima. Das ist der Boden, auf dem der Terror wächst. (…) Das linksliberale Establishment diffamiert den jüdischen Staat, befeuert den Antisemitismus und verharmlost den Islamismus. Der primitive, gewaltbereite Antisemitismus von Rechts- und Linksextremisten ist das hässliche Spiegelbild der linksliberalen Israelfeindschaft und des linksliberalen Antisemitismus.*« (Ebd., S. 14416)

Vergröbert und vulgärer wurde diese Argumentationsfigur auch vom Abgeordneten Martin Sichert in einer Debatte zur Entschädigung von Opfern u. a. von Gewalttaten genutzt. Bar jedes Zusammenhangs mit dem Debattenthema führt er aus: »*Wissen Sie, was Linksextremisten, Rechtsextremisten, Islamisten und die Bundesregierung gemeinsam haben? Die Befeuerung des Antisemitismus und des Kampfes gegen Israel. Reden wir doch mal Klartext: Wenn Sie Antisemitismus nicht propagandistisch ausschlachten können, stören Sie sich doch überhaupt nicht daran. Ganz im Gegenteil: Bei den Vereinten Nationen stimmen Sie ständig der Verurteilung Israels zu und befeuern so auch den Antisemitismus in Deutschland.*« (Deutscher Bundestag, 19. Wahlperiode, Protokoll 119. Sitzung, S. 14751) Ohne es zu wissen, bedienen Sichert und auch von Storch antisemitische Wahrnehmungen, indem sie Juden prinzipiell mit Israel gleichsetzen. Kritik an Israel ist Kritik an Juden, womit diese zu einer homogenen Gruppe werden.

Sitzungswoche 23.-25. Oktober 2019

Die Auseinandersetzung mit der AfD wird im Bundestag vor allem auf der Folie der Extremismustheorie geführt. Trotz der aktuellen Debatten über die Bedrohung des Rechtsterrorismus beharren Union und FDP, in Teilen aber auch SPD und Grüne, auf der inhaltsleeren Gleichsetzung von rechts und links unter dem Stichwort »Extremismus«. Die Funktion der Eingrenzung des legitimen politischen Raums auf die vermeintliche Mitte ist klar, verkennt aber bewusst, dass die AfD eben ein Produkt dieser politischen Mitte ist, der ja Stichwortgeber wie Sarrazin und Protagonisten wie Gauland, Weidel, von Storch und weitere 90 Prozent etwa der Bundestagfraktion der AfD entstammen.

So war die von der FDP beantragte Aktuelle Stunde »Meinungsfreiheit in Deutschland verteidigen«, die die ganz unterschiedlich motivierte Verhinderung von Auftritten des ehemaligen Innenministers de Maizière in Göttingen, von Bernd Lucke in Hamburg und von Christian Lindner ebenfalls in Hamburg zum Thema hatte, ein Geschenk für die AfD und ihre Opferinszenierung. Ihr Redner Martin Reichardt nutze diese Vorlage genüsslich aus: »*Die Verantwortlichen für den Verlust an Meinungsfreiheit in Deutschland, meine*

Damen und Herren, die sitzen hier im Deutschen Bundestag. Ich muss es in aller Deutlichkeit sagen. Ich klage Linke, Grüne und SPD an, für dieses Klima in Deutschland verantwortlich zu sein. Sie – Sie! – sind die Gesinnungstotalitaristen, die im jakobinischen Wahn jeden als ›Rassisten‹ und ›Nazi‹ diffamieren, der Kritik an Masseneinwanderung oder Migrationsfolgen oder schlicht an Ihrem totalitären Weltbild übt, meine Damen und Herren, und das ist sehr traurig. (…) Gewalt ist Teil der linken politischen DNA. (…) Meine Damen und Herren, das deutsche Volk stellt Ihnen allen ein verheerendes Urteil aus. Sie sind mit Ihrem unklaren Verhältnis zur Gewalt die Totengräber der Meinungsfreiheit und damit letztlich der Demokratie in Deutschland. Aber – das will ich Ihnen auch ganz klar sagen – trotz Antifa-Gewalt und Staatsmillionen für linke Hetze werden Sie das Volk verlieren, so wie Sie es 1989 trotz Mauer und Stasi verloren haben. Ich sage Ihnen jetzt zum Abschluss: Wir als AfD, wir sind die Partei, die sich immer gegen jede Form von Extremismus und Antisemitismus gewandt hat. Das ist unsere politische DNA.« (Deutscher Bundestag, 19. Wahlperiode, Protokoll 120. Sitzung, S. 14835 f.)

Sitzungswoche 6.-8. November 2019

Zum ersten Mal in 70 Jahren Bundestag könnte es zur Abwahl eines Ausschussvorsitzenden kommen. Stephan Brandner aus der AfD war, soviel konnte man wissen, von Anfang an ungeeignet für den Vorsitz des Rechtsausschusses. Dennoch wurde er im Januar 2018 von der Mehrheit im Ausschuss gewählt (die Abgeordneten der Linken haben gegen ihn gestimmt). Jetzt sind sich die Angehörigen aller Fraktionen des Ausschusses außer der AfD einig, dass Brandner nicht länger tragbar ist. Für Mittwoch, 13. November steht ein Abwahlantrag auf der Tagesordnung des Rechtsausschusses.

Gleich drei Aktuelle Stunden machten in dieser Woche die AfD direkt, ihre zentralen Themen oder die von ihr maßgeblich zu verantwortende Verschärfung des gesellschaftlichen Klimas zum Thema. Öffentlich skandalisiert wurde aber vor allem das Verhalten der AfD in der Debatte zum Thema »30 Jahre Mauerfall«, in der Tino

Chrupalla offensichtlich schon einmal eine Bewerbungsrede für die mögliche Übernahme des Parteivorsitzes nach einem etwaigen Abgang Gaulands hielt. Während die AfD Woche für Woche gegen Migrantinnen und Migranten hetzt, ohne damit noch größere Aufmerksamkeit außerhalb ihrer Kreise zu erzielen, nimmt die bürgerliche Presse Beleidigungen der Regierungschefin noch zur Kenntnis. Nach wie vor ist Bundeskanzlerin Merkel das Lieblingsfeindbild der AfD. Nachdem Chrupalla Faschismus, Weltkrieg und Shoah als Hintergrund der deutschen Teilung unerwähnt ließ und diese als »*Entzweiung des deutschen Volkes*« und Symbol der »*Fremdherrschaft durch zwei Weltmächte, die unser Land im Herzen Europas für ihren Kalten Krieg einspannten*« einordnete, widmete er sich Merkel. »*Die Einheit bescherte uns auch neue Politiker, zum Beispiel die amtierende Kanzlerin Angela Merkel. Ich bedaure, dass sie uns nicht verrät, welche Herrschafts- und Zersetzungsstrategien sie damals bei der FDJ gelernt hat. Wie man ein Volk mit Agitation und Propaganda in Schach hält, ist wertvolles Wissen, das uns dabei helfen könnte, den Riss zu kitten, der heute wieder durch Deutschland geht. Wie haben Sie es eigentlich geschafft, Frau Merkel, dass heute wieder ein antifaschistischer bzw. ein antideutscher Trennwall unser Land zerteilt? Diese Entwicklung fällt in Ihre Amtszeit. Dafür sind Sie verantwortlich. Oder glauben Sie etwa, dass Ihren Untertanen Ihre vielen Mikroaggressionen gegen alles Deutsche entgangen sind? Ich kann auch kaum glauben, dass eine Frau so wenig Mitgefühl und Liebe zu dem Volk empfindet, das sie selbst regiert und repräsentiert.*« (Deutscher Bundestag, 19. Wahlperiode, Protokoll 125. Sitzung, S. 15565 f.)

»Hassrede und Hasskriminalität« wurden von der Koalition zum Thema einer Aktuellen Stunde gemacht, die die AfD-Redner nicht zu Unrecht auf sich und ihre Anhängerschaft bezogen. So ging es Marc Jongen vor allem darum, Hass und Hetze im Netz als berechtigten Ausdruck des Zorns über die verfehlte Politik der »Altparteien« darzustellen: »*In Ihren Initiativen gegen Hassrede und Hasskriminalität geht es aber um etwas ganz anderes. Sie instrumentalisieren und missbrauchen diese Fälle, um ein System der Unterdrückung der freien Rede, der Zensur und der Angst in diesem Land zu installieren, um politisch Andersdenkende mundtot zu machen.«* (Deutscher Bundestag, 19. Wahlperiode, Protokoll 124. Sitzung, S. 15349) Der Nazimord an Walter Lübcke, der Anschlag von Halle und die Bedrohungen zahlreicher Politiker und Politikerinnen werden von Jongen bagatellisiert: »*Die wenigen schweren Straftaten halbirrer Extremisten greift man begierig auf, um die Gefahr des Rechtsextremismus maßlos aufzubauschen und in beispielloser Weise vor allem gegen unsere Rechtsstaatspartei, die AfD, zu hetzen.*« (Ebd.) Und schließlich: »*Nicht die AfD sät Hass in Deutschland, wie Sie behaupten. Wir geben dem gerechten Zorn im Land einen zivilen, einen parlamentarischen Ausdruck.*« (Ebd., S. 15351) Den »zivilen« Ausdruck dieses »gerechten Zorns« kann man tatsächlich Woche für Woche im Parlament studieren, wenn die AfD Menschen mit einem bestimmten Migrationshintergrund pauschal zu Verbrechern, Vergewaltigern und Messerstechern stempelt.

Sitzungswoche 13.-15. November 2019

Dass die AfD keine Alternative ist, ist hinlänglich bekannt. Dass sie sich bis heute als Außenseiter des Politikbetriebs inszeniert und als fundamental anders als die »Altparteien« beschreibt, ist eine gewinnträchtige Attitüde, die jedoch durch ihr konkretes politisches Agieren immer wieder als Fake entlarvt werden müsste – was leider viel zu wenig passiert. Nirgends wird das deutlicher als im weitgefassten Feld der Sozial-, Steuer- und Arbeitsmarktpolitik. Hier ist die AfD eine reaktionär-bürgerliche, wirtschaftsliberale Partei, die im Verbund mit FDP und CDU nicht Alternativen vertritt, sondern für ein »Weiter so« des nationalen Wettbewerbsstaates steht.

Steuervergünstigungen für Besserverdienende, marktradikale Wettbewerbspolitik, Begünstigung von Einkommensmillionären, Unterstützung dubioser Geldwäschepraktiken und immer wieder die Drangsalierung von Langzeitarbeitslosen und die Einschränkung des Sozialstaates – das sind die »Alternativen«, die die AfD in der vergangenen Sitzungswoche im Parlament anbot.

Mit FDP und CDU steht sie für eine sofortige und vollständige Abschaffung des Solidaritätszuschlags. Die GroKo ist diesem Ansinnen nahegekommen, hat aber – auf Druck der SPD – die oberen Einkommensgruppen von dieser vollständigen Entlastung ausgenommen. Genau für diese Gruppen macht sich die AfD stark und will im Einklang mit der FDP auch sie vollständig entlasten. Die steuerlichen Ausfälle in Milliardenhöhe könnten, so hatte es schon Frau Weidel geäußert, durch Einsparungen im Bereich Arbeit und Soziales ausgeglichen werden. Kay Gottschalk von der AfD sieht in der Beibehaltung des Soli für die oberen Einkommensklassen »*eine verdeckte Vermögenssteuer*« (Deutscher Bundestag, 19. Wahlperiode, Protokoll 127. Sitzung, S. 15785), gegen die sich die AfD programmatisch ausgesprochen hat.

Derselbe Kay Gottschalk rückt auch beim Thema »Verbesserung der Wettbewerbsfähigkeit der deutschen Wirtschaft« die AfD eng an die Seite der FDP: »*Anstatt über weitere Steuerarten wie beispielsweise die Luftverkehrsteuer nachzudenken, könnten wir hier im Deutschen Bundestag doch tatsächlich einmal den Weg der FDP einschlagen und darüber nachdenken, wie man den Gürtel enger schnallen kann, also bei der Ausgabenseite anzufangen. Mir würden viele Ausgaben einfallen, an die wir zusammen herangehen könnten.*« (Ebd., S. 15812) Um noch einmal zu unterstreichen, dass die AfD im Gleichschritt mit und ohne jede Alternative zur vorherrschenden Wirtschaftspolitik ist, macht Gottschalk den bürgerlichen Parteien direkte Avancen: »*Meine Damen und Herren von der CDU, wenn Sie wirklich Unternehmenspolitik machen wollen, dann schauen Sie nach rechts von Ihrer Fraktion. Das können Sie mit unserer Fraktion – da sitzen vernünftige Wirtschaftsfachleute –, das können Sie mit der FDP und mit Ihren Leuten machen; aber Sie glauben doch nicht ernsthaft, mit denen dort drüben, links, Unternehmenspolitik gestalten zu können.*« (Ebd.)

›Der Staat muss nicht alles wissen‹ – diese Maxime wird von der AfD vor allem dann vertreten, wenn es um unklare Geldflüsse und Geldgeschäfte geht. Schon im Grundsatzprogramm sprach sie sich gegen die konsequente Verfolgung von Steuerbetrügern aus. Im Bundestag lehnt sie jetzt mit dem Verweis auf mögliche Bespitzelung der Bürgerinnen und Bürger eine EU-Geldwäscherichtlinie ab. Für Stefan Keuter ist sie gleich Ausdruck des Sozialismus: »*Die Geldwäscherichtlinie, die vom Europäischen Parlament und vom Europäischen Rat vorgegeben wurde, biegt links ab. Europa biegt links ab. Deutschland zahlt, und Deutschland folgt in den Sozialismus.*« (Deutscher Bundestag, 19. Wahlperiode, Protokoll 127. Sitzung, S. 15921) Fabio De Masi von der Linken verdeutlicht, wohin die Vorstellungen der AfD führen: »Herr Keuter, auch das muss hier gesagt werden: Sie sollten den Wählerinnen und Wählern verraten, dass die Kriminalbeamten in der Anhörung sagten, dass mit den Ideen der AfD ein Schutzraum für Terrorgelder, Kinderpornografie und Menschenhandel geschaffen wird. Ihre Wählerinnen und Wähler haben einen Anspruch, das zu erfahren.« (Ebd., S. 15924)

Während die AfD also bei Vermögenden und Superreichen sehr großzügig ist und sie von jeder staatlichen Bedrängung freihalten will, sieht sie es bei den Menschen am unteren Ende der sozialen Leiter ganz anders. Ihnen begegnet die AfD mit generellem Misstrauen und plädiert für Einschränkungen und scharfe Sanktionen. Das Urteil des Bundesverfassungsgerichts, die drastischen Sanktionen gegen Hartz-IV-Empfänger verstießen gegen die Verfassung, wird von der AfD bedauert, die Anträge von Linken und Grünen dazu werden abgelehnt. Für Norbert Kleinwächter sind diese Menschen vor allem potenzielle Betrüger und Sozialschmarotzer: »*Die Grünen und die Linken sind geradewegs auf dem Weg ins Paradies. Sie wollen soziale Garantien ohne Sanktionen. Sie wollen also auf Deutsch übersetzt, dass Hartz-IV- und Sozialhilfeempfängern rein gar nichts passiert, wenn sie Termine schwänzen, wenn sie keinen Bock auf Arbeit haben und wenn sie auf Steuerzahlerknete ausschlafen.*« (Ebd., S. 15839)Weiter bedient Kleinwächter das Bild der sozialen Hängematte und macht das, was die AfD immer tut – die Subalternen gegeneinander ausspielen, um den Blick von denen ganz oben abzulenken: »*Wenn die Sanktionsmechanismen allerdings fehlen, wird* *es zu nichts anderem als einem bedingungslosen Grundeinkommen, einem bedingungslosen Faulheitseinkommen. Das finden wir nicht gut. Wer einmal da angekommen ist, ist doch mit den zahlreichen Vergünstigungen besser versorgt. Er ist besser versorgt als mancher Selbstständige, besser versorgt als manche Reinigungskraft, besser versorgt als manche Altenpflegehilfe nach anstrengenden Arbeitstagen.*« (Ebd., S. 15840) Gerade vor einem Monat hat sich die AfD im Bundestag gegen einen Gesetzentwurf zur besseren Entlohnung und stärkeren Tarifbindung in der Pflege ausgesprochen, jetzt führt sie die zu geringen Entlohnungen in diesem Bereich an, um sie gegen Hartz-IV-Bezieher*innen ins Feld zu führen.

Sitzungswoche 26.-29. November 2019

In der folgenden Woche lädt die AfD-Bundestagsfraktion zu einer Veranstaltung ein, in der sie die Vorzüge des deutschen Kolonialismus – vor allem für die davon betroffenen Länder – hervorheben will. Während die Fraktion für gewöhnlich die Position nationaler Selbstbestimmung und kultureller Homogenität vertritt, macht sie bei der Frage der Vorherrschaft des weißen Mannes schon mal eine Ausnahme. Auch im Rahmen der Haushaltsdebatten der vergangenen Sitzungswoche war diese Position von Seiten der AfD zu hören.

So klagte der Abgeordnete Markus Frohnmaier, einer der Organisatoren der oben angeführten AfD-Veranstaltung, darüber, dass seit den 1960er Jahren zwei Billionen Dollar an Entwicklungshilfe in Afrika »versickert« seien. Das Geld, so Frohnmaier, solle besser in Deutschland eingesetzt werden: »*Und lernt die Bundesregierung daraus? Nein. Ihre Politik ist die Politik eines Süchtigen. Sie sind süchtig danach, die Schuld der gesamten Welt auf die Schultern der Industriestaaten zu laden als Buße für die drei Ks, die drei Säulen der weißen Schuld: Kolonialismus, Kapitalismus und – neuerdings – Klimawandel. Herr Müller und seine Heerscharen von Helfern sind süchtig danach, die Welt zu vergewohltätigen. (…) Deshalb wollen wir 4 Milliarden Euro in Ihrem Etat, Herr Müller, einsparen. Geld, das in Deutschland gebraucht wird. Geld, das hier investiert werden muss. Geld, das bei unserem Bürger hier in Deutschland ankommen muss.«* (Deutscher Bundestag, 19. Wahlperiode, Protokoll 130. Sitzung, S. 16367)

Auch bei Alexander Gauland ist Afrika ein Thema – hier vor allem als Gefährdung durch unkontrollierte Bevölkerungsvermehrung: »*Die Bevölkerung Afrikas wächst derzeit alle zwölf Tage um 1 Million Menschen. Die knapp 2 Millionen Migranten, die wir seit 2015 aufgenommen haben, sind dort in einem halben Monat nachgeboren worden. Dagegen hat ein direkt in Afrika ausgegebener – oder noch besser: investierter – Euro nach den Worten des Entwicklungshilfeministers Gerd Müller die 30-fache Wirkung wie ein in Deutschland eingesetzter.«* (Ebd., S. 16269) Konsistenz in den Positionen sieht sicher anders aus. Während Frohnmaier Gelder für Afrika kürzen will, will Gauland sie explizit dort investiert sehen.

Sozialpolitisch gibt nach wie vor die Fraktionsvorsitzende Alice Weidel die Richtung vor. Aktienbesitzer, Goldkäufer, Gutverdiener und Hausbesitzer – das sind die primären Zielgruppen für Weidel. Ihnen bietet sie die bekannten Rezepte des Neoliberalismus an: »*Was der Staat zu viel einnimmt, muss den Bürgern zurückgegeben werden. Gerade weil Deutschland in die Rezession schlittert, müssen die Fesseln gelockert werden (…). Nachdem Sparbücher und Lebensversicherungen als Anlageformen bereits ruiniert sind, wollen Sie als Nächstes die Käufer von Aktienfonds über eine Finanztransaktionssteuer schröpfen, die nur die Kleinsparer und -anleger trifft. (…) Wer von Negativzinsen in riskantere Anlageformen getrieben wird, der soll künftig seine Verluste nicht mehr steuerlich geltend machen können, sogar rückwirkend nicht – das muss man sich einmal vorstellen! Damit nicht genug: Anonyme Goldkäufe sollen drastisch eingeschränkt werden.«* (Ebd., S. 16292 f.) Goldkäufer und Aktienzocker – das sind die »kleinen Leute«, für die die AfD Politik macht. Nicht zu vergessen natürlich die Hausbesitzer – vom Einzelheim bis zum Wohnungskonzern: »*Wie Rot-Rot-Grün in Berlin derzeit den Wohnungsmarkt mit Mietobergrenzen, Enteignungsdrohungen und faktischen Einheitsmieten ruiniert, ist von DDR-Verhältnissen nicht mehr weit entfernt. Was die SPD auf Bundesebene plant, ist nicht besser:*

massive Eingriffe in das Privateigentum durch Mietendeckel und Einschränkungen bei der Umlegung von Modernisierungskosten.« (Ebd., S. 16293)

Sitzungswoche 9.-11. Dezember 2019

Nachdem die AfD-Fraktion die Veranstaltung zu den ›guten Seiten‹ des deutschen Kolonialismus in der letzten Woche durchgeführt hat,[22] hat sie mit einem Antrag »Die deutsche Kolonialzeit kulturpolitisch differenziert aufarbeiten« thematisch nachgelegt. (Drs. 19/15784) Hier heben der Antragsteller Marc Jongen und die Fraktion hervor, dass die deutsche Kolonialzeit dazu beigetragen habe, Afrika aus »archaischen Strukturen zu lösen«, dass es sich bei den deutschen Massakern an den Herero und Nama um »unverhältnismäßige Härten und Grausamkeiten« gehandelt habe, dass es aber »keinen Anlass für Entschädigungszahlungen« gäbe. Beklagt wird, dass die »gewinnbringenden Seiten der deutschen Kolonialzeit erinnerungspolitisch keinen Niederschlag finden« – womit nicht die ökonomische Ausbeutung der Länder gemeint ist. Zwölf Seiten und 74 Fußnoten voller Ungeheuerlichkeiten, auf denen die AfD sich zum Anwalt des ›weißen Mannes‹ macht, der seine Zivilisationsleistung während des Kolonialismus endlich gewürdigt sehen will.

Als weiteres Beispiel, wohin die Reise mit der AfD geht, wenn sie erstmal Anfragen und Anträge in reale Politik umsetzen kann, verweise ich auf den Antrag »Opferbereitschaft deutscher Soldaten anerkennen – Einführung eines Verwundetenabzeichens in der Bundeswehr«. (vgl. Drs. 19/15736) Verstärkte Sichtbarmachung des Militärs in der Gesellschaft und Anerkennung von Kampf und Männlichkeit als zentrale Tugenden ist das Ziel.

Einige dieser Themen spiegelten sich auch in der Parlamentswoche wider, so der Antrag zur »Opferbereitschaft deutscher Soldaten«. Jens Kestner nutzt seine Rede für ein Bekenntnis zum Mi-

22 Vgl. Schamhafter Versuch der AfD, den deutschen Kolonialismus zu rehabilitieren, in: Neue Zürcher Zeitung, 12.12.2019, nzz.ch [Abruf: 2.12.2021].

litarismus preußischer Prägung: »*Herr Präsident! Werte Kolleginnen und Kollegen! Liebe Besucher auf den Tribünen, Zuschauer vor den Fernsehbildschirmen, Kameraden in den Kasernen der Einsatzgebiete und deren Familien! ›Die Armee ist die vornehmste aller Institutionen in jedem Lande; denn sie allein ermöglicht das Bestehen aller übrigen Einrichtungen. Alle politische und bürgerliche Freiheit, alle Schöpfungen der Kultur, der Finanzen stehen und fallen mit dem Heere.‹ Das sagte zu seiner Zeit Otto Fürst von Bismarck. Ersetzen Sie in der heutigen Zeit die Begrifflichkeit ›Heer‹ mit der Bundeswehr.*« (Deutscher Bundestag, 19. Wahlperiode, Protokoll 133. Sitzung, S. 16609)

Waffenträger genießen bei der AfD hohes Ansehen, weshalb sie sich vehement gegen die in dieser Woche verabschiedete Verschärfung beim Waffenrecht aussprach. Das von der AfD kampagnenmäßig betriebene Thema der »Messerangriffe« wird auch im Gesetz der Bundesregierung berücksichtigt und die Möglichkeit von Waffen- und Messerverbotszonen geschaffen. Dass passt dem AfD-Redner Martin Hess aber auch nicht, weil es sich um allgemeine und nicht ethnisch auf Muslime spezifizierte Verbotszonen handelt – die er im Innenausschuss noch gefordert hatte: »*Derart sozialisierte Personen können Sie nicht mit Waffenverbotszonen beikommen. Da hilft nur eines: Sofort abschieben und am besten gar nicht erst in unser Land lassen! Wir brauchen keine Waffen- und Messerverbotszonen. Wir brauchen endlich eine Kurskorrektur in der Migrationspolitik.*« (Deutscher Bundestag, 19. Wahlperiode, Protokoll 135. Sitzung, S. 16858)

Sitzungswoche 18.-20. Dezember 2019

Wenig spektakuläre Debatten kennzeichneten die letzte Sitzungswoche des Jahres und auch von Seiten der AfD gab es vor allem die Wiederholung sattsam bekannter Ressentiments. Nach zwei Jahren AfD im Bundestag hat sich ein Gewöhnungsprozess eingestellt, der zwar nicht dazu führt, die AfD-Reden unkommentiert oder unwidersprochen zur Kenntnis zu nehmen, aber zu einer – verständlichen – Routine im Umgang mit der Fraktion beiträgt. Was das für das mögliche Einsickern ideologischer Versatzstücke der Rechten in die Debatten bedeutet, bleibt abzuwarten.

Für das völkische Weltbild der AfD ist die in Deutschland eingeschränkt mögliche doppelte Staatsbürgerschaft eine Provokation. So zielen viele ihrer Vorstöße darauf, diese, wo eben möglich, rückgängig zu machen. Die Debatte um die Rückkehr islamistischer Terroristen, die aus Deutschland z. B. nach Syrien gegangen sind und auch die deutsche Staatsangehörigkeit haben, scheint ihr dafür ein guter Anlass, wie ihr »Gesetz zum Verlust der deutschen Staatsbürgerschaft bei Eintritt in eine terroristische Organisation« zeigt. In der Begründung des Antrags bezieht sich die AfD auf Hans-Georg Maaßen, der schon vor zehn Jahren die Aberkennung der Staatsbürgerschaft in der Terrorismusbekämpfung gefordert hatte. Friedrich Straetmanns von der Linken macht in seiner Rede die ideologische Linie, in die sich die AfD stellt, deutlich: »Interessant ist da besonders ein Terminus, den er in diesem Kontext verwendet, nämlich der des ›nominell deutschen Staatsangehörigen‹. In diesem technisch daherkommenden Begriff spiegelt sich Ihre Ideologie, und das macht es so folgerichtig, dass Sie Herrn Maaßen immer wieder als Kronzeugen heranziehen: Deutsch ist, wer seit Generationen hier lebt. Wer auf anderem Wege deutscher Staatsbürger geworden ist, der kann maximal ›nominell deutsch‹ werden, aber niemals so richtig hierhergehören. Dieses Denken in Gesetze zu gießen, ist falsch, und wir werden stets dort, wo es uns als Linke möglich ist, dagegen angehen.« (Deutscher Bundestag, 19. Wahlperiode, Protokoll 137. Sitzung, S. 17152)

Sitzungswoche 15.-17. Januar 2020

Aufsetzungszeiten im Bundestag zeigen an, wie wichtig dem jeweiligen Einbringer der Initiative das Thema ist. Zentrale Themen sollen in der Kernzeit am Donnerstagvormittag platziert werden, um die größtmögliche Chance medialer Beachtung zu eröffnen. Insofern war die Aufsetzung des AfD-Antrags »Finanzielle Lasten der Migrationspolitik umfassend offenlegen« (Drs. 19/16488) in diesem

Zeitfenster nur folgerichtig, denn nach wie vor ist dieses Thema der maßgebliche Treiber der Fraktion.

Schon der Titel macht klar, worum es der AfD geht: Migrantinnen und Migranten als Kostenfaktor und Last der deutschen Steuerzahler/innen: »*Unbegrenzt Geld für Migration, aber der deutsche Arbeitnehmer, der Jahrzehnte einzahlt, bekommt nichts Anständiges mehr heraus! Das ist pure Abzocke. Das lassen sich die Bürger nicht länger gefallen*« – so die Quintessenz der Rede von Gottfried Curio. (Deutscher Bundestag, 19. Wahlperiode, Protokoll 140. Sitzung, S. 17469) Aber Curio nutzt ein ganzes Stakkato an Zahlen und Behauptungen, die zu entwirren, widerlegen, einzuordnen viel Mühe und Aufwand kostet, die aber dem AfD-Anhänger als schnelles, zahlenbewehrtes Argument im Alltagsgespräch dienen sollen. Da wird munter mit Summen hantiert: »*1.000 Milliarden*« habe die bisherige Migrationspolitik laut Hans-Werner Sinn gekostet, um gleich danach die jährlichen Kosten mit »*50 Milliarden*« anzugeben. Die Bundesregierung bezifferte die Kosten für das Jahr 2018 – nach Überzeugung von Fachleuten unseriös und zu hoch – auf 23 Mrd. Euro, eine Summe die von Curio gleich mal verdoppelt wird. Erst in der Rede von Gesine Lötzsch (Die Linke) erfährt man, dass in diesen 23 Mrd. Euro auch die Bundeswehreinsätze etwa in Afghanistan stecken, die hier nicht als Ausdruck imperialer Ansprüche Deutschlands, sondern als Fluchtursachenbekämpfung ausgegeben werden. Nicht wenige Fachleute sehen in den westlichen »Menschenrechtskriegen« einen der zentralen Fluchtgründe.

Die weiblichen Abgeordneten der AfD sind in den letzten Wochen fast unsichtbar geworden, jetzt durfte Nicole Höchst zum fraktionsübergreifenden Antrag »Mehr Frauen in den Deutschen Bundestag – Kommission zur Erarbeitung von Vorschlägen für gesetzliche Regelungen und weiteren Maßnahmen« reden. »*Warum müssen ausgerechnet in den Parlamenten mehr Frauen sein?*«, das war die Leitfrage von Höchst, die sie klar negativ beantwortete: »*Weil sie bessere Politik für Frauen machen? Meine Damen, Sie machen sich lächerlich. Überwiegend Herren haben all dem zugestimmt, was wir heute als Errungenschaften für Frauen feiern.«* (Deutscher Bundestag, 19. Wahlperiode, Protokoll 140. Sitzung, S. 17549) Das ganze Ansinnen, die Frage nach dem Geschlecht überhaupt zum Thema zu machen, wird von Höchst abgelehnt: »*Ihr Ansinnen, meine Damen – das müssen Sie sich leider sagen lassen –, ist ein zutiefst sexistisches, weil es vor die Dämmerung der Frauenbewegung zurückmöchte und Menschen zunächst danach beurteilt, ob sie Holz vor der Hütte haben oder eben nicht.*« (Ebd., S. 17548) Schließlich fordert sie die Männer im Saal dazu auf, sich das nicht länger gefallen zu lassen: »*Meine Herren, wie lange wollen Sie sich eigentlich den Quatsch der neid- und machtgetriebenen Quotenpolitik allein zu Ihren Lasten noch gefallen lassen?*« (Ebd., S. 17549)

Sitzungswoche 29.-31. Januar 2020

Bemerkenswert für die aktuelle politische Ausrichtung der AfD war die Rede von Tino Chrupalla zum Jahreswirtschaftsbericht 2020 der Bundesregierung. Die AfD formuliert hier ein Angebot an die Teile der Bevölkerung, die sich durch die anstehenden Veränderungen im Zuge der Klimakrise und die Umbrüche in Wirtschaft und Gesellschaft verunsichert fühlen und nach einer politischen Kraft suchen, die sie von diesem Veränderungsdruck und den damit verbundenen Ängsten befreit. Der behaupteten Notwendigkeit eines »gigantischen Wandels« stellt Chrupalla die Frage gegenüber, ob es sich dabei nicht um einen von interessierter Seite inszenierten Fake handelt: »*Jetzt wissen wir, was mit Strukturwandel eigentlich gemeint ist – Zitat –: ›Transformationen von gigantischem, historischem Ausmaß‹. Das waren ihre Worte. Diese Transformationen müssen stattfinden, weil sich ›die gesamte Art des Wirtschaftens und des Lebens, wie wir es uns im Industriezeitalter angewöhnt haben‹, grundlegend verändern wird. So die Prophezeiung der Kanzlerin. (…) Was, wenn das alles ein Riesenspuk ist, an dem sich große Player eine goldene Nase verdienen, während man einem Großteil der Menschheit die materiellen, sozialen und geistigen Lebensgrundlagen entzieht?*« (Deutscher Bundestag, 19. Wahlperiode, Protokoll 143. Sitzung, S. 17844 f.)

Bemerkenswert ist, dass es Chrupalla nicht bei dieser Gegenüberstellung belässt, sondern ein Dialogangebot formuliert: »*Die Kanzlerin hat erfreulicherweise auch Verständnis dafür, dass noch nicht alle Menschen in Deutschland davon überzeugt sind oder, wie Herr Altmaier gerade sagte, es noch nicht kapiert haben, dass diese dramatischen Veränderungen wirklich notwendig sind und auch noch mit Steuermitteln finanziert werden müssen. Sie plädierte in ihrer Rede in Davos sogar dafür, dass wir miteinander sprechen und ›die Emotionen mit den Fakten versöhnen‹. – Das haben Sie schön gesagt, Frau Merkel. Das finde ich auch. Das ist es ja, was Menschen wie mich in die Politik getrieben hat: Wir vermissen die Dialogbereitschaft auf der Seite derjenigen, die an dieser großen Transformationsidee festhalten und jeden Preis dafür zu zahlen bereit sind, die wie besessen unsere gewohnte Lebensumwelt umkrempeln wollen und gar nicht zu wissen scheinen, was sie dort eigentlich tun. Ist diese Idee vom großen Strukturwandel, von der gigantischen Transformation der Welt wirklich zu Ende gedacht? Oder ist es wieder nur der alte Traum vom irdischen Paradies, der dieser Politik zugrunde liegt und der wie jedes dieser Projekte in der Vergangenheit an der Realität scheitern wird? Auch wir von der AfD finden, dass es Zeit ist, miteinander zu sprechen. Ich bin zu diesem Dialog bereit. Es muss allerdings ein ergebnisoffener Dialog sein.*« (Ebd., S. 17845) Ohne Zweifel spricht Chrupalla damit eine Erwartung größerer Teile der AfD-Wähler*innenschaft aus.

Sitzungswoche 12.-14. Februar 2020

Die Thüringer Ereignisse, die Wahl eines Ministerpräsidenten mit den Stimmen von FDP, CDU und AfD am 5. Februar, überschatteten die gesamte Parlamentswoche im Bundestag. Von der AfD wurde dies vor allem dazu genutzt, Demokratie und Parlamentarismus zu diskreditieren und eine Parallelisierung von Bundesrepublik und DDR in ihrem Endzustand zu zeichnen. Befeuert werden soll damit eine Abwendung vom politischen System, das als undemokratisch, volksfern und kurz vor dem Kollaps stehend charakterisiert wird, womit die im rechten Milieu vorherrschenden Vorstellungen eines nahenden »Tages X«, auf den man sich vorbereiten müsse, weiter angeheizt werden.

AfD-Abgeordnete nutzten von der Fragestunde bis zu thematisch völlig anderen Debatten jede Gelegenheit, um vor allem die Hassfigur Nr. 1 der Partei, Kanzlerin Merkel, anzugreifen. So beginnt der Abgeordnete Hemmelgarn seine Rede zum Thema »Verlängerung der Mietpreisbremse« folgendermaßen: »*Zunächst möchte ich sagen, dass ich dankbar dafür bin, heute hier sprechen zu dürfen, dankbar dafür, dass meine Wahl nicht rückgängig gemacht wurde, wie das jetzt offenbar zur Demokratiesimulation der Bundesregierung gehört. Ich freue mich auch, dass die Kollegen von der Union wohl noch vollzählig sind und niemand im Zuge einer Säuberungsaktion aus dem Parteikader geflogen ist. Man muss mittlerweile dankbar sein für den kläglichen Rest der Meinungsfreiheit, der diesem Land geblieben ist. Im Jahr 15 der Regentschaft der ehemaligen FDJ-Sekretärin Angela Merkel ist unser Staat nicht nur auf dem Weg in eine sozialistische Mangelwirtschaft, sondern zeigt auch repressive Tendenzen, die einem Angst und Bange machen. Anders als die Kanzlerin meint, ist die Meinungsfreiheit nicht schon dann gegeben, wenn man ihr in einer Podiumsdiskussion eine kritische Frage stellen darf und dafür noch nicht verhaftet wird. Als AfDler ist man derzeit froh, wenn man von öffentlichen Veranstaltungen unbeschadet nach Hause kommt und den linksextremen Schlägertrupps der Antifa entgeht, die wahrscheinlich aus dem Regierungsprogramm ›Demokratie leben!‹ finanziert werden. Angeheizt wird der Kampf gegen uns ›subversive Elemente‹ dann vom ›Schwarzen Kanal‹ der Staatssender.*« (Deutscher Bundestag, 19. Wahlperiode, Protokoll 147. Sitzung, S. 18361)

In der von der Linken beantragten Aktuellen Stunde zur Ministerpräsidentenwahl in Thüringen wird diese Linie von Alexander Gauland fortgesetzt, aber auf das ideologische und machtpolitische Dilemma der Union zugespitzt: »*Nicht normal ist es in einer Demokratie, das Ergebnis ›rückgängig‹ zu machen, wie die Kanzlerin es formulierte, weil die abgegebenen Stimmen ideologisch anrüchig erscheinen. Denn Abgeordnete sind in ihrem Abstimmungsverhalten frei. Nicht einmal*

Walter Ulbricht wäre hier Frau Merkel gefolgt. Bei dem galt noch die Parole: Wir müssen alles in der Hand haben, aber es muss demokratisch aussehen. – Und das hier sieht nicht mal demokratisch aus.«

Sodann zielt Gauland auf den Teil der Union, der sich – nicht nur in Thüringen – »bürgerliche« Mehrheiten mit der AfD sehr wohl vorstellen kann, die aber durch eine Ausgrenzung der AfD verbaut würden: »*Wenn das gilt, liebe bürgerliche Kollegen, werden Sie künftig häufig auf Görlitzer Koalitionen, also alle gegen einen, zurückgreifen müssen, was uns nur stärker macht. Ob Sie das alles wirklich durchdacht haben? (…) Der nächste Schritt dürfte dann sein, dass das Kooperationsverbot mit der Linken aufgehoben wird, wie es Herr Günther fordert. Ich fürchte, Herr Günther setzt sich eher durch als Herr Ziemiak denn – so seine Logik – die Hufeisentheorie sei falsch, man könne die AfD nicht mit der Linken vergleichen. Stimmt, an einem Ende des Hufeisens steht eine demokratische Volkspartei, am anderen Ende stehen die Erben der Mauermörder, die noch immer Enteignung und Sozialismus fordern. Sollte die CDU, anders als Herr Ziemiak jetzt sagt, diesen Weg gehen und beispielsweise Bodo Ramelow ins Amt verhelfen, ›dann wüsste wirklich niemand mehr, wofür die Christdemokraten stehen‹, wie es der Kommentator der ›Welt‹ formuliert hat. Meine Damen und Herren, uns kann das nur recht sein. Wir wären dann die einzige Oppositionspartei, und die Union würde die SPD auf dem Weg in die Bedeutungslosigkeit begleiten. (…) Schade nur, liebe Kollegen von der CDU, dass dann eine bürgerliche Mehrheit auf lange Zeit keine Machtoption mehr sein dürfte.*« (Deutscher Bundestag, 19. Wahlperiode, Protokoll 146. Sitzung, S. 18267 f.)

Thüringen hat gezeigt, dass Gauland hier einem Teil in der CDU aus dem Herzen spricht und die AfD unter seiner Führung wird einiges dafür tun, diesen Teil der CDU zu stärken ohne die eigene Stärke zu gefährden. Insofern richten sich alle Blicke auf die Union, wie lange sie die Barriere nach rechts noch aufrechterhalten will. Immer klarer wird, dass die inhaltsleere Gleichsetzung von rechts und links unter dem Stichwort »Hufeisentheorie« nicht länger haltbar und auch nicht praktikabel ist.

Sitzungswoche 4.-6. März 2020

»*Wir werden uns nicht am herrschenden Gesinnungsgouvernantentum beteiligen. Auch radikale Positionen sind legitim* (...).« Diese Worte des AfD-Fraktionsvorsitzenden Gauland waren programmatisch für die von harten verbalen Auseinandersetzungen geprägte Parlamentswoche im Bundestag.

Die rechtsterroristischen Morde von Hanau am 19.2.2020, die erneute Wahl eines Thüringer Ministerpräsidenten, die sich zuspitzende Corona-Krise, die dramatische Situation der Geflüchteten an der türkisch-griechischen Grenzen und schließlich die Aufregung über Äußerungen des Parteivorsitzenden Riexinger auf einer Strategiekonferenz der Linken sorgten für sehr viele Emotionen, Beschimpfungen und verbale Ausfälle. Von Seiten der AfD ist nicht der Hauch einer Selbstkorrektur ihrer verbalen Hetze zu verzeichnen. Hanau hat hier nicht zu einem Innehalten, sondern zu einer weiteren Zuspitzung geführt.

Die vereinbarte Debatte zum Anschlag in Hanau wurde von einer bemerkenswerten Rede des Bundestagspräsidenten Schäuble eingeleitet, in der er zumindest verbal die Versäumnisse des Staates im Umgang mit der extremen Rechten benannte und die Frage stellte: »Was wäre eigentlich passiert, wenn es sich in Hanau nicht um einen Mordanschlag auf Muslime, sondern um ein islamistisches Attentat gehandelt hätte?« (Deutscher Bundestag, 19. Wahlperiode, Protokoll 149. Sitzung, S. 18550)

Seit dem Anschlag ist die AfD darum bemüht, Tat und Täter in jeder nur möglichen Weise zu entpolitisieren, die Tat als Ausdruck von Psychose und Irrsinn erscheinen zu lassen, für die es nicht den Hauch eines politischen Motivs gäbe. Anlass dieses Bemühens ist die allseits gestellte Frage, ob und wie die von der AfD maßgeblich betriebene Verschärfung des gesellschaftspolitischen Klimas und der von ihr verbreitete Hass auf Zugewanderte in einem Zusammenhang mit Taten wie dem Mord an Walter Lübcke, dem Anschlag von Halle, den Morden von Hanau und den sich immer neu gründenden rechtsterroristischen Gruppierungen im Land steht. Die

AfD antwortet darauf mit der hinlänglich bekannten Opferinszenierung und – so muss man es interpretieren – einer Legitimierung des tatleitenden Rassismus. Kein einziges Wort des Mitgefühls, des Bedauerns, der Bestürzung richten die AfD-Redner an die Hinterbliebenen der Opfer oder die von Rassismus bedrohten Menschen.

Mit Roland Hartwig bot die Fraktion ihren internen »Verfassungsschutzbeauftragten« als ersten Redner auf, mithin eine Person, die in der AfD als »gemäßigt« gilt. Die AfD als Opfer und der Linksextremismus als eigentliches Problem, so beginnt Hartwig seine Rede: »*Wir werden heute wieder viel Einigkeit erleben. Es ist doch schön, nicht wahr, wenn man einen gemeinsamen Feind hat und sich auch einig ist, wo man ihn suchen muss: nämlich rechts. Extremismus aber entwickelt sich an allen Rändern: rechts ebenso wie links. Im Internet tritt er ganz offen in Erscheinung. Er zeigt sich auf der inzwischen verbotenen linksextremen Plattform linksunten.indymedia, auf der regelmäßig zur Gewalt gegen Andersdenkende aufgerufen wurde, oder auch bei linken Strategietreffen, wo darüber fabuliert wird, ein Prozent der Reichen zu erschießen oder ins Arbeitslager zu schicken.*« (Ebd., S. 18552) Steige der »Extremismus«, müsse sich die Politik fragen, was sie falsch gemacht habe. Laut Hartwig liege der Fehler in einer »*Moralisierung*« des politischen Diskurses, was zur Spaltung der Gesellschaft führe: »*Sie selbst haben sie geschaffen, indem Sie den politischen Diskurs auf die moralische Ebene verlagerten – dorthin, wo er Sachargumenten und einer vernunftbasierten Debatte nicht mehr zugänglich ist.*« (Ebd.) Ob Sentenzen wie »*Burkas, Kopftuchmädchen, alimentierte Messermänner und sonstige Taugenichtse*« (Alice Weidel), »*Horden testosterongesteuerter junger Männer aus islamisch geprägten Kulturkreisen*« (Nicole Höchst) oder Begriffe wie »*Asylbehaupter*« und »*kulturfremde Kostgänger*« (Gottfried Curio) Ausdruck dieser »*Sachargumente*« sind, bleibt Hartwigs Geheimnis. Letztlich geht es jedoch um Entpolitisierung bzw. um die Behauptung, es werde bei Deutschen und Ausländern mit zweierlei Maß gemessen, wobei der erste Satz auch als Legitimation für Hass und Hetze gelesen werden kann: »*Aber Sie müssen doch selbst einmal drü-*

ber nachdenken, was Ihr Vorgehen mit dem gesellschaftlichen Klima zu tun hat, in dem der Mord an Walter Lübcke und die schrecklichen Anschläge in Hanau und Halle überhaupt möglich wurden. Wenn in Frankfurt ein Kind vor einen Zug gestoßen wird, dann geht man schnell zum Tagesgeschehen über. Der Täter sei psychisch krank gewesen, heißt es dann. Wenn in Hanau ein psychisch Kranker Menschen erschießt, wird daraus rechter Terrorismus.« (Ebd.)

Gottfried Curio geht einen Schritt weiter, wenn es um die Legitimierung von Rassismus geht. Zunächst will er jedes politische Motiv des Täters beiseiteschieben: »*Er war verrückt, und der AfD soll es in die Schuhe geschoben werden, um das nächste Fehlurteil des Verfassungsschutzes für den Wähler plausibler zu machen. Nein, nicht aus Worten, aus Wahnvorstellungen wurden da Taten.*« (Ebd., S. 18561) Schon einen Absatz später werden den »*Wahnvorstellungen*« rationalisierbare Gründe zugebilligt: »*Was hat ihn zu seiner Wahnsinnstat getrieben? Er sagt: Nach einem miterlebten Banküberfall wurden ihm zu 90 Prozent ausländische Verdächtigenprofile vorgelegt. – Das wird Schlüsselerlebnis. Deshalb ganze Völker auslöschen zu wollen – er nennt über 20 Länder –, diese krankhafte Übersteigerung ist gerade das Wahnhafte. Der geistig gesunde Mensch reagiert auf Missstände, indem er die AfD wählt.*« (Ebd.) Kriminelle Ausländer seien also schuld am Wahn, der jedoch nur eine »*krankhafte Übersteigerung*« ist. »*Geistig gesunde Menschen*« würden ihren Rassismus also mit der AfD ausleben. So gesehen bestätigt Curio, dass der Täter ohne die »*Übersteigerung*« bei der AfD gut aufgehoben gewesen wäre.

Rassismus, Hetze und Angst braucht die AfD wie die Luft zum Atmen. Die Corona-Krise konnte und könnte der Partei noch weiter viel Potenzial für ihre Propaganda bieten. In der Bundestagsdebatte zum Thema machte die Fraktionsvorsitzende Alice Weidel nur spärlich Gebrauch von den Möglichkeiten, Krankheit und Zuwanderung miteinander zu verbinden: »*Wir benötigen systematische Einreisekontrollen an den Grenzen, die die Bundesregierung leider bis heute ablehnt. Österreich kann Züge stoppen, Italien kann Mig-*

rantenschiffe unter Quarantäne stellen; aber Deutschland lässt die Grenzen unkontrolliert. Die ungelöste Migrationskrise verschärft sich aktuell dramatisch. Im Nahen und Mittleren Osten wütet das Virus besonders heftig. Und ausgerechnet jetzt setzt die Türkei Zehntausende Migranten von dort nach Europa in Marsch. Trotzdem klammert sich die Bundesregierung an das Dogma der offenen Grenzen. Diese Starrsinnigkeit verschlimmert die Infektionsgefahr und kann Leben kosten.« (Deutscher Bundestag, 19. Wahlperiode, Protokoll 148. Sitzung, S. 18441)

Die Lage an der türkisch-griechischen Grenze und die steigende Zahl an Geflüchteten an der EU-Außengrenze ist Wasser auf die Mühlen der AfD. Nicht dramatisch genug kann die Lage von ihr gezeichnet werden – aber nicht für die Geflüchteten, sondern für das »bedrohte« Europa. Marc Bernhard führt für die AfD aus: *»Selbst Herr Seehofer sagt: Wir werden ein zweites 2015 erleben. – Laut türkischer Regierung haben sich bereits mehr als 80 000 Migranten auf den Weg gemacht, die griechische Grenze zu stürmen, weitere dreieinhalb Millionen sitzen auf gepackten Koffern, und Experten rechnen damit, dass durch die aktuelle Lage diese Zahl auf bis zu 6 Millionen ansteigt. Das sind weitere 6 Millionen Menschen auf der Suche nach Wohnungen, Schulen und Kitaplätzen. Sie zündeln hier also am sozialen Frieden in unserem Land.«* (Ebd., S. 18502) So schnell kommt man von einigen Tausend auf sechs Millionen, die, so suggeriert es Bernhard, alle nach Deutschland wollen.

Die Situation der Geflüchteten war Thema einer weiteren Debatte und Beatrix von Storch macht hier deutlich, dass sie von ihrer Position, notfalls auch auf Geflüchtete schießen zu lassen, nicht abgerückt ist: *»Die Griechen schützen heute an der Grenze zur Türkei das Recht gegen die Gewalt, die Freiheit gegen die Tyrannei und Europa gegen Erdogan. Das kleine christliche Land am Rande der EU wird von einem skrupellosen Islamisten angegriffen. Unsere Solidarität gehört der griechischen Nation.«* (Deutscher Bundestag, 19. Wahlperiode, Protokoll 149. Sitzung, S. 18628) Gestern waren es noch »die faulen Griechen«, heute sind es Verteidiger des Abendlandes.

Sitzungswoche 11.-13. März 2020

Die Sitzungswoche stand schon ganz im Zeichen der sich in rasendem Tempo aufbauenden Corona-Krise. Für die AfD kam noch die vom Bundesamt für Verfassungsschutz bekanntgegebene Beobachtung des »Flügels« als eindeutig rechtsextremistischer Teilorganisation der AfD hinzu. Auch als Kritiker des Inlandsgeheimdienstes kann man sich darüber freuen, in welche Turbulenzen diese Entscheidung die AfD stürzt, wenngleich sich das Problem AfD nicht auf diesem Weg lösen lassen wird.

Einen mehr als ein Jahr alten Aktionsplan der EU zur »Presse- und Meinungsfreiheit« machte die AfD zum Thema einer Debatte, in der es ihr vor allem um die Behauptung einer weltweiten Verschwörung einer »kulturmarxistischen« Elite zur Kontrolle der Bürgerinnen und Bürger ging. Sehr viel banaler geht es der AfD bei diesen Themen tatsächlich immer um den Erhalt ihres Geschäftsmodells – der freien Hetze und Menschenverachtung auf allen Kanälen. Thomas Ehrhorn durfte diesmal die Weltsicht der AfD präsentieren: *»Erlauben Sie mir einen ganz kurzen Rückblick. Erinnern wir uns an die Studentenunruhen der 68er. An den Universitäten war man sich einig: Man wollte den sozialistischen Umbruch. Damals ist dieser Umsturz gescheitert, und einige glaubten, der Spuk sei damit vorbei. Aber weit gefehlt; denn der Kampf ging weiter, und er wird bis zum heutigen Tag von den Grünen und anderen Kommunisten, die aus den tiefroten Truppen dieser Zeit hervorgegangen sind, weitergeführt. (…) Die Kontrolle der Informationskanäle ist die alles dominierende Waffe im Kampf um den gesellschaftlichen Umbau; denn die Medien sind es, die aus schwarz weiß machen können. Sie können aus einem Ermordeten in Chemnitz Hetzjagden auf Ausländer machen. Sie können selbst aus Analphabeten eine Fachkraft, aus Wirtschaftsmigranten Flüchtlinge und aus Terroristen Aktivisten machen. Wer nun aber glaubt, es ginge hier tatsächlich um Einwanderung oder um Humanität oder gar um die Rettung der Umwelt, dem muss ich an dieser Stelle leider sagen, dass er nicht ansatzweise verstanden hat, welcher Film hier gerade läuft. Denn tatsächlich befindet sich unser Land, ja ganz Europa, in* *der entscheidenden Phase eines kulturmarxistischen Umbruchs, einer Transformation, die, wenn sie denn erreicht ist, allerdings den wenigsten gefallen wird.«* (Deutscher Bundestag, 19. Wahlperiode, Protokoll 153. Sitzung, S. 19080) Solche Verschwörungstheorien lassen auch für den weiteren Verlauf der Corona-Krise noch einiges von der AfD erwarten.

Sitzungswoche 25. März 2020

Unter den außergewöhnlichen Umständen der Corona-Krise schrumpfte diese Sitzungswoche, mit weitreichendsten Entscheidungen zu finanziellen aber auch grundrechtlichen Fragen, auf einen Sitzungstag zusammen. In dieser allenthalben als »Stunde der Exekutive« bezeichneten Situation, war auch von Seiten der AfD wenig prinzipieller Widerspruch zu den Maßnahmen der Bundesregierung zu hören. Zumindest in der Anfangsphase der Krise scheint sich der Bedarf an völkischer Zuspitzung und Verschwörungstheorien auf die Kernklientel der Partei zu begrenzen.[23]

Da die Rolle des starken Staates in dieser Situation schon besetzt ist und für die AfD nicht zur Verfügung steht, hatte und hat man den Eindruck, dass in den wenigen Debatten und Stellungnahmen eher die Marktradikalen und Nationalliberalen zu Wort kommen. So hörte man vom Parteivorsitzenden Meuthen sofort das marktradikale Mantra: Steuern senken, Staat soll sich aus der Wirtschaft raushalten.[24] Auch die Fraktionsvorsitzende Weidel macht sich neben der Einschränkung von Bürgerrechten vor allem Sorgen um die Eingriffe des Staates in die Wirtschaft und das Eigentumsrecht.[25]

23 Zum wechselhaften Umgang der AfD und der gesamten extremen Rechten mit der Corona-Krise vgl. Gudrun Hentges, Gerd Wiegel, Die Instrumentalisierung der Corona-Pandemie durch die extreme Rechte, in: Gudrun Hentges, Georg Gläser, Julia Lingenfelder (Hg.), Demokratie im Zeichen von Corona, Berlin 2021.

24 Vgl. Meuthen/Wolf: Rechtsstaatliche und marktwirtschaftliche Ordnung gelten auch in der Corona-Krise, in: afd.de, 25.3.2020 [Abruf: 1.12.2021].

25 Vgl. Die Lehren aus der Corona-Krise, Gastbeitrag von Alice Weidel, in: jungefreiheit.de, 26.3.2020 [Abruf: 1.12.2021].

In der Debatte zur Bewältigung der Corona-Krise legt Alexander Gauland ein Bekenntnis zum Nationalstaat und zu Grenzkontrollen ab, denn es gälte, »deutsche Interessen« zu wahren: »*Die Regierungspolitik enthält viele Einsichten, die wir für richtig halten und die wir teilen. Man kann also die Grenzen schützen, und wir werden die Regierung bei Gelegenheit daran erinnern. In der Krise schaut die Nation auf den demokratischen Nationalstaat und dessen Handlungsfähigkeit. Europäische Zusammenarbeit kann sie ergänzen, aber nicht ersetzen. Das heißt auch, deutsche Interessen müssen wahrgenommen werden, wie es die Regierung im Falle des Versuchs, eine deutsche Firma amerikanischer Kontrolle zu unterwerfen, richtigerweise getan hat.*« (Deutscher Bundestag, 19. Wahlperiode, Protokoll 154. Sitzung, S. 19121) Ob sich eine weltweite Pandemie tatsächlich vor allem im Nationalstaat bekämpfen lässt, bleibt abzuwarten – die kilometerlangen Staus und die Gefährdung der Versorgung nach der panischen Schließung aller nationalen Grenzen in der EU sprechen nicht dafür. Der agrarpolitische Sprecher der Fraktion, Stephan Protschka, fordert aktuell die Lockerung der Einreisebestimmungen für ausländische Arbeitskräfte, um die Ernte in Deutschland zu sichern. Die Krise treibt merkwürdige Blüten.

Peter Boehringer steht in der Debatte für den marktradikalen Teil der AfD-Fraktion, der, in Übereinstimmung mit Stimmen aus Wirtschaft und FDP, lieber heute als morgen alle Einschränkungen aufheben würde: »*In drei bis vier Wochen wird die erste Spitze – ich betone: die erste Spitze – der Coronapandemie vorüber sein. Die seit einigen Tagen nach langem Zögern der Regierung nun verfügten Maßnahmen des Shutdowns und der Grenzschließungen werden natürlich greifen. Die Intensivstationen werden dann das Schlimmste hinter sich haben. (…) Aber die Regierungshybris der totalen Steuerung und Finanzierung der ganzen Gesellschaft durch einen allgewaltigen Staat ist schon in normalen Zeiten verfehlt, bei der Coronakrise erst recht. Dauerhaft kann nur eine wieder anlaufende Privatwirtschaft die Summen erwirtschaften, die man für eine optimale Gesundheitsversorgung der Menschen benötigt.*« (Ebd., S. 19131 f.)

Sitzungswoche 22.-23. April 2020

Für die AfD läuft es schlecht in der Corona-Krise. Erstmals seit der letzten Bundestagswahl ist die Partei in den Umfragen unter die 10-Prozent-Marke gerutscht. Damit geht es der AfD nicht anders als den anderen Oppositionsparteien, doch der weitere Krisenverlauf könnte auch ihren Themen wieder Zulauf bescheren. Der auf Aktivismus und Aufmerksamkeitssteigerung um jeden Preis gerichtete Politikansatz gebietet der Partei gewisse Formen der Krawallpolitik. So changieren Partei und auch Bundestagsfraktion zwischen Verharmlosung (nur eine Grippe), Verschwörung (China und Bill Gates) und wilder Anklage (völliges Versagen der Regierung auf allen Ebenen).

Für die verkürzte Sitzungswoche hatte sich die AfD-Fraktion für einen Dreiklang aus Öffnungsforderungen, Nationalismus und bekannten rassistischen Ressentiments entschieden. In der Außenwahrnehmung geht die Fraktion jedoch vor allem im Gleichschritt mit der marktradikalen FDP, mit der zusammen sie sich als lautester Verfechter einer generellen Öffnungspolitik und sofortigen Beendigung des Lockdowns positioniert. In ihrem zentralen Antrag zur Corona-Krise (Drs. 19/18738) fordert sie die Aufhebung mehr oder weniger aller Einschränkungen, die Gewerbe, Handel und Produktion betreffen, sofern Hygieneregeln und Abstand eingehalten werden. Während also alles wieder öffnen soll, gilt das explizit nicht für die Außengrenzen der Bundesrepublik. Die Einreisesperren sollen nicht nur aufrechterhalten, sondern auf »Asylbewerber« ausgedehnt werden, womit die Pandemie in der Tat als Hebel zur Aussetzung eines Grundrechts genutzt wird.

In der Aussprache zur Regierungserklärung der Bundeskanzlerin verstieg sich Alexander Gauland zur für eine autoritäre Rechte bemerkenswerten Behauptung, es brauche den Staat in der gegenwärtigen Krise nicht, die Bürger (gemeint sind sicher auch Bürgerinnen) könnten das auch ohne den Staat händeln: »*Die vergangenen Wochen haben eines deutlich gezeigt: Die weit überwiegende Mehrheit in unserem Land geht mit der Ansteckungsgefahr sehr vernünftig und diszipliniert um. Die Menschen halten Abstand voneinander, sie versammeln sich nicht, warten geduldig vor Geschäften, viele tragen Mundschutz. Die Quarantänemaßnahmen laufen längst selbstorganisiert. Der Staat ist dabei weitgehend überflüssig. Es wird also Zeit, die Beschränkung der Grundrechte zu lockern und die Schutzmaßnahmen in die private Verantwortung der Bürger zu überführen. (…) Die Menschen sind vernünftig genug, ihr persönliches Risiko einzuschätzen und sich gegenseitig zu kontrollieren.*« (Deutscher Bundestag, 19. Wahlperiode, Protokoll 156. Sitzung, S. 19300 f.) Während die AfD versucht, sich als Anwältin von Grund- und Freiheitsrechten darzustellen, wird als Beleg zur Behauptung die Regierung habe versagt immer wieder auf den beispielhaften Umgang mit Corona in Ländern wie Südkorea und Taiwan verwiesen: »*Ich darf daran erinnern, dass Länder wie Südkorea, Taiwan und Singapur ohne Lockdown durch die Krise gekommen sind.*« (Ebd.) Ob allerdings die relativ rigide Form der digitalen Überwachung in diesen Ländern mit der von Gauland geforderten staatlichen Zurückhaltung zu verbinden ist, lässt sich bezweifeln.

Absage an europäische Solidarität, Stärkung des Nationalstaats und »Deutschland zuerst« sind die zentralen Folgerungen der AfD aus der Krise. In der Debatte zu den Krisenfolgen für die EU macht Harald Weyel für die AfD deutlich, dass es mit ihr keinerlei Hilfe oder Solidarität für die am schwersten von der Pandemie betroffenen EU-Länder geben wird: »*Deutschland hat seit den 50er-Jahren weltweit geholfen. In den Krankenhäusern werden Franzosen, Niederländer, Italiener behandelt. Was die Grünen meinen, ist aber keine Hilfsbereitschaft, sondern eine Schuldknechtschaft, die uns dauerhaft für die Versäumnisse anderer Staaten in die Haftung nimmt. Wo soll da der Anreiz für die betroffenen Länder sein, in Zukunft besser zu wirtschaften und ihre Gesundheitswesen nicht kaputtzusparen?*« (Ebd., S. 19339) Angesichts der Tatsache, dass u. a. Staaten wie Italien oder Spanien aufgrund der maßgeblich von Deutschland betriebenen EU-Austeritätspolitik allein seit 2011 63-mal von der EU-Kommission zu Kürzungen im Gesundheitsbereich gedrängt wurden, lässt sich eine solche Aussage nur als Zynismus bezeichnen. Das von der AfD schon in der Griechenland-Krise befeuerte Bild der faulen Südeuropäer wird von Weyel wieder aufgewärmt, indem er die »*EU als Reptilienzoo*« beschreibt, »*wo die schlauen Schildkröten längst einen Trick gelernt haben, nämlich sich selbst auf den Rücken zu bugsieren, um dann von den anderen mit allerlei Leckerbissen durchgefüttert zu werden.*« (Ebd.) Demgegenüber sei die AfD »*die Einzige(n), die ein ehrliches Europa ohne Ausbeutung der deutschen Steuer- und Sozialkassen wolle(n), die nicht alles auf dem Altar von schlecht gemachtem Pseudointernationalismus von EU-topia opfern wolle(n).*« (Ebd.)

Sitzungswoche 6.-7. Mai 2020

Natürlich stand diese Sitzungswoche ganz im Zeichen der heftigen gesellschaftspolitischen Debatte zu den Corona-Maßnahmen der Bundes- und Landesregierungen und zur Frage des Tempos der Lockerungen dieser Maßnahmen. Die AfD hat in dieser Debatte nach wie vor keinen einheitlichen Standpunkt, ist aber angesichts der Proteste einer deutlich vernehmbaren Minderheit stark darum bemüht, sich zum Sprachrohr vor allem der Kritiker*innen der Maßnahmen zu machen. Ganz offensichtlich sehen Partei und Fraktion die Gefahr, dass sich eine Protestbewegung etablieren könnte, die nicht von der AfD dominiert wird oder gar in Konkurrenz zu ihr entsteht. War die Kritik der AfD im Bundestag im März noch darauf gerichtet, Pandemie-Maßnahmen, Schulschließungen und Lockdown erfolgten viel zu zögerlich und langsam, kritisiert sie nun in Teilen diese Maßnahmen als völlig überzogen und unnötig. Die Spanne in der Fraktion zwischen Corona-Verharmlosern und solchen, die die Pandemie grundsätzlich ernst nehmen, ist groß.

Die Parlamentsdebatten nutze die AfD, um grundsätzliche Positionen mit dem Pandemie-Thema in Einklang zu bringen: Grenzen dicht, nationale Abschottung und Rückkehr zur traditionellen Familie, um außerhäusige Betreuung von Kindern und älteren Menschen möglichst zu vermeiden. Letzterer Punkt wurde von Nicole Höchst in der Debatte zum Thema Kita-Öffnung vertreten. Die

Pandemie habe gezeigt, dass nur das traditionelle Familienbild mit einem Haupternährer und häuslicher Kinderbetreuung krisenfest sei: »*Unsere sogenannte moderne Gesellschaftsordnung mit zwei arbeitenden Elternteilen, mit vielen Alleinerziehenden und ohne direkten Anschluss von Großeltern, stattdessen mit frühestmöglicher Fremdbetreuung, ist einer Pandemie nicht gewachsen. (…) Der Weg, der seit Jahrzehnten beschritten wurde, wird nun von der Realität bloßgestellt als das, was er ist: die drohende, durch die Pandemie vollendete Zersetzung von Familie, freiheitlicher Gesellschaft, Wirtschaft und Staat. – Die traurige Wahrheit ist doch, dass aus dem Luxus für Frauen, arbeiten gehen zu können und zu dürfen, längst eine Art Zwang zum Lohnerwerb für beide Elternteile geworden ist. (…) Die traditionelle Familie ist generationenfach erprobt pandemiekrisensicher; sonst würden wir alle nicht hier sitzen. Staatliche Kinderbetreuung wird diese niemals auch nur ansatzweise ersetzen können.*« (Deutscher Bundestag, 19. Wahlperiode, Protokoll 157. Sitzung, S. 19478)

Während Höchst zumindest die Notwendigkeit einschränkender Maßnahmen in der Pandemie anzuerkennen scheint, ist das beim Abgeordneten Martin Reichardt ganz anders. In der Debatte zum Thema Elterngeld in der Pandemie gibt er sich als Verschwörungsmystiker zu erkennen und sieht die Maßnahmen als Ergebnis einer gezielten Angstkampagne von Regierung und Medien: »*Kinder sind Kinder und eben keine Virenschleudern. Kinder, die ihre Oma und ihren Opa nur noch mit Mundschutz und eingeschränkt besuchen dürfen, Kinder, die nicht mit ihren Freunden spielen können, diese Kinder werden ohne wissenschaftlich fundierte Grundlage als Coronaherde diffamiert. Kinder sind Opfer einer Panikmache der Regierung. (…) Die Regierung – das muss hier auch mit trauriger Stimme gesagt werden – schürt eine Urangst der Menschen. Es ist die Urangst um das eigene Leben, um das Leben von Angehörigen. Denn ohne Panik, ohne Angst können sich Frau Merkel und Herr Söder nicht als Retter der Nation darstellen. Unabhängige Medien? Fehlanzeige! Virologen, die eine andere Meinung vertreten als die der Experten der Bundesregie-*

rung, werden verleumdet und totgeschwiegen.« (Deutscher Bundestag, 19. Wahlperiode, Protokoll 158. Sitzung, S. 19543 f.)

Ausgerechnet die AfD will sich gegenwärtig als Hüterin der Grundrechte inszenieren – eine Partei, die diese Grundrechte einem größeren Teil der Bevölkerung systematisch vorenthalten will und wegen der Missachtung der Menschenwürde und des Gleichheitsgrundsatzes sogar ins Visier des Inlandsgeheimdienstes geraten ist. Beatrix von Storch spricht von einem »*Notstandsregime*« und von einem »*Seuchenregiment*«, sieht aber vor allem in der Schließung der Kirchen zu Ostern einen Ausdruck »*der Gleichgültigkeit und der Respektlosigkeit (…) gegenüber unserer eigenen christlichen Kultur*« (Ebd., S. 19552) woraus sie sogleich das »*Ende der Glaubensfreiheit*« folgert. Schließlich will der Abgeordnete Stefan Keuter, ganz in der Diktion manches Aluhutträgers, die Verantwortlichen für die Pandemie-Politik vor einem Strafgericht sehen: »*Wenn Sie mich fragen, gehören Sie nicht vor einen Untersuchungsausschuss, sondern vor ein Strafgericht.*« (Ebd., S. 19587)

Wie schon bei anderen Themen kommt es der AfD nicht auf inhaltliche Konsistenz, sondern auf maximale Aufmerksamkeit an. Für diese sorgt seit einigen Monaten verlässlich Karsten Hilse, seines Zeichens oberster Klimaleugner-Priester der AfD-Fraktion, aber auch sonst ein verbaler Scharfmacher – der zum Glück auch in dieser Woche krachend bei der Wahl zum Bundestags-Vizepräsidenten scheiterte. Hilse hat in einem offenen Brief die Polizei zum Ungehorsam aufgefordert und ihr nahegelegt, sich bei den Demonstrationen »auf die Seite des Volkes« zu stellen, wovon sich Fraktionschef Gauland sogleich distanzierte.[26] In seiner Rede zum Thema Dürre und Klimaschutz herrscht er Zwischenrufer mit der Bemerkung: »*quatschen Sie hier nicht andauernd blöd rum*« an, um danach sämtliche Corona-Maßnahmen als überflüssig und nutzlos zu brandmarken: »*Sie wollen allen, die jetzt schon durch die vollkom-*

26 Vgl. Karsten Hilse – Offener Brief an alle Gemeinde-, Landes- und Bundespolizisten, 5.5.2020, gepostet in: facebook.com/Karsten.Hilse.Politiker [Abruf: 1.12.2021].

men überzogenen, unnötigen und gegen die Ausbreitung des Virus komplett wirkungslosen Maßnahmen der Bundesregierung am Boden liegen, den Todesstoß versetzen und somit Millionen Menschen ihrer Existenz berauben. Am Boden liegen aber nicht nur bestimmte Zweige der Industrie, der mittelständischen Wirtschaft, Gastronomie, Fitnesscenter usw., auch die Demokratie in unserem Land hat schweren Schaden genommen. Die grundgesetzlich garantierten Freiheitsrechte wurden und werden in einem seit der Gründung der Bundesrepublik nie dagewesenen Ausmaß ausgehebelt. Deutschlandweit gehen Zehntausende Menschen zu Recht auf die Straße.« (Deutscher Bundestag, 19. Wahlperiode, Protokoll 158. Sitzung, S. 19662) Schließlich ruft er mit Bezug auf das Grundgesetz zum »Widerstand« auf und nutzt den Bundestag zur Verstärkung der Verschwörungsmythen, von denen Teile der AfD zu profitieren hoffen.

Sitzungswoche 13.-15. Mai 2020

Die AfD ist in der Krise: Mit dem Rausschmiss von Andreas Kalbitz durch eine Mehrheit im Parteivorstand steht die Partei vor einer möglichen Spaltung und in der Corona-Pandemie sind die Umfragewerte eingebrochen, weshalb die AfD krampfhaft nach öffentlicher Aufmerksamkeit sucht. Kritik an und Demonstrationen gegen die Pandemie-Maßnahmen der Regierungen in Bund und Ländern werden von der AfD aufgegriffen und in das bisher erfolgreich angewandte Schema »Volk gegen Eliten« zu pressen versucht.

Die AfD-Fraktion im Bundestag nutzte die Sitzungswoche, um kursierende Verschwörungsmythen anzufeuern. Die ihr zustehende Aktuelle Stunde widmete sie dem Papier eines Mitarbeiters des Innenministeriums, der ohne Auftrag und auf eigene Faust, aber mit Briefkopf des BMI eine »Studie« zu den Maßnahmen der Regierung verschickte und sie insgesamt als Ausdruck eines riesigen »Fehlalarms« ausgibt. Armin Paul Hampel macht sich als Redner der AfD diese Position zu eigen: »*Und er kommt zu dem für Sie natürlich erschreckenden Resultat, dass das, was der Innenminister, was der Gesundheitsminister und was die Bundeskanzlerin seit Wochen dem deutschen Volke vorerzählen und vorlügen, ein Fehlalarm gewesen ist. Und er warnt vor den Konsequenzen einer Desinformation der Bevölkerung. Die Bundesregierung produziert Fake News.*« (Deutscher Bundestag, 19. Wahlperiode, Protokoll 161. Sitzung, S. 20102)

Detlev Spangenberg stößt als zweiter AfD-Redner ins selbe Horn und sieht eine Einheitsfront aller anderen Parteien außer der AfD zur Drangsalierung der deutschen Bevölkerung: »*Alle hier im Hause vertretenen Parteien außer der AfD scheinen Panik, Schikanen, Furcht und Abschottung förmlich zu genießen. Was anderes haben Sie doch nicht im Kopf. Eine Vorgehensweise, die bisher nur von drüben kam, haben Sie alle übernommen. Aber Sie könnten sogar in eine Einheitspartei gehen.*« (Ebd., S. 20111) Tatsächlich sind »Panik, Furcht und Abschottung« ja Spezialitäten der AfD, die zwar inzwischen Corona als »Fehlalarm« bezeichnet, die aufgrund dieses »Fehlalarms« beschlossenen Grenzschließungen innerhalb Europas aber beibehalten will. Wie »seriös« die AfD dabei argumentiert, zeigt die von Spangenberg übernommene Behauptung aus dem besagten Papier, aufgrund von verschobenen Operationen käme es zu Todesfällen zwischen »*5 000 bis 125 000*« – eine, wie selbst der Redner einräumt, »*große Spannweite*«.

Was aber die Motivation von Regierung, Opposition (außer AfD) und den »Eliten« sein soll, das Land durch eine erfundene Gesundheitsgefährdung in eine der größten Wirtschaftskrisen zu schicken, die deutsche Wirtschaft massiv zu schädigen und die Grundrechte weitgehend einzuschränken, wird nicht ganz deutlich. Den Blick auf ähnliche Maßnahmen in fast allen europäischen Nachbarländern, und auch in den USA, verweigert die AfD systematisch. Selbst der AfD sympathische Regierungen wie in Polen und Ungarn hätten sich demnach täuschen lassen. Der AfD-Abgeordnete Jürgen Braun gibt Einblick in die von der AfD unterstellte Motivation für all diese Maßnahmen, die im Wesentlichen den Verschwörungsmythen entsprechen, die gegenwärtig verbreitet werden: »*Das Orwell'sche Wahrheitsministerium finden wir auch hierzulande. Seine fragwürdigen Helfer sehen sich als Faktenchecker oder Faktenfinder, sie nennen sich ›Correctiv‹ und tauchen bei der Tagesschau und im ZDF auf. Doch sie vernebeln die Fakten. Sie sind Verschwörungspraktiker. Medien, die nicht ausgewogen informieren, Medien, die Selbstzensur üben, Medien, die wie der Spiegel-Verlag und ›Die Zeit‹ Spenden der Bill-und-Melinda-Gates-Stiftung erhalten haben, und zwar in Millionenhöhe, solche Medien sind Verschwörungspraktiker.«* (Deutscher Bundestag, 19. Wahlperiode, Protokoll 161. Sitzung, S. 20003)

Während also die AfD den Schutz der Bevölkerung und besonders den Schutz der am meisten gefährdeten Gruppen – vor allem ältere Menschen – unnötig findet, verweist sie auf der anderen Seite zurecht auf die hohen wirtschaftlichen und sozialen Kosten der Pandemie-Maßnahmen. Bei der zentralen Frage, wie die Folgen der Krise vor allem für Normalbürger*innen und für die sozial gefährdeten Teile der Bevölkerung abgefedert werden können, steht die AfD jedoch – entgegen ihrer Selbstdarstellung – gerade nicht an deren Seite.

Martin Sichert verweigert in der Debatte zu sozialstaatlichen Maßnahmen im Rahmen der Pandemie-Krise jede Form der Anerkennung durch Geldprämien für die »systemrelevanten« Beschäftigen, wie Pflege- und Verkaufspersonal, oder gar Ausweitung der Sozialleistungen für die besonders von der Krise getroffenen Gruppen, alles mit Blick auf die Steuern zahlenden »Leistungsträger«, die der AfD besonders am Herzen liegen: »*Mittels Erhöhungen von Sozialleistungen und Sonderprämien für einzelne Berufsgruppen geben Union und SPD immer mehr Geld aus, obwohl völlig unklar ist, wie das alles finanziert werden soll. Deutschland ist bereits jetzt weltweiter Spitzenreiter bei der Steuer- und Abgabenlast. Was Deutschland braucht, um nach der Krise wieder auf die Beine zu kommen, ist eine funktionierende soziale Marktwirtschaft wie zur Zeit Ludwig Erhards. Dafür müssten Steuern gesenkt, der Ökowahn beendet und zahllose bürokratische Vorschriften beerdigt werden. Dazu müsste die Regierung ab sofort aufhören, mit dem Füllhorn durchs Land zu rennen und jede Lobbygruppe zu bedienen, sondern endlich anfangen, vernünftig zu planen.*« (Deutscher Bundestag, 19. Wahlperiode, Protokoll 160. Sitzung, S. 19808)

Sitzungswoche 27.-29. Mai 2020

Corona-Pandemie und innerparteiliche Verwerfungen haben auch die Bundestagsfraktion der AfD aus dem Tritt gebracht. Von der internen Kritik an der Fraktionsführung angesichts der schwachen Performance im Bundestag hört man öffentlich weniger als vom Streit in der Bundespartei – aber unverkennbar geht der Riss auch durch die Fraktion. Die Ko-Vorsitzende Weidel ist weitgehend abgetaucht: von sieben Reden eines/einer Fraktionsvorsitzenden der AfD seit Jahresbeginn hielt Weidel gerademal eine, sechs gingen auf das Konto von Gauland. Mehr pflichtbewusst als engagiert bedient die Fraktion ihren antimuslimischen Rassismus in den Debatten. Eigenständige Vorschläge mit Blick auf die ökonomischen Folgen der Krise bietet die AfD-Fraktion nicht – ihre einzige Antwort heißt Nationalismus.

Eine europäische Krisenpolitik wird von der AfD abgelehnt. In der Debatte zur Finanzierung eines europäischen Wiederaufbaufonds haben AfD-Redner nur Verachtung für die Länder des Südens übrig. So schwadroniert Kay Gottschalk von den »*Party- und Dolce-Vita-Staaten des Südens (…), die (es) trotz zehnjähriger Niedrigzinspolitik (…) nicht auf die Kette gekriegt haben.*« (Deutscher Bundestag, 19. Wahlperiode, Protokoll 163. Sitzung, S. 20315) Europa kenne nur Solidarität, wenn es darum gehe, »*dem deutschen Steuerzahler das Geld aus der Tasche zu ziehen.*« (Ebd., S. 20316) Die EU sei »*ein Waterloo und Versailles für Deutschland in einem.*« (Ebd.) Nun gehörte Preußen zwar bei Waterloo zu den Siegern, was bei der AfD, die für sich und für das Land aber nur die Opferrolle kennt, schon einmal untergehen kann. Für Enrico Komning ist das geplante EU-Konjunkturpaket »*nichts anderes, als eine gigantische Geldumverteilung nach Frankreich*« (Deutscher Bundestag, 19. Wahlperiode, Protokoll 162. Sitzung, S. 20156) und die anderen Südländer, was laut Tobias Peterka daran liege, dass die Mehrheit »*eben einfach beim ›Club Med‹*« liege. (Deutscher Bundestag, 19. Wahlperiode, Protokoll 163. Sitzung, S. 20323)

Inhaltlich, das hat diese Woche gezeigt, steckt die AfD in einer Sackgasse. Ohne Zweifel wird sie versuchen, die folgende ökonomische und soziale Krise vor allem nationalistisch und rassistisch zu deuten. Ob sie damit jenseits ihres Stammklientels punkten kann, bleibt abzuwarten.

Sitzungswoche 17.-19. Juni 2020

Die Corona-Krise, die Bewältigung der ökonomischen Folgen und auch die Rassismusdebatte waren zentrale Themen der Woche. Alice Weidel antwortete auf die Regierungserklärung der Kanzlerin zu Planungen für die deutsche EU-Ratspräsidentschaft und stellte noch einmal die von wirtschaftsliberalen Annahmen geprägte Linie der AfD in der Wirtschaftspolitik heraus: Kein Konjunkturpaket des Staates, Steuersenkung, keine europäische Solidarität: »*Mit schuldenfinanzierten Ausgabenprogrammen kommen wir aus dieser Krise überhaupt nicht heraus. Nein, ganz im Gegenteil: Sie verschärfen die Krise dadurch noch mehr. (…) Zweitens: Steuern und Abgaben deutlich und dauerhaft senken, damit Arbeitnehmer und Selbstständige wieder Luft zum Atmen haben. Und drittens und vor allem: Nein zu neuen Milliardentransfers und Haftungsrisiken, mit denen deutsches Volksvermögen für Euro-Rettung und Transferunion verpfändet wird.*« (Deutscher Bundestag, 19. Wahlperiode, Protokoll 166. Sitzung, S. 20642) Immer wieder erweist sich die ehemalige Analystin der Investmentbank Goldman Sachs (2005/06) und vormalige Mitarbeiterin bei Allianz Global Investors Europe (2011-13) als würdiges Mitglied der Friedrich-August-von-Hayek-Gesellschaft.

Auch in Deutschland wird mittlerweile immer deutlicher, dass Betroffenheit und Gefahr durch Corona auch eine Klassenfrage ist. Die AfD hat für die überproportional betroffenen Menschen aber vor allem Verachtung übrig, wenn sie, wie ihr Abgeordneter Robby Schlund, darauf verweist: »*Wir alle hier werden einmal sterben. – Daher ist es wichtig, unser Leben mit Freude und Lebensenergie auszufüllen, egal in welchem Stadium wir uns auch immer befinden – ob als Kind, als Erwachsener oder als Angehöriger der sogenannten Risiko-*

gruppe. Diese Möglichkeit wurde uns in den letzten Wochen durch die Entscheidungsträger komplett genommen.« (Deutscher Bundestag, 19. Wahlperiode, Protokoll 166. Sitzung, S. 20660) Zuvor hatte Schlund mit Erkenntnissen wie »*dass Länder ohne Lockdown eine niedrigere Infektionsausbreitung je Quadratkilometer hatten und haben als jene mit einem oder einem verzögerten Shutdown wie bei uns. Besser wäre es tatsächlich gewesen, auf den Shutdown komplett zu verzichten*« (Ebd.) aufgewartet. Eine Erkenntnis, die, wie ein Zwischenrufer anmerkte, wohl in Grönland erhoben wurde.

Sitzungswoche 1.-3. Juli 2020

Während zumeist die Reden der AfD im Plenum im Zentrum stehen, soll es hier um einige aktuelle Anträge der Fraktion gehen, in denen sich noch deutlicher das spiegelt, was die AfD als Politik gestalten will, wenn sie die Möglichkeit dazu hat.

Zur globalen Debatte zum Thema Rassismus (begleitet von weltweiten Protesten von Black Lives Matter infolge der Ermordung von George Floyd am 25.5.2020 in Minneapolis/USA) fällt der AfD vor allem der ›Schutz der weißen Minderheit‹ in Afrika ein. In einem Antrag mit dem Titel »Einstellung der Entwicklungszusammenarbeit mit der Republik Südafrika« (Drs. 19/20611) fordert sie die Bundesregierung zum sofortigen Stopp deutscher Entwicklungsleistungen in Südafrika wegen angeblich systematischer und staatlich geduldeter Gewalt gegen Weiße auf. Schon in der Vorwoche hatte die Fraktion – in Reaktion auf die globale Debatte zum Thema Kolonialismus – den Antrag »Restitution von Sammlungsgut aus kolonialem Kontext stoppen« (Drs. 19/19914) eingebracht, in dem sie sich gegen jede »moralistische Engführungen in der Debatte um die Rückgabe von Sammlungsgut aus kolonialem Kontext« ausspricht, die Bundesregierung zu einer generellen Verweigerung der Rückgabe solcher Kulturgüter (außer in begründeten Einzelfällen) auffordert und sich gegen jegliche Wertung, »die deutsche Kolonialzeit einseitig als Unrecht oder verbrecherisch zu klassifizieren«, ausspricht.

So wie historisch bezogen auf den Kolonialismus, zeigt sich die Tendenz einer gewissen Herrenmenschenpolitik der AfD im Bereich der wirtschaftlichen Zusammenarbeit. Im Plenum ist es vor allem der Abgeordnete Curio, der immer wieder vor dem Ansturm afrikanischer Bevölkerungsmassen nach Deutschland warnt. In diesem Politikbereich geht es der AfD darum, die demografische Entwicklung in Afrika zu beeinflussen. Ein aktueller Antrag mit dem Titel »Bevölkerungspolitischer Strategiewechsel in der Entwicklungszusammenarbeit – an demografischer Dividende teilhaben und Genderpolitik beenden« (Drs. 19/20681) illustriert das. Ausgangs- und Zielpunkt jeder Form von Entwicklungspolitik sind für die AfD »deutsche Interessen«. Das genannte Ziel des bevölkerungspolitischen Strategiewechsels soll sein, »auf einen ökonomischen Gewinn der deutschen Wirtschaft abzuzielen«, und für die Auswahl der Länder soll ein »Indikator, wie etwa die Fertilitätsrate der jeweiligen Zielländer« eingeführt werden. Um das Ziel zu erreichen, wird die Bundesregierung aufgefordert, »sämtliche Programme, Projekte, Maßnahmen, Initiativen und Vorhaben der deutschen Entwicklungszusammenarbeit, die dem strategischen Ziel widersprechen, insbesondere die ›Geschlechtergleichstellung‹ der Förderbereiche Bevölkerungspolitik und reproduktive Gesundheit, einzustellen.« Zwar wird Geschlechtergerechtigkeit von allen Fachleuten als zentraler Punkt für eine bessere Entwicklung und auch für die von der AfD geforderte demografische Strategie ausgemacht, das widerspricht jedoch den ideologischen Maßgaben von Partei und Fraktion.

Die selbsternannte Rechtsstaatspartei AfD will auf europäischer Ebene alle Maßnahmen verhindern, die die Nichteinhaltung rechtsstaatlicher Standards in der Europäischen Union mit Sanktionen belegen könnten. »Ein EU-Haushalt ohne Sanktionsmechanismen gegen souveräne Mitgliedsstaaten« (Drs. 19/20570) heißt der entsprechende AfD-Antrag in dieser Woche und zielt natürlich auf die von der AfD goutierten Regierungen in Ungarn und Polen.

Die FAZ vom 8. Juli 2020 konstatiert eine Führungslosigkeit in der Bundestagsfraktion der AfD, die sich auch in einer zunehmenden inhaltlichen Beliebigkeit spiegele.[27] Tatsächlich zeigen die Debatten des letzten halben Jahres, dass die Fraktion keinen gemeinsamen Fokus hat und sich nach knapp drei Jahren eine gewisse Routine mit allen Begleiterscheinungen des Parlamentarismus eingestellt hat.

27 »Im Grunde haben wir keine Führung«, in: faz.net, 8.7.2020 [Abruf: 1.12.21].

4.
Verschwörungsmythen und Angriffe auf die Demokratie

Herbst 2020 bis Sommer 2021

Ein Jahr vor der Bundestagswahl war die AfD-Fraktion stark darum bemüht, zurück in den Fokus der öffentlichen Aufmerksamkeit zu gelangen, aus dem sie mit Beginn der Corona-Krise weitgehend gefallen war. Mit der zweiten Corona-Welle ab Herbst 2020 nahm die gesellschaftspolitische Debatte um die staatlichen Maßnahmen nach einem relativ entspannten Sommer wieder Fahrt auf und die AfD versuchte, sich zum parlamentarischen Arm einer politisch zunächst heterogenen Bewegung zu machen, die aber in weiten Teilen von Anfang an offen für die extreme Rechte war.

Schulterschluss mit »Querdenken«

Die auch und vor allem im Berliner Regierungsviertel stattfindenden Demos der sogenannten »Querdenken-Bewegung« wurden von der AfD aufgegriffen und nach Kräften unterstützt bzw. ins Parlament getragen. Die Anwesenheit von Neonazis, Reichsbürgern und Verschwörungsgläubigen bei solchen Demos wurde von der Fraktion dabei genauso verharmlost wie die Aktion an der Reichstagstreppe Ende August 2020, als einige Hundert Demonstrierende die Absperrung an der Haupttreppe des Reichstagsgebäudes überwanden und u.a. die Reichkriegsflagge vor dem deutschen Parlament schwenkten. Für AfD-Abgeordnete handelte es sich dabei um »ein(en) Fototermin auf der Reichstagstreppe samt Schwenken internationaler Fahnen.« Erst einige Monate später, nachdem der abgewählte US-Präsident Donald Trump einen gewaltbereiten Mob zum Sturm auf das US-Parlament ermunterte, wurde klar, dass es sich trotz unterschiedlicher Dimension beider Ereignisse um symbolische Angriffe auf das Zentrum der Demokratie handelte.

Von der AfD wurde die gesellschaftspolitische Zuspitzung im Zusammenhang mit Corona mit aller Macht vorangetrieben, verbunden mit dem Versuch, eine generelle Delegitimierung von Regierung, Parlament und demokratischem System vorzunehmen. Von »Kriegspropaganda«, »Kriegskabinett«, »Notstandskabinett« und »Coronadiktatur« sprach der Fraktionsvorsitzende Gauland, andere Abgeordnete traten mit Querdenker-T-Shirt ans Redepult. Beschworen wurde ein »Widerstandsrecht«, die BRD wurde als »DDR 2.0« bezeichnet und das Infektionsschutzgesetz als »Ermächtigungsgesetz« tituliert. Impfungen wurden von AfD-Abgeordneten als »Experiment« am Menschen bezeichnet, Masken als »Symbol des Gehorsams vor der Regierung«. Auch jetzt wieder ließen AfD-Parlamentarier ihren Bestrafungsphantasien freien Lauf, wenn sie im Bundestag davon redeten, dass Kanzlerin Merkel »ihre letzten Tage im Amt und, wenn es nach mir geht, auch ihre letzten Tage in Freiheit verbringt. So wie Merkel uns einsperrt, muss auch sie eingesperrt werden.«

Schließlich machten sich Teile der AfD-Bundestagsfraktion zu Erfüllungsgehilfen des Teils der Querdenken-Bewegung, der anlässlich einer Großdemonstration im November 2020 als Besucher im Bundestag Abgeordnete und Regierungsvertreter bedrängte und somit eine weitere Grenzüberschreitung beging.

Stimmungsmäßig konnte die Partei jedoch kaum von dieser eindeutigen Parteinahme profitieren. Zwar stabilisierten sich die Umfragen für die AfD im Bereich von 10 Prozent, an ihr Bundestagsergebnis von 2017 kam sie aber bis zum Wahltag im September 2021 nicht mehr heran.

Innerparteilicher Streit

Mit dazu beigetragen hat sicherlich der zunehmend heftiger werdende innerparteiliche Streit, der sich auch um das Verhältnis von Partei und Fraktion zur Querdenken-Bewegung drehte, aber insgesamt weit über diesen Punkt hinausging. Schon am Jahresanfang 2021 kam das Bundesamt für Verfassungsschutz (BfV) zu der Einschätzung, die gesamte Partei als »rechtsextremen Verdachtsfall« einzustufen. Ganz offensichtlich hatte die AfD aber auch nach dem Abgang des ehemaligen Präsidenten Hans-Georg Maaßen Freunde im Amt, denn das Durchstechen dieser Einstufung an die Presse ermöglichte der AfD eine Klage vor dem Verwaltungsgericht Köln, das dem BfV bis zum Wahltag die öffentliche Verkündung und praktische Schritte untersagte.

Dennoch sorgte die anhaltende Rechtsradikalisierung für heftige innerparteiliche Auseinandersetzungen, so z. B. auf dem Bundesparteitag in Kalkar im November 2020, bei dem der Parteivorsitzende Meuthen den Kurs der Bundestagsfraktion in der Corona-Pandemie und das Paktieren mit der Querdenken-Bewegung scharf angriff. Mit dazu beigetragen hatten sicherlich die Äußerungen des langjährigen Pressesprechers der Bundestagfraktion und Gauland-Vertrauten Christian Lüth, die im Herbst 2020 bekannt wurden. Lüth hatte sich in einem vertraulichen Gespräch einschlägig geäußert und die seiner Meinung nach mit zunehmender Zuwanderung einhergehende Verelendung Deutschlands begrüßt, weil das der AfD nütze, und gegenüber seiner Gesprächspartnerin insinuiert, man könne die Migranten später »erschießen« oder »vergasen«. Schon früher hatte Lüth sich als Faschist bezeichnet.

Schnell wurde jedoch deutlich, dass der Zeitpunkt für einen Ausstieg aus der Rechtsradikalisierungsspirale für Partei und Fraktion längst abgelaufen war. Zu sehr hatte sich eine Mehrheit an den vorherrschenden völkischen Jargon gewöhnt und ihn sich aktiv zu eigen gemacht. Nach vier Jahren AfD im Bundestag war am Ende der 19. Wahlperiode klar, dass gegen die völkische Rechte in Partei und Fraktion keine Politik zu machen ist. Insofern führte die klare Niederlage Meuthens beim Bundesparteitag im April 2021 in Dresden, bei dem neben einem Kompromiss in der Sozial- und Rentenpolitik vor allem der Schulterschluss mit dem Spektrum der Corona-Leugner bestätigt wurde, zu einer Stabilisierung der Partei.

Mit Blick auf die Bundestagswahl wusste jeder Wähler und jede Wählerin, was von der AfD zu erwarten ist. Die etwas vollmundige Ankündigung eines Abgeordneten in der letzten Sitzung vor der Sommerpause 2021, »wir werden Ihnen auch die nächsten vier Jahre hier zur Hölle machen«, illustrierte noch einmal das von der Fraktion über vier Jahre kultivierte Selbstverständnis als völkische Fundamentalopposition.

Sitzungswoche 9.-11. September 2020

Mit dem Ende der parlamentarischen Sommerpause biegt auch die AfD-Bundestagsfraktion auf die politische Zielgerade Richtung Bundestagswahl 2021 ein – ohne allerdings zentrale inhaltliche Fragen geklärt zu haben. Das trifft für die generelle politische Ausrichtung zu, wie sie sich im Streit um die Personalie Andreas Kalbitz zeigt, aber auch in Bezug auf politische Inhalte wie die Arbeitsmarkt-, Sozial- und Wirtschaftspolitik, die angesichts der sozialen Folgen der Corona-Pandemie zentrale Bedeutung bekommen könnten. In einer Studie der Rosa-Luxemburg-Stiftung zum Abstimmungsverhalten der AfD im Bundestag wird aufgezeigt, »dass die AfD keine grundsätzlichen Alternativen zum Bestehenden vertritt, ja, dass sie sogar recht häufig mit den Regierungsfraktionen stimmt und damit implizit eine Stütze des von ihr so gehassten ›Systems Merkel‹ ist.«[28]

Diese Nähe der AfD-Fraktion zum neoliberalen Block wurde auch in dieser Sitzungswoche wieder deutlich. Während Parteichef Chrupalla noch im Juni ein »Weg von den marktliberalen Positionen der Anfangsjahre« fordert und ausführt, »in der Rezession

28 Vgl. Tilo Giesbers, Ulrich Peters, Abstimmungsverhalten der AfD im Bundestag, Studie der Rosa-Luxemburg-Stiftung, Berlin 2020, S. 4 (PDF unter rosalux.de verfügbar).

braucht die Wirtschaft mehr Staat als in Boomzeiten«,[29] vertreten seine Fraktionskollegen im Bundestag das genaue Gegenteil. In der Debatte zum FDP-Antrag »Vorfahrt für Marktwirtschaft – Einführung einer Beteiligungsbremse« stellt sich die AfD an die Seite der marktradikalen Privatisierer, macht sich die Forderung nach einer Beteiligungsbremse und damit Privatisierungen im größeren Maßstab zu eigen und fordert vom Staat, auf einen Einfluss in den Unternehmen im Umfang seiner Beteiligung zu verzichten. Steuergelder ja – Mitsprache nein, so die Logik der AfD. Enrico Komning sieht auch nach 25 Jahren neoliberaler Agenda nur Staatswirtschaft vor sich: »*Die AfD-Fraktion unterstützt den Antrag der Kollegen der FDP zur Einführung einer Beteiligungsbremse für den Bund. Er enthält nämlich tatsächlich sinnvolle Forderungen, insbesondere die nach grundsätzlich nur stillen Beteiligungen (…). Die Coronakrise bestätigt und bekräftigt einen Trend, der sich durch die Amtszeit von Frau Merkel zieht, einen Trend, der sich von der sozialen Marktwirtschaft entfernt und in eine gelenkte Staatswirtschaft mündet. (…) Beteiligungen des Staates, meine Damen und Herren, folgen keinen wirtschaftlichen Notwendigkeiten. Ihr Interesse, das Interesse der Bundesregierung, ist es, sukzessiv-schleichend, sozusagen von hinten durch die Brust ins Auge, die staatliche Kontrolle über alle Bereiche von Wirtschaft und Gesellschaft auszudehnen.*« (Deutscher Bundestag, 19. Wahlperiode, Protokoll 173. Sitzung, S. 21637 f.)

Auch die sprichwörtlichen kleinen Leute haben von der AfD nichts zu erwarten. Trotz der in der Pandemie erneut bekanntgewordenen Zustände in der Fleischindustrie spricht sich die AfD klar gegen ein Verbot der Leiharbeits- und Werkvertragspraxis aus. Und schon die von der Bundesregierung vorgeschlagenen Verschärfungen des Arbeitsschutzes sieht ihr Abgeordneter Uwe Witt als »*Entmündigung der unternehmerischen Freiheit. (…) Ein völliges Verbot von Werkverträgen und Leiharbeitern im sogenannten Kern-*

29 Vgl. AfD-Chef Chrupalla fordert Wirtschafts-Parteitag, in: rnd.de (Redaktionsnetzwerk Deutschland), 6.6.2020 [Abruf: 8.12.2021].

geschäft der Fleischindustrie ist eine kurzsichtige und überzogene Reaktion auf die Coronafälle in der Branche.« (Ebd., S. 21651)

Die Proteste gegen die Corona-Maßnahmen und die Aktion auf der Treppe des Reichstagsgebäudes wurden von der Koalition mit den Ausschreitungen von Linken in Leipzig zu einer klassischen Extremismusdebatte und damit zu einer Aktuellen Stunde zusammengebunden. Während der Abgeordnete Gottfried Curio darum bemüht ist, den relativ hohen Anteil an Nazis bei der Demo zu verniedlichen, nimmt sich Beatrix von Storch der Linken an, um hier die eigentliche Terrorismusgefahr zu verorten. Die Berichte zur Demo sind für Curio »*Fake-News*« und seien tatsächlich nur »*ein Fototermin auf der Reichstagstreppe samt Schwenken internationaler Fahnen*« gewesen. »*Schwarz-Weiß-Rot ist nicht einmal eine Ordnungswidrigkeit*« (Ebd., S. 21687), weshalb offenbar knapp die Hälfte der AfD-Bundestagsfraktion kein Problem damit hatte, mit Reichsbürgern und Neonazis auf einer Demo zu marschieren. In Fahrt kommt dagegen von Storch mit Blick auf die politische Linke und nimmt Anleihen bei Kurt Schumacher: »*Kommunisten sind rotlackierte Faschisten. – Ja, diese Autonomen sind Faschisten. Die linken Parteien sind ihr politischer Arm und die Journalisten, die das als ›Mietenproteste‹ beschönigen, ihr publizistischer Arm. Die ›taz‹ bezeichnete bekanntlich die Polizisten als Abfall, ARD und ZDF als Mörder; der ›Tagesspiegel‹ titelt: ›Danke, liebe Antifa!‹ Das ist kein Journalismus; das ist linksextreme Hetze. Deutschland und Sachsen brauchen einen Politikwechsel und scheitern nicht an uns. Wenn die AfD in Sachsen an die Regierung kommt, werden wir den linksextremen Sumpf trockenlegen. Das machen wir in den ersten 100 Tagen.*« (Ebd., S. 21696)

Wie auch in anderen Politikfeldern nimmt sich im Bereich Innenpolitik die AfD US-Präsident Trump zum Vorbild. Ein Antragstitel wie »Bundeseinheitlicher Aktionsplan 2020 gegen linksextremistische Gewalt und Terror – Null Toleranz statt Deeskalation« (Drs. 19/22189) zeigt, worum es der AfD geht: Eine unbedingte Eskalation, um über die mögliche Zuspitzung von gewalttätigen Auseinandersetzungen den Boden für autoritäre Politikvorstellungen zu bereiten. Wie sich diese konkret umsetzen, macht einmal mehr der AfD-Abgeordnete Curio in der aus der Fraktion der Linken initiierten Debatte zum Brand des Flüchtlingslagers Moria deutlich. Dieser kalte und von jeder Empathie freie Umgang mit hilfesuchenden Menschen ist aus der deutschen Geschichte nur zu gut bekannt: »*Die griechische Regierung teilt mit: Die Migranten haben selbst Feuer gelegt; es handele sich um Menschen, die ihr Gastland nicht respektieren. (…) Dieselbe infame Strategie wie bei den Bootsbetrügern vor Libyen: Man macht sich hilflos, um daraus Ansprüche zu erpressen. Was für eine unverschämte Anspruchshaltung – alles seit September 2015! Die Linke gibt den Wirtschaftsmigranten und Asylbehauptern die Losung vor: Wenn dir die erste geschenkte Hütte nicht mehr zusagt, fackle sie ab, dann müssen sie dir was Besseres geben. (…) Warum sollte Deutschland Wirtschaftsmigranten und Erpresser auch noch belohnen mit Sozialhilfe und Luxusunterkünften? (…) Und wenn sie dann hier sind, werden dann wieder Asylheime angesteckt, um luxuriösere Unterkünfte zu erzwingen? (…) Was für eine schamlose Lüge, dieser als Flucht verbrämte Sozialtourismus!*« (Deutscher Bundestag, 19. Wahlperiode, Protokoll 174. Sitzung, S. 21861)

Sitzungswoche 16.-18. September 2020

»Nachhaltigkeit« hieß das Oberthema dieser Sitzungswoche, in der mit Blick auf die europäische Nachhaltigkeitswoche unterschiedliche Aspekte des Themas im Plenum zur Sprache kommen sollten – allerdings ohne dass damit auch konkrete Beschlüsse im Sinne der Nachhaltigkeit verbunden gewesen wären.

Die AfD ging mit deutlich mehr als 40 Anträgen und Gesetzentwürfen in diese Woche, deren Titel manchmal mehr aussagen als die zu ihnen geführten Debatten. »Kernkraft für Umweltschutz« (Drs. 19/22435), »Modernste Kernenergie für Deutschland – Sicher, sauber und bezahlbar« (Drs. 19/22434) oder »Tschernobyl und Fukushima sachlich betrachten – Der Atomausstieg war ein Fehler und muss rückgängig gemacht werden« (Drs. 19/22454) waren solche Titel, bei denen man sich fragen konnte, ob die Werbeabteilung der Atomindustrie bei der Formulierung geholfen hat. Aber auch »Gleichberechtigung sicherstellen – Gleichstellung beenden« (Drs. 19/22467) oder »Sozialpolitik ist eine nationale Aufgabe – Die Europäische Sozialcharta kündigen« (Drs. 19/22520) waren Überschriften, unter denen die AfD über Nachhaltigkeit debattieren wollte.

Ganz harmlos hingegen liest sich folgender Antragstitel der AfD: »Für einen nachhaltigen Politikwechsel – Die Werte der deutschen Demokratie bewahren, den Staat handlungsfähig erhalten«. (Drs. 19/22515) Hier findet sich jedoch in Reinkultur das Programm des Ethnopluralismus in einen Bundestagsantrag gegossen. Eine etwas längere Kostprobe: »Außerhalb des Kulturraums der modernen aufgeklärten Welt herrschen andere Leitvorstellungen. Sie sind den dortigen Bevölkerungen durch jahrhundertelanges Leben in ihrer jeweiligen gesellschaftlichen Wirklichkeit, vermittelt durch viele rahmengebende Institutionen und Erfahrungen wie Recht, Religion, Geschichte und dem Verhältnis von Staatsaufbau und gesellschaftlichen Akteuren, ebenso tief angepasst und angewöhnt wie andererseits den modernen aufgeklärten Gesellschaften ihre Leitvorstellungen. So stehen diese Voraussetzungen – sowie ihre gelebte Verinnerlichung in der Bevölkerung – in zwei beispielhaft betrachteten gesellschaftlichen Räumen, nämlich der modernen aufgeklärten Staaten einerseits und der muslimischen und afrikanischen Staaten andererseits, in scharfer Ausprägung und diametraler Entgegensetzung einander gegenüber. Bei künstlich angestoßenen Bevölkerungswanderungen von der einen in die andere Kulturregion wird es vorhersehbarerweise konfliktträchtige Reibungen geben.« Ob Kolonialismus, Rassismus, Antisemitismus zu diesen jahrhundertelang angewöhnten Traditionen der aufgeklärten Gesellschaften gehören, sagt der Antrag nicht – nur, dass ein Zusammenleben von Menschen dieser unterschiedlich definierten Kulturräume prinzipiell unmöglich ist. Daraus folgt das im Antrag u.a. skizzierte und von der AfD geforderte Deportationsprogramm, mit dem Hunderttausende Menschen »vor die deutsche Grenze zurückzuführen« oder anderweitig abzuschieben seien.

In der zum Antrag gehörenden Rede wendet sich der Abgeordnete Gottfried Curio der aus seiner Sicht verantwortlichen Ideologie für diese Kulturvermischung zu, dem »Globalismus«: »*Stattdessen sehen wir eine Politik, geboren aus einer amoklaufenden globalistischen Ideologie, die das Gegenteil bewirkt. Die Staaten sollen nicht handlungsfähig gehalten werden, sondern als eigenständige Strukturen verschwinden, die Völker jedes einzelnen Landes entmachtet werden, die autonomen Staaten sich auflösen. (…) Gezielt wird die künstlich geschürte Coronahysterie zur Installierung eines räuberischen EU-Molochs genutzt, wie Herr Schäuble offen zugibt. Deutschland wird um 133 Milliarden Euro bestohlen für die Brüsseler Zentrale, die anderen davon Geschenke macht – Milliarden, die gar nicht da sind. Merkel führt unsere Kinder und Kindeskinder in eine nachhaltige Schuldknechtschaft. Brüssel ist ein neues Versailles.*« (Deutscher Bundestag, 19. Wahlperiode, Protokoll 175. Sitzung, S. 22008)

Sitzungswoche 29. September bis 2. Oktober 2020

»*Macht Deutschland wieder großartig – diesen Satz werden wir von einem der hier schon länger Herumsitzenden niemals hören (…). Sie möchten nicht, dass Deutschland großartig ist. Sie alle möchten, dass Deutschland über kurz oder lang von der Landkarte verschwindet und aufgeht in einer sozialistisch geprägten Union europäischer Räterepubliken, zentral geführt, aller kulturellen und wirtschaftlichen Unterschiede, aller Vielfältigkeit und aller Verschiedenartigkeit beraubt. Die einzige im Bundestag vertretene Partei, die sich die Erhaltung und Bewahrung des Nationalstaates Deutschland, unseres Vaterlandes, auf die Fahne geschrieben hat, die die Interessen des deutschen Volkes ohne Wenn und Aber vertritt, ist die Alternative für Deutschland.*« (Deutscher Bundestag, 19. Wahlperiode, Protokoll 178. Sitzung, S. 22476) Keine 24 Stunden vorher konnte man vom ehemaligen Pressesprecher der AfD-Bundestagsfraktion, Christian Lüth, in einer Fernsehdokumentation eine ganz andere Sichtweise vernehmen, als sie der AfD-Abgeordnete Karsten Hilse hier in der Haushaltsdebatte des Bundestages äußert. Nach Lüth müsse es Deutschland schlecht gehen, weil das gut für die AfD sei. Das sei auch mit Gauland so abgesprochen. Insofern sei weitere Zuwanderung – nach Meinung der AfD schlecht für Deutschland – gut, denn das würde die AfD stärken. Der Nachsatz Lüths hatte es in sich: »Wir können die nachher immer noch alle erschießen. Das ist überhaupt kein Thema. Oder vergasen, oder wie du willst. Mir egal.«[30]

Dieser Blick in abgründige Phantasien im AfD-Kosmos lässt erahnen, was in geschlossenen Räumen und internen Gesprächen dort alles geäußert wird. Wenn es jedoch öffentlich wird, will man damit nichts zu tun haben. Und so wurde Lüth, der sich schon im Frühjahr als »Faschist« und »Arier« bezeichnete, noch vor Ausstrahlung der TV-Doku fristlos entlassen.

»Corona-Hysterie« und »Merkel-Diktatur« waren die ideologischen Leitplanken der AfD in dieser Woche, dazu Kritik an der Aussetzung der Schuldenbremse, die tatsächlich eine Investitionsbremse ist, und natürlich die Ablehnung aller finanziellen Mittel für Projekte gegen die extreme Rechte.

Während die doch weitgehend minoritäre Position der AfD zu Corona mehr pflichtschuldig als überzeugend vorgetragen wird, sieht das beim Thema »Merkel-Diktatur« ganz anders aus. »*Wir fordern die Bundesregierung auf, die Einschränkungen des gesellschaftlichen und wirtschaftlichen Lebens unverzüglich zu beenden, nur die kleine Risikogruppe wirklich wirksam zu schützen und die anderen Menschen endlich realistisch anstatt hysterisch über die geringe Covid-Bedrohungslage zu informieren. Stoppen Sie die Maskerade der Nation!*« (Deutscher Bundestag, 19. Wahlperiode, Protokoll 178. Sitzung, S. 22435) So wie Peter Boehringer für die AfD die Haushaltswoche begann, so beendete er sie auch vier Tage später: »*Die Kanzlerin meinte dagegen vorgestern, hier einen maternalistisch-autoritären Monolog zur fürchterlichen Gefahr von Corona halten zu müssen, während ihre Politik selbst die größte Gefahr für Deutsch-*

30 Vgl. Christian Lüth: »Je schlechter es Deutschland geht, desto besser für die AfD«, in: Zeit Online, 28.9.2020 [Abruf: 9.12.2021].

land darstellt, insbesondere für rationale Selbst- und Querdenker, die sich nicht dem Druck der von Merkel aufgestachelten Coronablockwarte und Maskentotalitären beugen wollen.« (Deutscher Bundestag, 19. Wahlperiode, Protokoll 181. Sitzung, S. 22801) Das von der AfD inszenierte Masken-Theater im Bundestag hat viele infantile Züge.

Sitzungswoche 7.-9. Oktober 2020

Die Verschärfung der Corona-Lage macht sich auch im Bundestag bemerkbar. Die Maskenpflicht in den Gebäuden und auch im Plenarsaal (außer am Platz und beim Reden) wird von der AfD als symbolpolitischer Kampf begriffen. Während befreundete oder von ihr goutierte Regierungsparteien in Ländern wie Österreich, Polen, Ungarn oder Großbritannien gleiche oder teils sehr viel weitergehende Maßnahmen beschließen, legt die AfD ein infantiles Verhalten an den Tag und freut sich, wenn ihre Abgeordneten es schaffen, ohne Maske bis zum Mikro zu gelangen.

Inhaltlich setzt sie nach wie vor auf Leugnung der Gefahr – wider besseres Wissen, wie zu vermuten steht. In einem Antrag »Für eine Kindheit ohne Abstand und Maske – Das Kindeswohl bei allen Corona-Maßnahmen prüfen« behauptet ihr Abgeordneter Martin Reichardt: »*Weltweit gibt es keine wissenschaftliche Studie, die nachweist, dass das Tragen eines Mund-Nase-Schutzes einen positiven Einfluss auf den Verlauf der sogenannten Coronapandemie hat.*« (Deutscher Bundestag, 19. Wahlperiode, Protokoll 182. Sitzung, S. 22881) Ein kurzer Blick ins Internet zeigt, dass es sehr wohl solche Studien gibt.

Aber tatsächlich geht es der AfD nicht um Corona oder die Gesundheit der Bevölkerung, sondern um einen weiteren Baustein ihrer antisemitisch grundierten Erzählung von der Herrschaft einer verschworenen Elite, die Corona für ihre Zwecke nutzt. In der Debatte zu einem Antrag der Linken zur besseren Entlohnung der Beschäftigten im öffentlichen Dienst – den die AfD mit Verweis auf Marktwirtschaft und Freiheit der Tarifparteien selbstredend ablehnt – führt der Abgeordnete Martin Sichert diese Argumentation erneut vor. Zunächst rückt er den Linken-Vorschlag zur besseren

Bezahlung der Beschäftigten in die Nähe des Sozialismus, den er mit dem Nationalsozialismus gleichsetzt: »*Und die Unverfrorenheit, mit der Sie hier gemeinsam Freiheit und Wohlstand vernichten, um dem Traum des absoluten Sozialismus näherzukommen, ist tatsächlich unfassbar. Nicht nur ich, sondern auch viele Mitbürger fühlen sich inzwischen an 1933 erinnert.*« Gleich danach vergleicht er die Corona-Politik mit dem Ermächtigungsgesetz der Nazis: »*Im Frühjahr hat man eine Notlage ausgerufen, mit der man über Verordnungen alle Grundrechte außer Kraft setzen kann. Nach Aussage von Herrn Drosten gibt es aktuell Überlegungen, diese Notlage auf ewig zu verlängern. Spätestens wenn das geschieht, gibt es keinerlei Unterschied mehr zwischen einer epidemischen Notlage nationaler Tragweite und Hitlers Ermächtigungsgesetz von 1933.*« (Deutscher Bundestag, 19. Wahlperiode, Protokoll 183. Sitzung, S. 22994)

Sitzungswoche 28.-30. Oktober 2020

Mit den deutlich ansteigenden Corona-Fallzahlen und dem verkündeten zweiten partiellen Lockdown rückte das Thema der Covid-19-Pandemie wieder ins Zentrum der Debatten des Bundestages. Die AfD hat sich für eine Rolle zwischen Leugnung und Verharmlosung entschieden, was ihre Position in der gegenwärtigen Entwicklung noch einmal schwieriger macht. Zumal die von ihr in Deutschland kritisierten Maßnahmen – wie gesagt – von Regierungen, denen sie sich nahe fühlt, in verschärfter Form angewandt werden. So bleiben als Vorbilder nur die USA unter Trump oder Bolsonaros Brasilien, womit sich jedoch schwer offensiv werben lässt.

Die berichtigte Kritik der Opposition an den demokratischen Defiziten der Corona-Maßnahmen wird von der AfD zum Angriff auf die demokratische Legitimation generell genutzt. In der Debatte zur Regierungserklärung der Kanzlerin illustriert Alexander Gauland das mit den Begriffen »*Kriegspropaganda*«, »*Kriegskabinett*«, »*Notstandskabinett*« und »*Coronadiktatur*«. Da die Leugnungsstrategie angesichts der Zahlen immer unglaubwürdiger wird, verlegt sich die AfD aktuell auf alternative Strategien. Gauland: »*Augen-*

scheinlich stecken sich vor allem aktive und jüngere Menschen an, also solche, die eine Infektion gut verkraften können oder mitunter gar nicht bemerken. Diese Zeitgenossen brauchen keinen Schutz, und es muss ihnen nichts verboten werden. Wir müssen stattdessen die Risikogruppen definieren und schützen.« (Deutscher Bundestag, 19. Wahlperiode, Protokoll 186. Sitzung, S. 23357) Während die AfD sonst gerne das nationale Kollektiv und die patriotische Verantwortungsgemeinschaft beschwört, entpuppt sie sich in der Pandemie als Anwalt eines Individualismus, der auch dann bereit ist über Leichen zu gehen, wenn andere Wege möglich sind. Noch einmal Gauland: »*Unsere Welt verändert sich auf erschreckende Weise in Richtung Unfreiheit. Eine neue Wertehierarchie entsteht: weg von der individuellen Entscheidung und hin zu kollektiver Organisation. Meine Damen und Herren, wir haben in diesem Land die Freiheit zu mühselig errungen, als dass wir sie an der Garderobe eines Notstandskabinetts abgeben. Eine Coronadiktatur auf Widerruf ist keine Lösung. Wir müssen abwägen, auch um den Preis, dass Menschen sterben.*« (Ebd., S. 23358)

Weil die Bundesregierung (und die Länder) nach Ansicht der AfD in der Pandemie alles falsch gemacht habe(n), brauche es schon während der Krise einen Untersuchungsausschuss. Laut AfD wurde die Gefahr durch Corona unnötig aufgebauscht, die Maßnahmen seien willkürlich und Ausdruck eines Willens zur Diktatur. Thomas Seitz gehört zur Gruppe der Leugner in der AfD-Fraktion: »*Und um zu verschleiern, dass der überwiegende Teil der wirtschaftlichen Schäden auf Versäumnisse der ersten Monate und den in Panik verhängten Lockdown, nicht aber auf das Virus zurückzuführen ist, wurde den Bürgern weiter Angst eingejagt und eine Maske verordnet, eine Maske als Symbol des Gehorsams vor der Regierung. (…) Bisher ist es nur eine Diktatur light, mit der ganze Wirtschaftszweige ins Aus oder in die Verstaatlichung getrieben werden. (…) Umso wichtiger ist es, dass heute der Untersuchungsausschuss ›Corona‹ beschlossen wird, heute, am Tag 25 der Maskendiktatur im Bundestag.*« (Deutscher Bundestag, 19. Wahlperiode, Protokoll 187. Sitzung, S. 23567 f.) Auch die Rolle von Bill Gates wollen Seitz und die AfD in einem Untersuchungsausschuss klären und machen sich so Verschwörungsmythen zu eigen bzw. senden Signale in die Szene aus.

Stephan Brandner, auch Teil der generellen Corona-Leugner der Fraktion, zielt mit seiner Rede auf die Kriminalisierung der politisch Verantwortlichen, namentlich der Kanzlerin. Nachdem er die Diktaturvorwürfe variiert und wiederholt – »*kein einziger Tag, an dem nicht unsere Grundrechte massiv eingeschränkt wurden und unser Volk von den Regierenden in Bund und Ländern schikaniert, drangsaliert, bespitzelt und unterdrückt wurde*« –, lässt er seinen Phantasien zum Umgang mit dem politischen Gegner freien Lauf: »*Hoffen wir, dass wir uns in der Endphase der bunt-sozialistischen Öko-Merkelatur befinden, dass diese millionenfache Verfassungsbrecherin samt ihren Helfershelfern – einige sitzen hier vor mir, einige sitzen hier neben mir – ihre letzten Tage im Amt und, wenn es nach mir geht, auch ihre letzten Tage in Freiheit verbringt. So wie Merkel uns einsperrt, muss auch sie eingesperrt werden.*« (Ebd., S. 23574)

Sitzungswoche 4.-6. November 2020

Mit einem Strategiepapier zum Umgang mit der Corona-Krise will die AfD die Stagnation in den Umfrageergebnissen beenden und Unzufriedene stärker an sich binden. Klare Botschaften und nicht zu radikal, so soll der neue Umgang mit Corona aussehen, mit dem nicht allein den Lautsprechern der Corona-Leugner das Feld überlassen werden soll.

Im Bundestag konnte man in dieser Woche die Schwierigkeiten der AfD-Fraktion mit diesem Ansatz sehen. Während in einigen Reden tatsächlich verstärkt alternative Vorschläge zum Umgang mit einer offenbar als real akzeptierten Pandemie gemacht wurden, blieb ein anderer Teil der Fraktion bei der bisherigen Linie, Corona als eine Erfindung der Eliten zum Umbau der Gesellschaft darzustellen. Beatrix von Storch stand in der Debatte zur epidemischen Lage exemplarisch für die neue Linie: »*Wir haben Alternativen zu dem Lockdown formuliert. Mein Kollege Spangenberg hat es bereits erläutert: mehr Schnelltests für Seniorenheime und Krankenhäuser, FFP2-*

Masken für das Pflegepersonal und Unterstützung für Risikogruppen zu Hause. Wir wollen Menschenleben schützen, aber dabei darf die Wirtschaft nicht sterben. Wir brauchen die Wirtschaft auch, um Geld für Gesundheit und medizinischen Fortschritt zu haben.« (Deutscher Bundestag, 19. Wahlperiode, Protokoll 190. Sitzung, S. 23963) Ganz anders demgegenüber Abgeordnete wie Enrico Komning, der nur wenige Stunden nach von Storch von Inszenierung und Betrug spricht: »*Fünf Tage Lockdown haben an Ihrer Infektionsfront, liebe Bundesregierung, nicht auch nur den Hauch eines Effekts gehabt. Die täglichen Wasserstandsmeldungen zu den sogenannten Infizierten sollen Angst und Schrecken verbreiten, um den Menschen erfolgreich eine pandemische Lage vorzugaukeln.*« (Ebd., S. 2403) Deutlicher noch der notorische Klima- und Corona-Leugner Karsten Hilse, der bei seiner Rede mit Querdenker-T-Shirt auftrat und Klima- und Corona-Politik als zwei Seiten einer weltweiten Verschwörung behauptete, mit deren Hilfe der »*Sozialismus weltweit mittels einer zu errichtenden Ökodiktatur wieder*« eingeführt werden solle. Diese »*große Transformation*« hin zum Sozialismus habe u.a. das Weltwirtschaftsforum beschlossen. Kapital und Sozialisten Hand in Hand – Hilse knüpft hier nahtlos an die Phantasien der Nazis von einer roten und goldenen Internationalen aus Finanzkapital und Kommunismus an – eine antisemitische Projektion. Hilse weiter: »*Dass diese Leute dazu mithilfe der Kanzlerin die Coronapanikkrise als hilfreiches Werkzeug nutzen wollen, ist nicht nur durch die Aussage von Herrn Schäuble bekannt, sondern wird ganz offiziell auf der EU-Webseite verkündet. (…) Um die Zerstörung dieser unserer Wirtschaft und unserer Gesellschaft zu beschleunigen, wurde ein Katalysator gefunden: Ein Virus und die von ihm ausgelöste Krankheit, von der selbst die WHO mittlerweile sagt, sie sei mit einer mittelschweren Grippe vergleichbar, wird zur Panikverbreitung benutzt, um in ihrem Schatten all die Dinge umzusetzen, die Sie sich schon lange auf die Fahne geschrieben haben, unter anderem das Auslöschen der Nationalstaaten in Europa.*« (Deutscher Bundestag, 19. Wahlperiode, Protokoll 188. Sitzung, S. 23701 f.)

Sitzungswoche 18.-20. November 2020

Angesichts der Ereignisse dieser Sitzungswoche stellt sich die Frage, ob die AfD in dieser Hysterisierungsdynamik der Corona-Proteste vor allem Treiberin oder doch eher Getriebene ist? Vor wenigen Wochen erst hatte die Bundestagsfraktion ein Papier zum Umgang mit der Corona-Krise beraten, in dem es um eine klarere und einheitlichere Kommunikation zur Krise ging, mit der auch Menschen erreicht werden sollten, die der Partei bisher skeptisch gegenüberstehen, die aber an der Sinnhaftigkeit der Maßnahmen zweifeln. Ob diese Menschen mit AfD-Aktionen wie in der letzten Woche erreicht werden, bleibt abzuwarten. Kurzfristig haben auf jeden Fall die Verschwörungsapologeten der völkischen Rechten das Bild der AfD nach außen geprägt. Dabei hat die Fraktion mit dem Einschleusen von Gästen, die Abgeordnete und Regierungsmitglieder im Bundestag bedrängten, eine klare Grenze überschritten. Der FDP-Abgeordnete Marco Buschmann sprach in Anlehnung an den Staatsrechtler Hans Kelsen vom Übergang von der »technischen Obstruktion« (Verweigerung bei formalen Abläufen) zur »physischen Obstruktion«.

Der AfD ging es in dieser Sitzungswoche um zweierlei: die Delegitimierung der parlamentarischen Demokratie und die Etablierung einer Widerstandserzählung mit ihr als parlamentarischer Speerspitze. Der Vergleich mit dem Ermächtigungsgesetz der Nazis war ein zentrales Element dieser Strategie.

Innerhalb der AfD-Fraktion haben die Vorgänge zu Unruhe und Missfallen geführt – in welchem Maße, ist unklar. Die Entscheidung, die Abgeordneten Bystron und Hemmelgarn – die beide Einlader der besagten Gäste waren – bis März 2021 nicht mehr im Plenum reden zu lassen, trifft beide nicht wirklich hart, gehören sie doch zu den eher seltenen Rednern der Fraktion. Die öffentlichen Äußerungen von Meuthen und Lucassen zu den Vorfällen richten sich eindeutig gegen die Fraktionsführung, die den Laden offensichtlich nicht mehr im Griff hat.[31]

31 Vgl. tagesschau.de (Archiv d. Autors); vgl. auch: idas.noblogs.org/?p=4098

In der Debatte zum Bevölkerungsschutzgesetz war die AfD darum bemüht, den Tag als Zäsur und Übergang in eine (schleichende) Diktatur darzustellen. Ihr Erster Parlamentarischer Geschäftsführer Bernd Baumann behauptete, die »*Gesetzesvorlage ist eine Ermächtigung der Regierung, wie es das seit geschichtlichen Zeiten nicht mehr gab.*« (Deutscher Bundestag, 19. Wahlperiode, Protokoll 191. Sitzung, S. 24046) Was immer »geschichtliche Zeiten« konkret sein mögen, für die AfD ging es um den Vergleich mit der NS-Zeit. Gauland sprach vom Misstrauen, das explodieren werde: »*Das sehen sie auf den Straßen, das sehen sie an der Aggression, die sie überall spüren.*« (Ebd., S. 24051) Unerwähnt ließ der AfD-Fraktionsvorsitzende, dass vor allem die AfD kräftig an der Aggressionsspirale drehte.

So sprach Gauland von einer »*nahenden smarten Gesundheitsdiktatur*« und bezeichnete »*Herrn Drosten*« als »*aktuelle(n) deutsche(n) Souverän*«, weil angeblich er die Pandemie von nationaler Tragweite definiere. (Ebd.) Die Zwischeninterventionen der AfD-Abgeordneten sollten das Demonstrationsgeschehen ins Plenum transportieren, etwa wenn der Abgeordnete Bystron völlig wahrheitswidrig davon sprach, »*die Menschen werden wie Vieh zusammengepfercht.*« (Ebd., S. 24063)

Während die AfD sich zur einzigen Partei des Widerstands gegen das Bevölkerungsschutzgesetz stilisierte, sah die Realität ganz anders aus, denn sowohl FDP wie auch Die Linke lehnten – nur eben mit ganz anderen Begründungen – das Gesetz ebenfalls ab.

Die Ereignisse vom Mittwoch spiegelten sich in der Aktuellen Stunde vom Freitag, die die Bedrängung von Abgeordneten im Bundestag durch Gäste der AfD-Fraktion zum Thema hatte. Deutlich wurde hier, dass alle bis auf die AfD diese Vorgänge als Grenzüberschreitung bewerteten, die man der AfD nicht durchgehen lassen wolle.

Weitgehend verlogen war die Entschuldigung von Gauland, der zwar den Vorgang verurteilte, aber keine Schuld bei der AfD erkennen wollte: »*Ich möchte betonen, dass diese Besucher ganz offiziell angemeldet waren und somit auch die Sicherheitsüberprüfung durch-*

laufen haben. Wir konnten also nicht damit rechnen, dass so etwas passiert. (...) Die Unterstellungen allerdings, diese Vorfälle seien von uns, wie es Herr Grosse-Brömer ja auch gerade gesagt hat, beabsichtigt gewesen, das sei eben der Stil der AfD, diese Unterstellungen sind infam.« (Deutscher Bundestag, 19. Wahlperiode, Protokoll 193. Sitzung, S. 24369) Wie zum Beleg der Vorwürfe der anderen Fraktionen nominierte die AfD ausgerechnet einen ihrer größten Verschwörungsapologeten, Karsten Hilse, zum zweiten Redner der Debatte, dessen vorübergehende Festnahme durch die Polizei die Fraktion dazu nutzte, sich als eigentliches Opfer der Ereignisse darzustellen. Nach seinem Bekenntnis zur Verwendung des Begriffs »Ermächtigungsgesetz« ging er gleich zum Angriff über: »*Sie haben im vollen Bewusstsein aus Opportunität oder aus Feigheit für ein Gesetz gestimmt, das die Tür zur Diktatur aufstößt. Schämen Sie sich! (...) Die Polizeiführung Berlins ist Erfüllungsgehilfe dieser völlig außer Rand und Band geratenen Bundesregierung.*« (Ebd., S. 24376)

Sitzungswoche 25.-27. November 2020

Der seit mehr als zwei Jahren angekündigte »Sozialparteitag« der AfD fand Ende November mitten in der zweiten Corona-Welle als Präsenzparteitag in Kalkar statt. Der AfD ging es dabei vor allem darum, ihre auch im Bundestag kultivierte Position zwischen Leugnung und Verharmlosung der Pandemie symbolisch zu untermauern und im Gegensatz zu allen anderen Bundestagsparteien einen Parteitag mit mehr als 600 Personen in einer Halle abzuhalten.

Inhaltlich gab es in Kalkar wenig Aufregendes bezogen auf das Thema Sozialpolitik, dafür aber eine Brandrede des Ko-Vorsitzenden Jörg Meuthen, dessen massive Kritik an Rückwärtsgewandtheit, pubertierendem Provokationsverhalten und Disziplinlosigkeit in den eigenen Reihen sich vor allem gegen Alexander Gauland und die Bundestagsfraktion richtete. Aus Meuthens Sicht waren die Aktionen aus den Reihen der Fraktion, wie sie am 18.11. im und um den Bundestag herum stattfanden, eine Gefährdung des Projekts AfD insgesamt.

Sieht man sich die vergangene Plenarwoche im Bundestag mit Blick auf den Parteitag an, dann erweisen sich die Ergebnisse des »Sozialparteitages« als das, was sie sind: faule Kompromisse zwischen den wirtschaftsliberalen Nationalkonservativen und der völkischen Rechten. In allen Debatten, in denen es um soziale Verbesserungen vor den Hintergrund der Pandemie-Krise ging, stellte sich die AfD auf die Seite von Kapital und Eigentum.

In der von der Linken beantragten Aktuellen Stunde zum Thema »Gute Löhne und Verteilungsgerechtigkeit – Zunehmende Ungleichheit in der Coronapandemie stoppen« will Uwe Witt von der AfD nur den Versuch sehen, *»die Spaltung der Gesellschaft in Arm und Reich, in Gut und Böse weiter voranzutreiben.«* (Deutscher Bundestag, 19. Wahlperiode, Protokoll 194. Sitzung, S. 24494) Gute Löhne seien in der Marktwirtschaft einzig Sache der Sozialpartner. Die *»freie westliche Gesellschaft«* sei kein geschlossenes System und *»Verteilungsgerechtigkeit, wie sie sich das vorstellen, würde also wirklich nur in geschlossenen Systemen wie der DDR 2.0 umzusetzen sein.«* (Ebd.) Beibehaltung massiver sozialer Ungleichheit oder DDR 2.0 – das sind die Schwarz-Weiß-Vorstellungen der AfD in der Sozialpolitik. Für den AfD-Abgeordneten Martin Sichert zeigt sich in derselben Debatte, dass die Bundesrepublik unter schwarz-rot längst eine sozialistische Umverteilungsgesellschaft ist: *»Ihnen von der Linken, die immer von Vermögensabgaben, neuen Steuern und noch mehr staatlicher Lenkung träumen, kann man nur raten: Sehen Sie sich doch in der Realität um! Genau diese Politik haben wir aktuell.«* (Ebd., S. 24501)

Nicht zufällig waren Demografie und Familie im Leitantrag der AfD zu ihrem »Sozialparteitag« die bestimmenden Themen. Ein paternalistischer Familialismus ist das Surrogat der AfD für eine konsequente, auf Umverteilung von oben nach unten setzende Sozialpolitik. Mit Anträgen wie »Aktive Familienpolitik durch Baby-Willkommensdarlehen« (Drs. 19/24672), »Umsatzsteuern auf Babywindeln absenken« (Drs. 19/24656), »Verwirklichung des Kinderwunsches – Unterstützung der Entscheidung für ein drittes

Kind« (Drs. 19/24673), »Lebensrecht Ungeborener gewährleisten – Gesetzliche Regeln zur Schwangerschaftskonfliktberatung verbessern« (Drs. 19/24657) und »Wertewandel im öffentlichen Rundfunk und an öffentlichen Schulen – Hervorhebung der Bedeutung von ungeborenem Leben und Neugeburten für Verfassung, Staat und Gesellschaft« (Drs. 19/24652) unterstrich die AfD diesen Ansatz in der Sitzungswoche.

Sitzungswoche 8.-11. Dezember 2020

Der Umgang der AfD mit der Pandemie wird zu einer Gefahr – auch im Bundestag. Während öffentlich über einen Zusammenhang zwischen hohen AfD-Wahlergebnissen und Corona-Hotspots in einzelnen Bundesländern diskutiert wird, führt der Umgang von AfD-Abgeordneten im Bundestag mit der Pandemie zur konkreten Gefährdung anderer. In der Sitzungswoche bekam der AfD-Abgeordnete Stefan Keuter sein positives Testergebnis in die laufende Sitzung des Untersuchungsausschusses zum Terroranschlag am Breitscheidplatz gereicht. Zu diesem Zeitpunkt hatte er der Sitzung schon sechs Stunden beigewohnt. Die Corona-Erkrankung von Büromitarbeitern von Keuter war Grund für den Test, aber für den Abgeordneten kein Anlass für eine Selbstisolation.[32] Der AfD-Abgeordnete Seitz, ein penetranter Maskenverweigerer im Bundestag, liegt mit schwereren Symptomen im Krankenhaus, von seinem Büro wird allerdings von einer »Grippe« gesprochen – in der AfD die Verharmlosungsformel für Corona.

In der Generaldebatte zum Etat des Kanzleramtes nahm die AfD die Gelegenheit zur Generalabrechnung mit der Lieblingsfeindin der Partei wahr, beschränkte sich in der Corona-Frage aber auf Kritik. Beatrix von Storch kleidete das in eine ihr wohl griffig erscheinende Gegenüberstellung, verbunden mit der Hoffnung auf eine konservative Wende der Union: »*Adenauer hat Westdeutschland aus*

32 Vgl. AfD-Abgeordneter war trotz Corona-Infektion im Amri-Ausschuss, in: rnd.de, 16.12.2020 [Abruf: 9.12.2021].

einem Trümmerfeld wiederaufgebaut und an die Weltspitze geführt. Merkel hat Deutschland wieder in ein Trümmerfeld verwandelt und führt uns in den Niedergang. Aber Deutschland wird Merkel überleben. Es wird neue politische Mehrheiten geben, so wie jetzt gerade in Sachsen-Anhalt. Wir werden Merkels politisches Erbe abwickeln und Deutschland wiederaufbauen.« (Deutscher Bundestag, 19. Wahlperiode, Protokoll 198. Sitzung, S. 24952)

Bezogen auf die Corona-Maßnahmen hieß es von Alice Weidel, die »*Kollateralschäden*« seien höher als der Nutzen der Maßnahmen. Das schien die verabredete Linie dieses Teil der Fraktion zu sein. Eine Kritik an fehlender sozialer Ausgewogenheit der Maßnahmen, an fehlender Vorbereitung auf die zweite Welle, am Kaputtsparen des Gesundheitssystems sucht man dagegen bei ihr vergebens. Im Grunde steht dieser Teil der AfD-Fraktion für den schlanken Staat: sofortige Beendigung aller Einschränkungen und ausschließlicher Schutz der gefährdeten Gruppen, das ist das letztlich sozialdarwinistische Programm, das Weidel predigt: »*Unser Ziel ist, dass Staat und Verwaltung sich auf ihre Kernaufgaben konzentrieren, das heißt die Gewährleistung des rechtlichen und ordnungspolitischen Rahmens und die Aufrechterhaltung der inneren und äußeren Sicherheit und nicht die ständige und übergriffige Einmischung in das Privatleben und die wirtschaftlichen Entscheidungen der Bürger.*« (Deutscher Bundestag, 19. Wahlperiode, Protokoll 198. Sitzung, S. 24921)

Die apokalyptische Variante wird dagegen vor allem von der völkischen Rechten in der Fraktion vertreten. In der Haushaltswoche durfte der Abgeordnete Harald Weyel diese Rolle übernehmen und man wüsste gerne, ob sein Mitarbeiter Eric Lehnert vom Institut für Staatspolitik ihm diese Rede geschrieben hat: »*Dieser Haushalt ist ein Produkt einer durch die Regierung ausgelösten Massenpsychose, der sie nunmehr selbst zum Opfer gefallen ist. (…) Er ist ein Experiment am Menschen, ein Experiment, dessen Notwendigkeit mit ebenso irreführenden wie irrelevanten Coronastatistiken begründet wird. (…) Warum können Sie seelenruhig einen solchen Haushalt ein-*

bringen und müssen außer dieser Debatte kaum Kritik fürchten? Weil die Massenhysterie alle Jahre wieder durchexerziert wird und mit dem diesjährigen Neutronenbombenthema Corona nur auf neue Spitzen getrieben wird. Die Angst wird durch geradezu irre Fallzahlkonstruktionen jenseits relevanter Hospitalisierungs- und Sterblichkeitsraten erzeugt, die in einer 24-Stunden-Bepeitschung durch Staatsmedien und gekaufte Privatmedien in die Köpfe der Wähler eingehämmert werden. Die Brechung des freien Volkswillens durch Informationsunterdrückung und mittelalterliche Endzeitszenarios erleichtert aber auch ungemein die Ausrufung eines neuen Staatsziels, nämlich die Massenimpfungen nach Lobbygusto.« (Deutscher Bundestag, 19. Wahlperiode, Protokoll 200. Sitzung, S. 25170)

Sitzungswoche 16.-17. Dezember 2020

Der Ausschluss des Bundestagsabgeordneten Frank Pasemann aus der AfD führte folgerichtig auch zu seinem Ausschluss aus der Bundestagsfraktion, die nunmehr nur noch aus 88 Abgeordneten besteht. Für die AfD hat das Folgen, denn sie verliert durch das Schrumpfen der Fraktion je einen Sitz im Verteidigungs-, Verkehrs- und Rechtsausschuss und auch Redezeit im Bundestag. Mehr als einen Monat ließ sich die Fraktion Zeit, den Ausschluss bekanntzugeben, um so die Auswirkungen widerrechtlich hinauszuzögern.

In der Corona-Politik der AfD gibt es trotz der zunehmenden Zahl an Fällen in den eigenen Reihen keine Änderung. In der aktuellen Impfdebatte versucht die AfD mit Blick auf die von ihr neu entdeckte Gruppe der Impfgegner*innen, Zweifel am Impfstoff zu säen. Für Steffen Kotré handelt es sich beim BioNTech/Pfizer-Impfstoff um ein Verfahren, »*das in die Gene eingreift, also ein gentechnisches Verfahren. Wir haben es also eher mit einem Experiment zu tun denn mit einer Impfung.*« (Deutscher Bundestag, 19. Wahlperiode, Protokoll 201. Sitzung, S. 25233) Bei der Behauptung der Widersinnigkeit der aktuellen Corona-Maßnahmen scheut die AfD auch nicht vor der Verbreitung von Fehlinformationen zurück. So behauptet Kotré, das Beispiel Schweden habe gezeigt, dass ein Lockdown unnötig sei: »*Schweden steht sogar besser da, was die Anzahl der Coronatoten anbelangt.*« (Ebd., S. 25234) Richtig ist das Gegenteil: In Schweden selbst sieht man den eigenen Weg als gescheitert an und die Zahl der Toten liegt im Verhältnis zur Bevölkerung deutlich über der Deutschlands.[33]

Sozialpolitisch stellt sich die Fraktion in der Krise klar gegen die Interessen abhängig Beschäftigter. So spricht sie sich gegen einen verbesserten Kündigungsschutz bei Unternehmen aus, die von Wirtschaftshilfen in der Corona-Krise profitieren, lehnt das Gesetz zur besseren Arbeitsschutzkontrolle in der Fleischindustrie ab, spricht sich gegen besseren Zugang zu Arbeitslosengeld und Grundsicherung in der Krise aus und stellt sich gegen soziale Mindeststandards in der EU. Norbert Kleinwächter bringt es auf den Punkt: »*Brauchen wir ein soziales Europa? (…) Brauchen und wollen wir die neue Mindestlohnrichtlinie der Europäischen Union? Zu beiden Fragen sagen wir ganz klar Nein.*« (Deutscher Bundestag, 19. Wahlperiode, Protokoll 201. Sitzung, S. 25274)

Sitzungswoche 13.-14. Januar 2021

Die AfD befindet sich in einem strategischen Dilemma, das sich auch im Auftreten ihrer Bundestagsfraktion spiegelt. Auf der einen Seite zeigt ihr der Blick in die USA, dass mit einer Politik aus Lügen, Verschwörungsmythen und einer gezielten Nähe zur extremen Rechten ein stabiles politisches Lager gebildet werden kann, das in Teilen zu allem bereit zu sein scheint. Auf der anderen Seite ist dieses Lager in der Bundesrepublik deutlich minoritär, gleichzeitig gibt es starken Druck von innen und außen, den Bezugsrahmen des politischen Systems nicht (noch weiter) zu verlassen.

Geheime Pläne zur Wahlfälschung, zu einer Impfpflicht, zur Entmündigung der Bürgerinnen und Bürger durch eine ›globalisti-

---

33 Vgl. Sterberate auf US-Niveau: Schweden macht's noch schlechter als Deutschland, in: n-tv.de, 4.12.2020 [Abruf: 9.12.2021].

sche‹ Elite – alle diese Themen werden von der AfD im Bundestag Anfang 2021 nur angedeutet. Ganz offensichtlich wirkt die Verabredung, im Wahljahr keinen weiteren Anlass für eine anscheinend unmittelbar bevorstehende Beobachtung der Gesamtpartei durch den Inlandsgeheimdienst zu bieten, um sich nicht alle Chancen auf eine gerichtliche Korrektur dieser Beobachtung von vorneherein zu verbauen.

So spricht zwar der AfD-Abgeordnete Hansjörg Müller in einer Rede vom *»hingetrickste(n) Präsident Joe Biden«* (Deutscher Bundestag, 19. Wahlperiode, Protokoll 204. Sitzung, S. 25646), weiter will sich aber die Fraktion zur Trump'schen Behauptung der Wahlfälschung nicht äußern. Stattdessen ist man – in Adaption von Trump – darum bemüht, Zweifel an der demokratischen Legitimität der Wahlen in Deutschland zu streuen. In einer Kleinen Anfrage mit dem Titel »Mögliche Vorbereitungen der Bundesregierung zur Verschiebung der Bundestagswahl 2021 oder Durchführung als reine Briefwahl infolge der Corona-Pandemie« (vgl. Drs. 19/25691) geht es darum, solche Zweifel zu befördern. Der kurzfristige Vorstoß der Koalition, angesichts der Pandemie-Lage die Versammlungen zur Aufstellung der Kandidat*innen für die Bundestagswahl in Teilen auch digital zu ermöglichen, wird von der AfD als Beleg für mögliche Manipulationen gedeutet. Ihr Parlamentarischer Geschäftsführer Bernd Baumann dazu: *»Mit dem heute vorliegenden Antrag rücken so Dinge wie Briefwahl und digitale Abstimmung plötzlich in den Vordergrund. Sie sind, wie wir wissen, manipulierbar. (…) Woher kommt dieser Druck? Kommt er aus dem Kanzleramt? Was ist das Kalkül dahinter?«* (Deutscher Bundestag, 19. Wahlperiode, Protokoll 204. Sitzung, S. 25619 f.)

Für die Vorgänge am Kapitol in Washington will die AfD sich nicht in Mithaftung nehmen lassen und ist sehr darum bemüht, die – bei allen Unterschieden – offensichtlichen Parallelen zur Aktion an der Treppe des Reichstagsgebäudes zu leugnen. Gottfried Curio nimmt die Aktuellen Stunde zu den Ereignissen von Washington zum Anlass, die AfD in ihre Lieblingsrolle zu schieben, die des Opfers: »*Aber was für ein Schauspiel! In den USA eskaliert eine Demonstration, und in Deutschland beeilt man sich, festzustellen, dass hier ein ähnlicher Mob agiert. Gut, dass wir in Deutschland eben keinen vergleichbaren Vorfall, etwa vor dem Reichstag, hatten. Während im Kapitol ein Haufen stundenlang wütete, verlief sich hier die Truppe mit ihren Treppenselfies binnen Minuten – kein Eindringen, keine Verletzten, keine Sachbeschädigung, drei Polizisten genügten. Aber man zieht einen schamlos falschen Sachvergleich, um mit Schreckensbildern aus den USA die deutsche Bevölkerung gegen Kritiker der Regierungspolitik aufzuwiegeln. Das ist Hass, das ist Hetze gegen demokratische oppositionelle Minderheiten.*« (Ebd., S. 25686) Sodann werden die Reaktionen auf die Ereignisse in Washington als eigentlicher Angriff auf die Demokratie ausgegeben: »*Der eigentliche Angriff auf die Demokratie ist die Instrumentalisierung der Ausschreitungen im Kapitol, um eine flächendeckende Zensur zu etablieren. Die Löschorgien im Netz trommeln täglich zum Marsch in den digitalen Totalitarismus. Man will alle Kritiker zum Schweigen bringen – eine Bücherverbrennung von gigantischem Ausmaß, meine Damen und Herren.*« (Ebd., S. 25687) Neben dem bewusst den historischen Faschismus verharmlosenden Vergleich mit der Bücherverbrennung handelt es sich vor allem um eine Lüge. So konnte, um nur ein Beispiel zu nennen, die Vorsitzende der AfD-Parteistiftung, Erika Steinbach, über Jahre im Netz gegen Walter Lübcke hetzen, was möglicherweise zum Entschluss des Täters zum Mord an Lübcke beigetragen hat.

Sitzungswoche 27.-29. Januar 2021

Verschwörungserzählungen funktionieren besonders gut, wenn sie an Elemente von Wahrheit anknüpfen, reale Probleme oder Fragen zum Ausgangspunkt nehmen und von hier aus einen eigenen Spin bzw. Drall entwickeln, der die gewünschte politische Richtung vorgibt. Die AfD verfährt häufig so und macht es dem politischen Gegner schwer, das ganze Thema als unsinnig abzutun. Exemplarisch führt sie das in der von ihr beantragten Aktuellen Stunde zum

Thema »Big Tech und die Meinungsfreiheit im Internet« vor. Politisch geht es ihr um die bekannte Opferinszenierung und die Behauptung, die globale Linke strebe eine totalitäre Zensur gegenüber allem politisch Abweichenden an, was sie am Beispiel der Twittersperre für Donald Trump festmacht. Beatrix von Storch läuft hier zu großer Form auf: »*Die globalistische Linke im Bündnis mit Big Tech will dagegen jeden mundtot machen, der nicht an ihre Wahrheit glaubt. (…) Die haben eine Arbeitsteilung: Die linken Terrorhorden von Antifa und Black Lives Matter schüchtern mit massiver physischer Gewalt politische Gegner ein, mobben unbequeme Wissenschaftler von der Universität, boykottieren und attackieren Unternehmen und schänden Denkmäler, laut und schmutzig. (…) Wir stehen vor einer Zeitenwende: Vor unseren Augen entsteht ein globaler Überwachungsstaat und ein so perfektes Zensurregime, wie es das noch nie in der Geschichte der Menschheit gab. Das ist digitaler Totalitarismus. Den müssen wir stoppen – für die Meinungsfreiheit der Bürger, für die Demokratie, gegen den Totalitarismus von Big Tech und gegen die Herrschaft des Silicon Valley.*« (Deutscher Bundestag, 19. Wahlperiode, Protokoll 206. Sitzung, S. 25955)

Die Phantasievorstellungen zur Macht einer globalen Linken kann man getrost beiseitelassen, aber die Machtkonzentration von Big Tech ist demokratietheoretisch tatsächlich ein Problem. Genau um dieses Problem von (Monopol)Machtkonzentration im Kapitalismus geht es der AfD aber nicht, denn hier ist sie Teil des Eigentumsblocks. Im April 2018 wurde im Bundestag über die Einschränkungen der Marktmacht großer Internetkonzerne debattiert, was jedoch mit der AfD nicht zu machen ist, denn das wäre »*sehr weit weg von Marktfreiheit und Rechtsstaatlichkeit.*« Machtkonzentrationen und Monopolstrukturen konnte ihr Redner Enrico Komning damals nicht erkennen, denn für ihn ist »*der Markt sehr wohl in der Lage (…), Wettbewerb auch bei temporär dominierenden Unternehmen zu gewähren.*« (Deutscher Bundestag, 19. Wahlperiode, Protokoll 29. Sitzung, S. 2735) Der Staat habe hier nichts zu suchen.

Sitzungswoche 10.-12. Februar 2021

Am Jahresbeginn 2021 hat die AfD ein Papier zum Thema »Staatsvolk«[34] verabschiedet, das ein zentrales Element bei dem Bestreben ist, eine Beobachtung durch den Verfassungsschutz zu verhindern. Scheinbar wendet sich hier die gesamte Parteiführung gegen ein völkisches Verständnis der Staatsbürgerschaft. Nur einen Monat später zeigt die AfD-Fraktion im Bundestag ihren Anhängern, dass es sich hierbei vor allem um eine taktische Maßnahme mit Blick auf eine mögliche geheimdienstliche Beobachtung handelt. Zwei Initiativen (Drs. 19/26546 und 19/26547) legt die Fraktion vor, um Einbürgerungen so restriktiv wie möglich handhaben zu können. Darin heißt es u.a.: »Die Entscheidung, wer zu einem Staatsvolk gehören soll, muss mit der Überlegung einhergehen, wer willens und fähig ist, für ein Land Verantwortung zu übernehmen und sich gut zu integrieren.« (Drs. 19/26547) Ganz offensichtlich soll Personen oder auch ganzen Gruppen die Fähigkeit zur Integration prinzipiell abgesprochen werden.

Beide Initiativen enthalten eine Reihe von Formulierungen, die es wert sind, zitiert zu werden und deren Anwendung auf die AfD man sich wünschen würde: »Für das Sicherheitsempfinden der Bürger und die Handlungsfähigkeit des Staates ist es unerlässlich, dass Einbürgerungswillige nicht durch verfassungsfeindliche Handlungen jedweder Art auffällig geworden sind. Auch wenn jemand ›glaubhaft macht, dass er sich von der früheren Verfolgung oder Unterstützung derartiger Bestrebungen abgewandt hat‹ (§ 10 Absatz 1 Satz 1 Nr. 1 StAG), macht dies den Antragsteller noch lange nicht zum Demokratiefreund. (…) Wer bereits Bestrebungen gegen die freiheitliche demokratische Grundordnung der Bundesrepublik Deutschland verfolgt oder unterstützt hat, wird vermutlich nicht zum Demokratiefreund, nur weil er sich davon losgesagt hat.« (Drs. 19/26546) Kalbitz, Höcke, Tillschneider u.v.a.m. – vermutlich keine Demokratiefreunde…

34 Vgl. Erklärung zum deutschen Staatsvolk und zur deutschen Identität, in: afd.de [Abruf: 10.12.2021].

Aber auch für humoristische Einlagen ist die Fraktion gut. So heißt es im Antrag Drs. 19/26547: »Im Rahmen der Aushändigung der ausgefertigten Einbürgerungsurkunde ist in den jeweiligen Amtsräumen gemeinsam mit dem Abholer oder Abholern vor Übergabe der Urkunde als klares Bekenntnis zur Bundesrepublik Deutschland, die dritte Strophe des Liedes der Deutschen von August Heinrich Hoffmann von Fallersleben im Rahmen einer feierlichen Übergabezeremonie anzustimmen.«

Unverändert bleibt die Position der AfD in der Corona-Politik: Ablehnung aller weitreichenden Einschränkungen des öffentlichen Lebens, Ablehnung aber auch der grundlegenden finanziellen Instrumente zur Bewältigung der Pandemie-Krise, denn für die AfD handelt es sich nicht um eine gesundheitliche, sondern einzig und allein um eine von der Politik verursachte Krise. Deutlich wird das im von der AfD-Fraktion angestrebten Normenkontrollverfahren gegen die Aussetzung der sogenannten »Schuldenbremse«. Von Peter Boehringer heißt es: »*Eine gesundheitliche Notlage ist weiterhin nicht gegeben; zu keinem Zeitpunkt gab es eine Überlastung des Gesundheitssystems. Die Sterblichkeitsrate lag in Deutschland im Jahr 2020 entgegen der gegensätzlichen Propaganda nicht über dem Erwartungswert. Das von der Koalition seit Monaten vorgetragene Narrativ, wonach nur entschiedenes staatliches Handeln zur Begrenzung der Krankheitsfälle geführt habe, ist weiterhin völlig unbelegt, auch wenn es hier immer wieder wiederholt wird. Ganz im Gegenteil hat erst die seit April letzten Jahres anhaltende staatliche Überreaktion die größte Wirtschaftskrise der Nachkriegszeit herbeigeführt.*« (Deutscher Bundestag, 19. Wahlperiode, Protokoll 209. Sitzung, S. 26335)

Bewusst negiert wird von der AfD, dass eine gesundheitliche Notlage, eine Überlastung des Gesundheitssystems und eine Übersterblichkeit in der konkreten Situation nur durch einschneidende Maßnahmen verhindert werden konnten, wie der Blick in diverse andere Länder deutlich zeigt. Aber der AfD geht es tatsächlich nicht um die effektive Eindämmung der Pandemie. Auf den Punkt gebracht hat Eckhard Rehberg (CDU/CSU) diese Strategie in seiner Antwort auf

Boehringer: »Liebe Kolleginnen und Kollegen, gestern im Haushaltsausschuss hat sich deutlich gezeigt, was Ihre Strategie ist, als es um die Freigabe von 6,2 Milliarden Euro für Impfstoffe ging. Das haben Sie abgelehnt mit zwei Begründungen. Die erste Begründung war, dass die Impfstoffe von BioNTech und Moderna Nebenwirkungen haben. Die zweite Begründung war, dass der Staat das alles finanziert. – Nein, Sie wollen – das ist der Grund für Ihre Hetze gegen das Impfen und gegen unsere Politik –, dass Deutschland im Chaos versinkt. Das Ergebnis Ihres Tuns wäre, dass noch viel mehr Menschen sterben und sich noch viel mehr Menschen infizieren würden. Gestern ist im Haushaltsausschuss ganz klar und deutlich geworden, was Ihr Ziel und was Ihre Strategie an der Stelle ist.« (Ebd., S. 26336)

Sitzungswoche 24.-26. Februar 2021

Nicht ganz unerfolgreich ist die AfD dabei, an den vorherrschenden Extremismusdiskurs anzuknüpfen und das Thema »Linksextremismus« stärker in den Fokus zu rücken – ohne Zweifel verbunden mit dem Ziel, von der eigenen Verbindung zur extremen Rechten abzulenken und das Problem Rechtsextremismus zu verharmlosen. Beatrix von Storch führt in dieser Woche am Beispiel des AfD-Antrags »Verein Indymedia verbieten« (Drs. 19/20682) vor, wic das geht: »*Es gibt in Deutschland links- und rechtsextremen Terrorismus; aber es gibt zwischen beiden einen zentralen Unterschied: Es gibt, Gott sei Dank, einen massiven Verfolgungsdruck gegen Rechtsterrorismus, der diesen auch jetzt in den Untergrund verdrängt hat. Und: Der Rechtsterrorismus geht von Einzeltätern und Kleingruppen aus. Es gibt dagegen so gut wie keinen Verfolgungsdruck gegen Linksterroristen. Der geschieht nicht. Die agieren nicht heimlich, nicht versteckt, nicht im Untergrund, und das sind nicht nur eine Handvoll gefährliche Einzeltäter. (...) Die Sympathisanten dieser linken Gewalt sitzen überall, in den Redaktionsstuben, in den Universitäten, in den Umweltverbänden, in den Gewerkschaften, in den NGOs und, ja, auch hier im Deutschen Bundestag und in der Regierung. Die gesamte linke Seite und auch große Teile der Mitte hier gehören dazu.*« (Deutscher Bundestag, 19. Wahlperiode, Protokoll 212. Sitzung, S. 26783 f.) Eine Handvoll Einzeltäter, Kleingruppen, wahlweise noch Psychopathen – darin geht für die AfD das Problem des rechten Terrors auf.

An der Seite von Frauen, LSBTI und anderen diskriminierten Gruppen ist die AfD verbal immer dann, wenn es sich zur Hetze gegen Geflüchtete nutzen lässt. Bernd Baumann demonstriert das im Rahmen einer Debatte zum Thema »Hass und Hetze gegen LSBTI wirksam bekämpfen«. So kommen Hass und Hetze gegen diese Gruppen durch Teile der deutschen Mehrheitsgesellschaft in der Rede von Baumann mit keinem Wort vor, sondern sind in erster Linie ein Problem der Muslime: »*Wissenschaftliche Studien der Berliner Humboldt-Universität zeigen erschreckende Zahlen: 60 Prozent der Muslime in Europa lehnen Homosexuelle ab. Kein Wunder bei den Vorbildern in der islamischen Welt.*« Im Grunde hat die AfD für die betroffenen Gruppen jedoch nur Verachtung übrig, wie Baumann am Ende seiner Rede deutlich macht: »*Worauf zielen dann aber Ihre Anträge in Sachen Gender-Gaga, Transsexuelle, Homosexuelle, Migranten, People of Color, Black Lives Matter usw.? Hinter allem steht die neue Identitätspolitik der Linksgrünen: Klassische, tief bewährte, tief verinnerlichte Identitäten wollen Sie auflösen – allen voran die nationale Identität, vor allem die der Deutschen. Die Nation, unsere Heimat, das über Jahrhunderte gewachsene Zusammengehörigkeitsgefühl sollen aufgelöst und ersetzt werden durch ein neues, wirres Babylon, ein Flickwerk aus grellen Minderheitsidentitäten und einem großen, irren Regenbogenfahnenwerk.*« (Deutscher Bundestag, 19. Wahlperiode, Protokoll 211. Sitzung, S. 26647)

Die Pandemie ist nach Ansicht der AfD beendet, die behauptete Gefahr hat nie bestanden, alle Maßnahmen sind sofort zu beenden, so Steffen Kotré: »*Das Virus an sich ist auf dem Rückmarsch. Es handelt sich um den ganz normalen Verlauf einer Virusausbreitung. Unabhängig von den Gewerbeverboten hat er seinen Höhepunkt überschritten und klingt nun ab. (…) Oder es wurde behauptet, dass wir schwerwiegende Engpässe bei der Belegung von Intensivbetten hätten und dass wir auf eine Katastrophe zusteuern würden. Auch das ist ja nicht passiert. Die Behauptung war falsch. Auch wenn die individuellen Schicksale hier schwer wiegen: Die große gesamtgesellschaftliche Katastrophe ist ausgeblieben.«* (Ebd., S. 26859 f.) In der Tat, die große gesellschaftliche Katastrophe wäre vor allem dann eingetreten, hätten sich die Vorschläge der AfD durchgesetzt. Wer tatsächlich vor dem Hintergrund der seit einem Jahr getroffenen Maßnahmen behauptet, das Ausbleiben der Triage zeige doch, dass man gar nichts hätte machen müssen, hält seine Anhänger offenbar für wenig intelligent.

Sitzungswoche 3.-5. März 2021

»Rechtliche Schritte« wollte sich die AfD-Bundestagsfraktion in der letzten Sitzungswoche vorbehalten, sollte der von der Linken beantragte Berichtspunkt zu den »Entscheidungsgründen des BfV für die Einstufung der AfD als Verdachtsfall« in der Sitzung des Innenausschusses aufgerufen werden. Mit Presseberichten zu eben dieser Einstufung der AfD durch das Bundesamt für Verfassungsschutz am Morgen der Sitzung wurde diese leere Drohung der AfD obsolet. Eine Woche später wiederum verlangt die AfD-Fraktion eine Sondersitzung des Innenausschusses, um das »rechtswidrige Verhalten des BfV gegenüber der AfD« zu thematisieren – auch diesmal vergeblich.

Nach wie vor ist das BfV eine unverzichtbare Stütze der extremen Rechten. Nachdem das Amt Jahre brauchte, um die von Antifaschist*innen und Wissenschaft dokumentierte extrem rechte Ausrichtung der Partei in ihren Kategorien (extremistisch, verfassungsfeindlich) nachzuvollziehen, sorgen gezielte Durchstechereien aus Verfassungsschutz oder Innenministerium dafür, dass das Gericht eine Einstufung der AfD als Verdachtsfall vorerst untersagt. Ganz offensichtlich hat die AfD Sympathisant*innen in den Behörden, die der Partei nach Kräften helfen wollen …

Im Plenum buchstabiert die AfD das völkische Abc weiter vor sich hin. Nicht zum ersten Mal mit dem Bild des Fremden als Krankheitsüberträger. Das geht auch in einer Debatte zum Thema

»Steuergelder gegen Missbrauch durch Konzerne schützen«. (Drs. 19/27190) Martin Sichert behauptet hier: »*Der Chef des RKI hat verkündet, dass über die Hälfte der Fälle auf den Intensivstationen Muslime sind. Es sind nicht Migranten das Problem, sondern die Parallelgesellschaften, die mit der deutschen Sprache und deutschen Tugenden nichts anfangen können. Corona beweist einmal mehr: Multikulti ist krachend gescheitert! Das zeigen die Daten des RKI übrigens schon vor dem Lockdown. Im letzten Herbst war bekannt, dass sich in Asylbewerberheimen mehr als doppelt so viele Menschen anstecken wie in Schulen, Gastronomie und Hotellerie zusammen. Anstatt dass Sie zielgerichtet vorgehen mit Aufklärungskampagnen und die Asylbewerberheime leeren durch konsequente Abschiebung abgelehnter Asylbewerber, gängeln Sie lieber 83 Millionen Menschen und legen das ganze Land still.*« (Deutscher Bundestag, 19. Wahlperiode, Protokoll 215. Sitzung, S. 27077)

Die von der Bild-Zeitung verbreitete Aussage von RKI-Chef Wieler ist ohne empirische Grundlage[35] – Wieler spricht von eigener Ansicht in drei Großstadtkrankenhäusern (ob er dort nach Religionszugehörigkeit gefragt hat, scheint unwahrscheinlich). Fakt ist, dass Ansteckungen eine Klassenkomponente haben und dass Menschen in prekären sozialen Verhältnissen gefährdeter sind. Insofern wäre ein solches Faktum eher Ausdruck eines strukturellen Rassismus und nicht von Parallelgesellschaften. Die AfD will jedoch das Bild erzeugen, die von »deutschen Tugenden« angeblich freien Ausländer seien schuld an der Situation. Die Corona-Hochburgen in Sachsen, Brandenburg und Thüringen dürften jedoch eher auf Menschen mit »deutschen Tugenden« zurückzuführen seien – und in Teilen auch auf AfD-Anhänger.

An anderer Stelle werden von der AfD auch schon mal dunkelhäutige Menschen aufgrund von Vitamin-D-Mangel als Corona-

35 Vgl. Faktencheck: Herkunft von Covid-Patienten wird in Deutschland nicht erfasst – »Bild« reißt laut RKI und Bethanien-Klinik Aussagen aus dem Kontext, in: correctiv.org, 4.3.2021 [Abruf: 10.12.2021; RKI: Robert Koch-Institut].

Treiber angeboten. So heißt es in einem AfD-Antrag: »Auch dunkelhäutige Menschen entwickeln in nördlichen Breiten schnell einen Mangel, welcher wahrscheinlich einen starken Einfluss auf die Verbreitung der Corona-Infektion hat.« (Vgl. Drs. 19/26223)

Sitzungswoche 24.-26. März 2021

In der dritten Corona-Welle steht die AfD-Fraktion gegen alle zentralen Maßnahmen zur Eindämmung der Pandemie: Masken werden von ihr als Symbol der Unterwerfung abgelehnt, ihre Wirkung bestritten; die Impfstoffe seien unsicher und vom Impfen wird abgeraten; Abstandsregeln werden negiert, stattdessen bezieht man sich positiv auf die Spreader-Events der »Querdenker«.

Auf der anderen Seite nutzt man die Pandemie, um Schuldige zu präsentieren, die zielsicher in den »Fremden« gefunden werden. In der Befragung der Bundeskanzlerin nutzt Gottfried Curio seine erste Frage, um unbelegte und aus dem Zusammenhang gerissene Zitate von RKI-Chef Wieler zum angeblich hohen Anteil von Muslimen auf den Intensivstationen zum Ausgangspunkt dieser Schuldzuweisung zu machen: »*Das erinnert an die Superspreader-Events arabisch-türkischer Großhochzeiten und Beerdigungen, Hotspots bei Fastenbrechen, bei Türkeireiserückkehrern. Warum wird diese Gruppe der Regelverweigerer nicht gezielt adressiert, warum nicht mit Maßnahmen gegengesteuert? Ist die Erzählung vom Multikulti-Erfolgsmodell wichtiger als die Bekämpfung des Virus? Ist die Bürger wegzusperren, Geschäfte und Betriebe zu ruinieren, okay, aber gewisse Verursacher einmal in den Blick zu nehmen, die den Staat nicht respektieren, für diese Regierung nicht opportun?*« (Deutscher Bundestag, 19. Wahlperiode, Protokoll 217. Sitzung, S. 27341)

Auf die Faktenferne dieser Behauptungen wurde schon weiter oben eingegangen. Der »Fremde« als Träger und Verbreiter ansteckender Krankheiten, als Virusträger, als Gefahr am Volkskörper – Curio dürfte die Tradition dieser extrem rechten und faschistischen Erzählung kennen und stellt sich und die AfD wohl bewusst und mit voller Absicht in diese Reihe.

»Alternative Lösungen statt Lockdown« heißt ein Antrag der AfD aus der Sitzungswoche. Auch hier das eingangs erwähnte Muster: Die Berichterstattung der Medien gilt dem Redner Jörn König als »*Panikmache der Staats- bzw. öffentlich-rechtlichen Medien zur Covidkrankheit: Inzidenzwerte, PCR-Tests, die eh nichts taugen, R-Werte, Belegung der Intensivbetten und die täglichen Toten. Covid hat aber auch eine Überlebensquote von 99,7 Prozent. Das ist nie und nimmer eine epidemische Notlage. Aufheben, sofort!*« (Deutscher Bundestag, 19. Wahlperiode, Protokoll 218. Sitzung, S. 27536) Zu den vollmundig angekündigten Alternativen heißt es: »*Statt Panik müssen Lösungen propagiert werden. Dazu gehört für das Immunsystem auch der Sport und im Winterhalbjahr Vitamin D.*« (Ebd.)

Ordnungsrufe werden von AfD-Abgeordneten inzwischen mehr oder weniger als Trophäen behandelt. Jürgen Braun (AfD) wählt gegenüber der amtierenden Präsidentin Claudia Roth die Ansprache »*Frau Präsident!*«, wird entsprechend der Vereinbarung des Präsidiums auf die korrekte Anrede »*Frau Präsidentin*« verwiesen und kontert mit »*Das generische Maskulinum – das gilt.*« (Deutscher Bundestag, 19. Wahlperiode, Protokoll 217. Sitzung, S. 27374) Den fälligen Ordnungsruf nimmt er für das entstandene Video und den Tweet gerne entgegen.

Sitzungswoche 14.-16. April 2021

Die Pandemie wird laut Björn Höcke herbeigetestet: »Die Testung und die Anzahl der Testungen führt überhaupt dazu, dass wir eine Pandemie haben«, so Höcke am Rande des AfD-Parteitages in Dresden. Im Bundestag dagegen hält die AfD der Regierung vor, die Tests verschlafen zu haben. Gegensätzliches und Widersprüchliches findet sich bei der AfD so wie bei den anderen Parteien auch –, mit dem Unterschied, dass die AfD die Gefahren der Pandemie nach wie vor leugnet, die Notwendigkeit staatlicher Maßnahmen bestreitet, dahinter geheime Absichten vermutet und den Umgang mit dem Virus individualisieren will. In der vom Parteitag verabschiedeten Corona-Resolution heißt es, es soll »den mündigen Bürgern überlassen bleiben, in welchem Maße sie sich selbst schützen möchten.« Vor dem Hintergrund der sozial ungleichen Gefährdung durch Covid-19 und den Folgen, die für die subalternen Klassen sehr viel höher sind, ist das Ausdruck von Sozialdarwinismus.

In der ersten Lesung zur geplanten Verschärfung des Infektionsschutzgesetzes (sogenannte Bundesnotbremse) verdeutlicht Alice Weidel diese Position: »*Sie misstrauen den Bürgern; deswegen wollen Sie sie tagsüber gängeln und nachts einsperren. Sie misstrauen den Ländern und Kommunen. Deswegen legen Sie die Axt an die Wurzeln der föderalen Architektur der Bundesrepublik und entmachten Ministerpräsidenten, Landräte und Bürgermeister per Bundesgesetz.*« (Deutscher Bundestag, 19. Wahlperiode, Protokoll 222. Sitzung, S. 28104) Auch Weidel unterstellt, es ginge bei der Corona-Politik gar nicht um die Bekämpfung der Pandemie, sondern um geheime Ziele, die von ihr zwar nicht benannt werden, die sie aber mit den AfD-Feindbildern »Ausländer« und Kriminelle verbindet: »*Ginge es Ihnen tatsächlich in erster Linie um die Pandemiebekämpfung, hätten Sie längst geeignete und zielgerichtete Maßnahmen ergreifen können (…). Sie wollen mit diesem Gesetz etwas anderes: den endlosen Bundes-Lockdown, obwohl fünf Monate Wellenbrecher-Lockdown mehr als genug gezeigt haben, dass dieses primitive Rezept überhaupt nicht funktioniert. (…) Die Bürger verlieren das Vertrauen in einen Staat, der mit Polizeikommandos Rentnergeburtstage stürmt und Kinder vom Bolzplatz jagt, aber Drogenhändler im Park gewähren lässt. Die Bürger verlieren das Vertrauen in einen Staat, dessen Polizisten Erholungssuchende in Parks mit Zollstöcken schikanieren, aber bei Clangroßhochzeiten untätig danebenstehen müssen.*« (Ebd.) Dass die Polizei bei vielen Corona-Leugner-Demos trotz Missachtung sämtlicher Auflagen untätig zusah, wird von Weidel natürlich nicht kritisiert.

Der Abgeordnete Thomas Seitz hat weitergehende Vermutungen zu den »geheimen Absichten« der Regierenden: »*Diese simplen Fakten, die Chronik Ihres Versagens, wollen Sie verschleiern. Warum? Nur um sich selbst als Retter aus der Not darzustellen. Dazu brauchen*

Sie Angst und Panik. Nichts soll nach Normalität aussehen. In Wahrheit haben Sie nicht Angst vor den hässlichen Bildern – oh nein! –, Sie fürchten die schönen Bilder: die rodelnden Kinder, die Menschen beim Spazieren und Bummeln, Schlittschuhläufer, Badegäste, Biergarten und Straßencafé. Diese Bilder fürchten Sie. ›Deutschland. Aber normal‹ – das fürchten Sie! Sie schüren Angst und Panik. Sie inszenieren den Notfall, um als Retter in der Not dazustehen. Es geht bei Ihnen nicht um Inzidenzwerte, sondern nur um Ihre eigenen Umfragewerte (…).« (Deutscher Bundestag, 19. Wahlperiode, Protokoll 221. Sitzung, S. 27929)

Sollte das tatsächlich die geheime Strategie der Regierung sein, so ist sie bisher gründlich schiefgegangen. Auch bleibt es das Geheimnis der AfD, warum eine dem Kapital verpflichtete Regierung das Land ohne Not in Rezession und wirtschaftliche Krise stürzen sollte. Verschwörungsideologen wie Karsten Hilse können dahinter nur »*die Quasiabschaffung unserer freiheitlich-demokratischen Grundordnung*« vermuten und den Ruf »*Verhindern wir den Staatsstreich!*« anstimmen. (Ebd., S. 27995)

Sitzungswoche 21.-23. April 2021

Die Verschärfung des Infektionsschutzgesetzes hat die Differenzen im Umgang mit der Pandemie noch einmal deutlich gemacht. FDP, Linke und AfD haben gegen das Gesetz gestimmt, die Grünen haben sich enthalten. Während FDP und Die Linke vor allem Zweifel an der Verhältnismäßigkeit der Maßnahmen äußern, behauptet die AfD, die Maßnahmen dienten nicht der Pandemie-Bekämpfung, sondern seien Teil eines Umbaus der Demokratie.

Alexander Gauland ging in seiner Rede zum Gesetz davon aus, dass mit der Argumentation, mit dem Virus ließe sich nicht verhandeln, schon bald auch der Weg in eine Ökodiktatur legitimiert werde: »*So werden wir bald hören, dass auch mit dem Klima nicht zu verhandeln ist und die Einschränkungen von heute auch für die schöne neue Welt von morgen taugen.*« (Deutscher Bundestag, 19. Wahlperiode, Protokoll 223. Sitzung, S. 28212) Was bei Gauland sprachlich bürgerlich-seriös verpackt wird, kommt beim Abgeordneten Karsten Hilse sehr viel deutlicher auf den Punkt, wenn er beklagt, dass »*die Koalition in besonders dreister Weise das sogenannte Infektionsschutzgesetz derart verschärft hat, dass es nicht nur mit Fug und Recht Freiheitlich-demokratische-Grundordnung-Außerkraftsetzungsgesetz genannt werden kann, sondern es auch erlaubt, die Macht in diesem Staat ganz gezielt und sehr direkt dauerhaft zu ergreifen (…).*« (Deutscher Bundestag, 19. Wahlperiode, Protokoll 224. Sitzung, S. 28455) Während Gauland der Regierung vorwirft, bei der »*Impfstoffbeschaffung versagt*« zu haben, und dies auf ihre »*multilaterale Europaideologie*« zurückführt, bezichtigt der Abgeordnete Michael Espendiller die Regierung, »*eine der aufwendigsten Impfkampagnen*« zu inszenieren, »*die die Impfrisiken negiert und statt Aufklärung wohliges Werbefeeling verbreitet.*« (Ebd., S. 28422) Die Debatten und wechselnden Entscheidungen zum Impfstoff von AstraZeneca scheint Espendiller verpasst zu haben. Aber auch für ihn gilt: »*Sie spielen hier lieber den guten Samariter, der den Bürgern etwas Gutes tun will, während Sie eigentlich was ganz anderes im Sinn haben.*« (Ebd.) Was dieses »ganz andere« ist, wurde von Gauland und Hilse bereits ausgeführt.

Rabiater Antikommunismus in Verbindung mit Verschwörungserzählungen – diese Mischung ist aus der Geschichte des Faschismus bekannt. Von der AfD wird sie immer wieder auch ins Parlament getragen, so in dieser Woche anlässlich einer klimapolitischen Debatte, abermals durch Karsten Hilse. Außerhalb der AfD und ihres Spektrums kann er nur noch Kommunisten oder geheime Strippenzieher erkennen. »*Insbesondere die grünbemäntelten Kommunisten*« haben es ihm dabei angetan, zu deren böswilliger Erfüllungsgehilfin sich Kanzlerin Merkel habe machen lasse: »*Sie haben den Euro mit dem Geld der Deutschen gerettet. Sie haben der Umvolkung Deutschlands Tür und Tor geöffnet, als Sie untersagten, die Grenzen zu schließen (…) und Sie haben Millionen hochwertschöpfender Arbeitsplätze dauerhaft aus diesem Land vertrieben. Dafür zahlen wir die höchsten Strompreise der Welt. Unterstützt, nein, getrieben wurden Sie dabei von den grünen Kommunisten, deren wahre und willige Vollstreckerin Sie immer waren und noch immer sind.*« Selbst die USA seien nach der Abwahl Trumps dem Sozialismus verfallen, denn nachdem »*Präsident Trump noch den Mut (hatte), gegen diesen Wahnsinn vorzugehen und nach gründlicher Prüfung aus dem sozialistischen Verarmungsprogramm namens Pariser Klimaabkommen auszusteigen, gleichzeitig aber die CO_2-Emissionen der USA weiter zu senken, entschied ein neosozialistischer Nachfolger mit einer waschechten Kommunistin im Schlepptau am Tage seiner Amtsübernahme, diesen Austritt rückgängig zu machen.*« Und wem dienen diese kommunistisch/sozialistischen Machenschaften? Natürlich den Spekulanten: »*Der Umwelt und dem Klima nützt es überhaupt nichts, aber den Ideologen, den Raffkes und den Spekulanten. Den Oligarchen des Weltwirtschaftsforums geht es nicht um den Planeten, sondern um unglaubliche Gewinne, um Umverteilung mittels einer neuen weltweiten Ordnung, wie es ja auch ganz offen verkündet wird.*« (Deutscher Bundestag, 19. Wahlperiode, Protokoll 224. Sitzung, S. 28455) Wer in diesem Argumentationsgang Antisemitismus vermutet, liegt richtig.

Familialismus heißt die Alternative der AfD für Sozialpolitik. Auch hier vermischt sie Klassenpolitik mit völkischem Nationalismus. So geht es ihr in ihren Anträgen »Familien entlasten« vor allem um Entlastungen für deutsche Mittelschichtsfamilien mit hohem Einkommen. »*Wir brauchen starke Mittelschichtfamilien, die sich wieder ihre eigenen vier Wände leisten können*«, so Martin Reichardt, und Iris Harder-Kühnel ergänzt: »*Die Deutschen werden zur Minderheit im eigenen Land. (…) Die Deutschen bekommen immer weniger Kinder*« (Deutscher Bundestag, 19. Wahlperiode, Protokoll 225. Sitzung, S. 28664 bzw. 28673), und aus Sicht der AfD sind es zudem noch die »falschen«, weil nicht rein deutsche Kinder. Steuerlich entlasten will die AfD Familien mit einem Einkommen bis zu 100.000 Euro im Jahr. Damit zielt sie vor allem auf die Gut- und Besserverdienenden, während es für untere Einkommensgruppen nur eine geringe bzw. keine Entlastung gibt.

Sitzungswoche 5.-7. Mai 2021

Demokratische Institutionen stehen generell im Visier der extremen Rechten. Sie gilt es zu delegitimieren und verächtlich zu machen. Bezogen auf den Bundestag und die Parteien führt die AfD das im vierten Jahr Woche für Woche vor. Mit dem Urteil des Bundesverfassungsgerichts zu den Klimazielen der Bundesregierung rücken einzelne AfD-Abgeordnete jetzt auch das oberste deutsche Gericht in diesen Kreis der zu delegitimierenden Institutionen. In Polen und Ungarn ist bereits heute sichtbar, welchen Weg diese Rechte einschlägt, wenn sie die politischen Mittel dazu hat.

Karsten Hilse sieht im Bundesverfassungsgericht einen Wegbereiter des Kommunismus und eine Stütze des »*totalitären, antifreiheitlichen Staat(es)*«, womit er dem Gericht die demokratische Legitimation abspricht und zum Widerstand gegen seine Entscheidungen aufruft. Mit Bezug auf das Urteil führt er aus: »*Die grünen Kommunisten fühlen sich ermuntert, Klimaschutz jetzt zu propagieren, weil Richter des Bundesverfassungsgerichtes das Grundgesetz in seinen Kernelementen beerdigt haben. Sie übergaben die weiße Fahne der Selbstaufgabe an die grün-roten Kommunisten und ihre Mitläufer in allen Parteien, die ihren schleichenden Staatsstreich seit nunmehr 30 Jahren zielstrebig betrieben und siegreich beendet haben. Damit ist nach den als vierte Gewalt bezeichneten Medien, nach der Exekutive und der Legislative auch die Judikative – zumindest das oberste Gericht – offensichtlich zu einem großen Teil in der Hand derer, die Deutschland zu einem totalitären, antifreiheitlichen Staat umbauen wollen bzw. das zulassen.*« (Deutscher Bundestag, 19. Wahlperiode, Protokoll 228. Sitzung, S. 29172)

Die Behauptungen, es handelte sich um »kommunistische« Richter oder die Gerichtsentscheidungen seien ideologisch motiviert, waren in Ländern wie Ungarn und Polen der Hebel, um die unabhängige Verfassungsgerichtsbarkeit zu beseitigen.

Sitzungswoche 19.-21. Mai 2021

Antisemitismus und Verschwörungsmythen haben größere Schnittmengen, basieren letztere doch zumeist auf der Vorstellung der Verschwörung einer geheimen, mächtigen, reichen und wurzellosen Minderheit gegen die Mehrheit. Historisch verband sich diese Vorstellung mit dem Stereotyp der jüdischen Weltverschwörung. Die Versatzstücke dieser wirkmächtigen Ideologie lassen sich bis heute beobachten.

Die AfD bedient solche Mythen nach Kräften und ist gleichzeitig bemüht, sich als Anwalt von Jüdinnen und Juden darzustellen. Ein erster Schritt dafür ist die Behauptung, Antisemitismus sei kein Problem der deutschen Gesellschaft, sondern ein von außen nach Deutschland hineingetragenes Problem. Die Aktuelle Stunde zu den antisemitischen Ausschreitungen bei den Protesten anlässlich der militärischen Auseinandersetzung zwischen Israel und der Hamas und die damit verbundene Debatte zum Bericht des unabhängigen Expertenkreises Antisemitismus bot Gelegenheit dafür. So unterstellt Beatrix von Storch allen Menschen mit muslimischem Hintergrund »Judenhass« und den Experten Antisemitismus, wenn sie ausführt: »*Zugleich legen Sie jetzt einen 40-Seiten-Bericht über Antisemitismus vor, in dem Sie Antisemitismus und Muslimfeindlichkeit gleichsetzen. Sie stellen die Juden auf dieselbe Stufe mit den muslimischen Judenhassern, die Opfer mit den Tätern. Das ist kein Kampf gegen Antisemitismus. Das ist Antisemitismus! Ihre Islamkonferenz ist in Wahrheit eine Islamistenkonferenz. Sie sind deren Handlanger und nützliche Idioten. (…) Die tätlichen Angriffe gegen Juden gehen an allererster Stelle weit überwiegend von Muslimen aus. (…) Sie wollen einfach nicht wahrhaben, dass jetzt die Lunte hochgeht, die Sie gelegt haben. Mit Ihrer Einwanderungspolitik haben Sie Judenhass aus dem Nahen Osten nach Deutschland importiert. (…) Die BDS-Bewegung ist die Klammer zwischen linkem und muslimischem Antisemitismus. Diese gemeinsame Front richtet sich gegen Israel, Deutschland und den Westen. Sie reicht vom Iran bis zu den Grünen, von der Hisbollah bis zu Black Lives Matter und von der Hamas bis zu Fridays for Future.*« (Deutscher Bundestag, 19. Wahlperiode, Protokoll 229. Sitzung, S. 29275 f.)

Das Praktische an diesen Ausführungen ist, dass die extreme Rechte, geschweige denn die bürgerliche Mitte, gar nicht mehr im Zusammenhang mit Antisemitismus vorkommen. Der ist aus Sicht der AfD ausschließlich ein Problem der Muslime und der Linken.

»Einfach frei leben – Kein deutsches Engagement für den Großen Umbruch beziehungsweise Great Reset des Weltwirtschaftsforums – Mit Innovationen Umwelt und Wohlstand erhalten« (Drs. 19/29697) und »Einfach frei leben – Staatssozialismus verhindern, Demokratie und Wohlstand retten« (Drs. 19/29696) heißen zwei Anträge der AfD aus dieser Woche, die sich gegen eine staatssozialistische Umwälzung der Welt durch einen angeblich geplanten »Great Reset« oder »Großen Umbruch« wenden. Geplant werde diese »öko-sozialistisch«, »planwirtschaftliche« Verschwörung vom Weltwirtschaftsforum, dessen Papier zu einem Neustart (Great Reset) nach der Corona-Pandemie von der AfD als Anschlag auf die freien Gesellschaften interpretiert wird. Ein teuflischer Plan wird nach Ansicht der AfD in geheimen Gremien ausgeheckt: »*Regierungsvertreter und vom Staat alimentierte Nicht-, also doch Regierungsorganisationen planen den Umbau der westlichen Gesellschaft. Digitalisierung, Klima- und Coronahysterie, Energiewende und missbrauchte Jugendliche werden benutzt, um ideologische Konzepte umzusetzen. Wissenschaft, Innovation, Technologie sollen planwirtschaftlich gesteuert werden. Nicht mehr der souveräne Kunde soll entscheiden, was produziert werden muss und soll, sondern Klimaideologen und Funktionäre. Es sollen nur noch Unternehmen unterstützt werden, die sogenannt klima- und umweltfreundlich sind. Unternehmen sollen also nicht mehr in allererster Linie Produkte erstellen, Umsatz und Gewinn machen, um die Gesellschaft zu stützen, sondern im Sinne der Regierung Wohlverhalten zeigen. Das heißt nichts anderes als die Aushöhlung der sozialen Marktwirtschaft hin zu einer ökosozialistischen Planwirtschaft, meine Damen und Herren. Die ersten Vordenker wollen denn auch schon Demokratie und Eigentum abschaffen*«, so Steffen Kotré für die AfD (Deutscher Bundestag, 19. Wahlperiode, Protokoll 230. Sitzung, S. 29502) Sein Kollege

Rainer Kraft geht der Frage nach, was diese perfiden Kräfte mit den Gegnern einer solchen Entwicklung planen: »*Werden diese dann gesellschaftlich geächtet wie all die Kritiker der widersprüchlichen Coronamaßnahmen? Wird man deren Grundrechte beschneiden wollen wie die derjenigen, die einer Impfung mit einem halbausgegorenen Impfstoff kritisch gegenüberstehen? Oder aber droht am Ende diesen Leuten der Klima-Gulag?*« (Deutscher Bundestag, 19. Wahlperiode, Protokoll 231. Sitzung, S. 29705)

Das Weltwirtschaftsforum ist ein seit 1971 jährlich tagender Kreis international führender Wirtschaftseliten mit klar neoliberal-kapitalistischer Ausrichtung. (Staats)Sozialismus, Aufhebung des Privateigentums und des Wettbewerbs und Einführung planwirtschaftlicher Elemente sind einem solchen Gremium wesensfremd. Der undemokratische Charakter einer solchen Einrichtung wird von links seit Jahrzehnten kritisiert und die Kritik der »Postdemokratie« (Colin Crouch) hat das auf den Punkt gebracht. Bei der AfD wird diese Kritik zu einer antisemitisch konnotierten Verschwörungstheorie, die mit Vorstellungen einer roten (kommunistischen) und goldenen (finanzkapitalistischen) Internationale arbeitet, die eine lange antisemitische Tradition hat. Dass solche Stereotype von einer Fraktion kommen, deren Vorsitzende bei Goldman Sachs, einem Treiber der neoliberalen Globalisierung, gearbeitet hat, ist besonders pikant.

Geschlechter- und Bevölkerungspolitik ist ein Klammerthema der unterschiedlichen Flügel in der AfD-Fraktion. Im Bundestag übernimmt Beatrix von Storch diese Hetze anlässlich einer Debatte zum Transsexuellengesetz: »*Sie machen den Weg frei, junge verunsicherte Menschen irreversibel unfruchtbar zu machen, zu kastrieren, zu entstellen und ganze Familien zu zerstören. Was Sie fordern, ist eigentlich nur noch ekelhaft. Sie sind moralisch desorientiert, politisch gemeingefährlich. Sie gehören nicht in die Regierung und nicht mal auf die Oppositionsbank, sondern in Behandlung.*« (Deutscher Bundestag, 19. Wahlperiode, Protokoll 229. Sitzung, S. 29314)

Pathologisierung des politischen Gegners wechselt sich bei der AfD mit Bestrafungsphantasien ab. In einer klimapolitischen Debatte heißt es vom Abgeordneten Karsten Hilse: »*Ich hoffe, dass Sie alle, die an der Zerstörung unseres Vaterlandes und der Verelendung unseres Volkes mitwirken oder sie schweigend hinnehmen, Ihre gerechte Strafe erhalten werden.*« (Deutscher Bundestag, 19. Wahlperiode, Protokoll 230. Sitzung, S. 29450)

Martin Sichert will – in einer Debatte zum Thema Rente – endlich wieder klare Rollenmuster: »*Jungen Männern rauben die Linken jedes Selbstbewusstsein, indem schon die Einladung einer Frau zum Essen als sexuelle Belästigung stigmatisiert wird. Der linke Diskurs macht aus jungen Männern und Frauen entsexualisierte, ideologische Soldaten, die sich der links-grünen Umerziehung der Gesellschaft statt ihrer eigenen persönlichen Entfaltung widmen sollen. (…) Wir müssen diesen Irrweg so schnell wie möglich beenden und Männer Männer und Frauen Frauen sein lassen.*« (Deutscher Bundestag, 19. Wahlperiode, Protokoll 231. Sitzung, S. 29731 f.)

Die Männlichkeitsvorstellungen in der AfD-Fraktion bestehen vor allem in der öffentlichen Herabsetzung von Frauen, vor allem, wenn es politische Gegnerinnen sind. Die Anrede »Frau Präsidentin« wird nach wie vor von diversen Abgeordneten der AfD vermieden. Etwa ein halbes Dutzend mal titulierte Stephan Brandner während und nach einer Rede der Grünen-Abgeordneten Britta Haßelmann diese in Zwischenrufen als »Fräulein Haßelmann«, ohne dass der amtierende Vizepräsident Friedrich (CSU) das wirksam unterband (Deutscher Bundestag, 19. Wahlperiode, Protokoll 230. Sitzung, S. 29546 f.)

Sitzungswoche 9.-11. Juni 2021

Mit dem nahenden Ende der Legislaturperiode setzen die Fraktionen des Bundestages die Themen zur Debatte auf, die ihnen in der Außendarstellung besonders wichtig sind. Die AfD kehrt erwartbar zu ihrem ursprünglichen Erfolgsthema zurück, der Hetze gegen Zugewanderte im Allgemeinen und Muslime im Besonderen.

Sozialpolitik dagegen gehört nicht zu den zentralen Themenfeldern der AfD, wenngleich sich die Partei gerne als Volkspartei geriert und nach Wahlen wie in Sachsen-Anhalt auf den Anteil an »Arbeiterstimmen« verweist. Die völkische Grundierung sozialpolitischer Themen zieht sich wie ein roter Faden durch das Agieren der AfD. So auch beim von der Fraktion aufgesetzten Tagesordnungspunkt »Lehren aus dem Sechsten Armuts- und Reichtumsbericht ziehen«. (Drs. 19/30403) Die von der AfD gezogene Lehre ist, dass man Arme gegen noch Ärmere ausspielt und den Reichtum und die Reichen ignoriert bzw. befördert. So verweist René Springer auf die im Bericht aufgeführten skandalösen Zustände von Kinderarmut, Niedriglohn etc., um sie dann den *»rund 2 Millionen ausländischen Hartz-IV-Beziehern«* gegenüberzustellen, *»von denen viele nie auch nur einen Cent in unsere Sozialsysteme eingezahlt haben.«* *»Lohndumping«* wird von ihm beklagt, für das jedoch nicht die Kapitalseite, sondern die *»illegale Massenmigration«* verantwortlich sei. Während *»Flüchtlingskosten«* und EU-Zahlungen gestrichen werden sollen, fordert die AfD ein Ende *»der Ausbeutung der Leistungsträger in unserer Gesellschaft«* und eine *»Steuer- und Abgabenbremse ins Grundgesetz«*. (Deutscher Bundestag, 19. Wahlperiode, Protokoll 232. Sitzung, S. 29877 f.)

Mit staatlichen Institutionen liegt die AfD vor allem dann über Kreuz, wenn diese sich gegen ihren völkischen und extrem rechten Politikansatz wenden. So ist man hier nicht prinzipiell gegen einen Inlandsgeheimdienst unter der Bezeichnung Verfassungsschutz, möchte aber die politischen Einflussnahmen auf solche Dienste künftig so gestalten, dass sie sich nicht gegen rechts, sondern ausschließlich gegen links wenden. Ist man jedoch selbst betroffen, so lesen sich die Erkenntnisse des AfD-Redners Roland Hartwig zum Verfassungsschutz anlässlich der Debatte zur Verschärfung des Verfassungsschutzrechts doch recht putzig: *»Hinter diesem noch ganz freundlich klingenden Namen verbirgt sich ja nichts anderes als ein Inlandsgeheimdienst, der auch eingesetzt wird, um politische Bewegungen mit geheimdienstlichen Mitteln wie dem Abhören von Telefonaten und dem Abfangen von E-Mails auszuspähen und öffentlich zu brandmarken. (…) Der Verfassungsschutz heute ist keine neutrale*

Einrichtung wie etwa der Bundesrechnungshof, sondern untersteht den Innenministern und damit Parteipolitikern. Dies ist ein grundlegender Webfehler, der entflochten werden muss; denn es steht zu befürchten, dass nicht jeder der zunehmend links orientierten Politiker der Versuchung widerstehen kann, diesen Geheimdienst in einem ja permanent ausgerufenen Kampf gegen rechts auch als politische Waffe einzusetzen. Und dafür gibt es durchaus Beispiele.« Am interessantesten in Hartwigs Rede ist die Präsentation eines Zitats von Hans-Georg Maaßen aus der »Preußischen Allgemeinen Zeitung« aus dem Dezember 2020: »*(…) Danach musste ich allerdings feststellen, dass massiver persönlicher Druck auf mich ausgeübt wurde, endlich die AfD zu beobachten. Und das war ein ungebührlicher, ein ungewöhnlicher Druck, bei dem ich den Eindruck gewann, ich sollte hier für parteipolitische Zwecke instrumentalisiert werden. Ich fühlte mich teilweise sogar genötigt.«* (Ebd.)

Angesichts der politischen Ausrichtung von Herrn Maaßen wundert es nicht, dass er seine schützende Hand bis zum Schluss über alle Facetten der modernisierten radikalen Rechten in Deutschland hielt. Mit einem solchen Präsidenten würde die AfD im Handumdrehen wieder zum größten Fan des Inlandgeheimdienstes mit dem freundlichen Namen.

Sitzungswoche 23.-25. Juni 2021

Vier Jahre lang ist es der AfD-Fraktion im Bundestag gelungen, sich als Außenseiter des Parlamentsbetriebs zu präsentieren. Eine selbstgewählte Rolle, mit der sich die Fraktion sehr bewusst als Gegenmodell zu allen anderen inszenierte, wenngleich ihre Mitglieder oftmals der selbsterklärten bürgerlichen Mitte entstammen. Die Fraktion konnte oder wollte keinerlei Brücken zum etablierten Konservatismus bauen, auch deshalb, weil sie Rassismus, Hetze und die Verachtung demokratischer Institutionen häufig offen und plakativ im Plenum präsentierte und nicht die Camouflage bürgerlich-konservativer Parlamentspolitik nutzte, wie sie für weite Teile der Union noch bis in die 1990er Jahre hinein zu beobachten war. »*Wir werden*

Ihnen auch die nächsten vier Jahre hier zur Hölle machen«. (Deutscher Bundestag, 19. Wahlperiode, Protokoll 236. Sitzung, S. 30752) Mit dieser Ankündigung des Abgeordneten Thomas Seitz begibt sich die AfD zurück auf den Ausgangspunkt von vor vier Jahren, als sie ankündigte, alle anderen jagen zu wollen. Erst die nächste Wahlperiode wird Aufschluss darüber geben, welche Optionen der parteiförmigen extremen Rechten auch im Parlamentarismus zur Verfügung stehen oder sich zumindest abzeichnen.

Ganz zu alter Form lief Gottfried Curio noch in der Nacht, um 2.30 Uhr auf. Beim Thema Staatsangehörigkeitsrecht präsentierte er alle Punkte, die ihn nach Einschätzung vieler zum größten rassistischen Hetzer des Parlaments gemacht haben: »*Was also ist der Grund, dass man Ausländern gar nicht schnell genug das deutsche Wahlrecht hinterherwerfen kann – und das, wo wir Hunderttausende ausreisepflichtige illegale Asylbewerber im Land haben? (…) Das langfristige Ziel aller dieser alten und neuen Regelungen ist offensichtlich die Auflösung des deutschen Staatsvolks als jahrhundertelange Abstammungs- und Kulturgemeinschaft zugunsten einer schrittweisen Umwandlung Deutschlands in ein geschichts- und gesichtsloses Siedlungsgebiet für Ausländer jedweder Herkunft und Kultur durch die bewusste Unterlassung einer aktivierenden Familienpolitik zugunsten der rapide abnehmenden deutschen Bevölkerung. Wie wäre es, wenn man mal jung deutschen Familien die Milliarden zukommen ließe, die man hier ans Ausland und illegale Eindringlinge veruntreut? Diese Unterlassung trifft sich mit den erheblich überproportionalen Geburtenzahlen sogenannter Flüchtlinge, und das ist auch so beabsichtigt. (…) Mehr Deutschlandfeindlichkeit war selten. Laschet und die anderen Deutschlandvernichter werden das im Turbotempo durchziehen.*« (Deutscher Bundestag, 19. Wahlperiode, Protokoll 236. Sitzung, S. 30762) Umvolkung, kulturfremde Eindringlinge, Kampf der Wiegen – alle Stichworte des völkischen Baukastens präsentiert der Redner noch einmal, so dass man den unparlamentarischen, aber im Protokoll vermerkten Zwischenruf »*Da kommt der Herr Goebbels wieder von der AfD!*« auch irgendwie verstehen kann.

Historisch will die AfD an die deutsche Rolle vor 1945 anknüpfen, weshalb ihr besonders die Erinnerung an die deutschen »Volksgruppen« in Osteuropa und deren Schicksal nach 1945 am Herzen liegt. Wilhelm von Gottberg, langjähriger Vertriebenenfunktionär und Weggefährte von Erika Steinbach, mit der er zusammen in der CDU aktiven Geschichtsrevisionismus betrieb und als Sprecher der Landsmannschaft Ostpreußen den Schulterschluss mit verschiedenen Organisationen der extremen Rechten suchte, verdeutlicht in seiner Abschiedsrede zur Förderung der Kulturarbeit im Rahmen des Bundesvertriebenengesetzes, wofür die AfD steht: »*Die Landesmuseen werden heute institutionell gefördert. Die Förderung ist nicht üppig. Gleichwohl, es wurden damit Erinnerungsorte geschaffen, die an das wirkliche Ostdeutschland erinnern sollen. Die ehemaligen preußischen Ostprovinzen sind Teil der deutschen Geistes- und Kulturgeschichte. Ob mit den Einrichtungen eine dauerhafte Erinnerung an diesen Teil unserer Geschichte möglich sein wird, ist zweifelhaft. Das kann nur gelingen, wenn der Geschichtsunterricht an den Schulen entsprechende Lehrinhalte vermittelt. Leider kann man da nicht optimistisch sein. (…) Zu kurz kommt im Bericht die Lage der deutschen Volksgruppen in Polen. Unter meiner Federführung gründete die Landsmannschaft im polnischen Teil Ostpreußens 22 deutsche Vereine. (…) Zahlreiche Polen stören sich daran, dass sich deutsche Touristen im heutigen Polen polnischer gebärden als polnische Patrioten. Das mögen die nationalbewussten Polen nicht. Ich habe bei meinen zahlreichen Besuchen im heutigen polnischen Teil Ostpreußens aus meiner preußischen und deutschen Gesinnung keinen Hehl gemacht. Dafür wurde mir Respekt bekundet.*« (Deutscher Bundestag, 19. Wahlperiode, Protokoll 237. Sitzung, S. 30915 f.) Preußische und deutsche Gesinnung – man fühlt sich bei solchen Wendungen in die 1950er Jahre versetzt, sollte aber nicht vergessen, dass Gottberg bis 2011 seine politische Heimat in der CDU hatte.

5.
Stabilisierung mit unklaren Perspektiven
Die AfD im 20. Deutschen Bundestag

Wie keine Partei vor ihr hat es die AfD geschafft, in kürzester Zeit auf allen parlamentarischen Ebenen der Bundesrepublik vertreten zu sein, die Parlamente für die Verbreitung ihrer Ansichten zu nutzen und gleichzeitig von den dort zur Verfügung stehenden Ressourcen zu profitieren. Schon früh wurden die Parlamentsfraktionen der AfD nach einer vermeintlich unterschiedlichen Ausrichtung in »parlaments-« und »bewegungsorientiert« unterteilt.[36] Ausgedrückt werden sollte damit eine Unterscheidung, bei der der systemoppositionellen völkischen Rechten eine sehr viel stärkere Orientierung auf außerparlamentarische rechte Bewegungen attestiert wurde, wohingegen die nationalkonservative Rechte innerhalb der Parlamentsfraktionen sehr viel stärker einem »normalen« Parlamentarismus anhinge. Diese Unterscheidung lässt sich für die Parlamentsarbeit der unterschiedlichen AfD-Fraktionen nur sehr bedingt aufrechterhalten, nutzen doch auch die eindeutig von der völkischen Rechten dominierten Fraktionen in den Ländern alle Mittel des Parlamentarismus.[37]

In der Bundestagsfraktion ließ sich von Anfang an eine schnelle Professionalisierung der parlamentarischen Arbeit beobachten,

36 Vgl. Wolfgang Schroeder u. a., Parlamentarische Praxis der AfD in deutschen Landesparlamenten, WZB Discussion Paper, SP V 2017-102, Berlin, Juni 2017.

37 Vgl. u. a. Christoph Butterwegge, Gudrun Hentges, Gerd Wiegel, Rechtspopulisten im Parlament, a. a. O.

bei der alle Mittel, die Oppositionsfraktionen zur Verfügung stehen, genutzt wurden. Allerdings wurde sehr schnell klar, dass die AfD kein Interesse an einem parlamentarischen Austausch, an einer streitbaren Debatte, einem tatsächlichen Ringen mit Argumenten hat. Zahlreiche Redebeiträge waren und sind vor allem auf die Verbreitung via Social Media an das eigene Publikum ausgerichtet. Die verbalen Entgleisungen, Rassismus und Verächtlichmachung, die Kriminalisierung des politischen Gegners und andere Formen von Tabubrüchen zielten auf die Stärkung der Ressentiments der eigenen Wähler*innenschaft und waren gleichzeitig ein Ausweis dafür, dass man sich dem in Teilen der Partei und der Wähler*innenschaft verachteten Parlamentarismus nicht angepasst habe.

Zweifellos trifft die hier skizzierte Entwicklung nicht nur auf die AfD zu, denn die Entkernung des Parlamentarismus ist älter als die AfD und keineswegs nur ihr anzurechnen. Formen der Postdemokratie spielten schon früher eine Rolle, und das Parlament verkam auch schon vor der AfD in Teilen zur Akklamationsinstitution einer übermächtigen Exekutive. Insofern hat der Einzug der AfD in der Tat dafür gesorgt, dass vorhandene gesellschaftspolitische Konflikte wieder stärker im Bundestag ihren Ausdruck finden. Allerdings wird der Austrag dieser Konflikte von der AfD in einer Art und Weise betrieben, mit der die Grundlagen von Demokratie selbst untergraben werden.

Unklar blieb bis zum Ende der 19. Wahlperiode, ob ein und wenn ja welches strategische Ziel die Bundestagsfraktion der AfD mit ihrer Parlamentsarbeit anstrebte. Zunächst ging es verständlicherweise um Verankerung und Stabilisierung. Das hat die Fraktion trotz des Verlustes von immerhin sieben Mitgliedern (die vormalige Vorsitzende Frauke Petry war gleich nach der Bundestagswahl der neuen Fraktion nicht beigetreten) geschafft. Jedoch erlaubte es die von Anfang bis Ende der Legislatur beobachtbare Spaltung der Fraktion nicht, einen klaren Kurs und eine perspektivische Ausrichtung der Fraktionsführung im Umgang mit der politischen Konkurrenz festzulegen. Neben der klaren Feindstellung zu Grünen und Linken zielte die AfD vor allem auf die Union, an der sie sich immer wieder abarbeitete. Das damit verbundene Ziel, unzufriedene Konservative in den Unionsparteien für die AfD zu gewinnen, ist bei den Bundestagswahlen klar verfehlt worden.

Konsolidierung ohne klare Perspektive

Mit 10,3 Prozent bei den Bundestagswahlen 2021 gehörte die AfD zu den Verlierern der Wahl, hatte sie doch gegenüber ihrem Ergebnis von 2017 (12,6 Prozent) 2,3 Prozentpunkte eingebüßt. Dennoch ist es der Partei zum zweiten Mal gelungen, zweistellig in den Bundestag einzuziehen und sich in zahlreichen Regionen des Landes nachhaltig zu verankern. In Ostdeutschland ist die AfD ohne Zweifel in der Größenordnung einer Volkspartei, mit flächendeckenden Ergebnissen oberhalb von 20 Prozent. In Sachsen und Thüringen wurde sie stärkste Partei, in den anderen ostdeutschen Bundesländern landet sie auf dem zweiten Platz. Auch 16 Direktmandate (2017 waren es drei) sprechen für diese Verankerung. Im Westen sieht es anders aus, hier zeigen sich sehr differenzierte Ergebnisse mit Schwerpunkten in den Bundesländern Baden-Württemberg, Hessen, Bayern und Rheinland-Pfalz.

Einzuordnen ist das Ergebnis der Bundestagswahl 2021 vor dem Hintergrund einer Radikalisierungsspirale, die für die Partei von Anfang an kennzeichnend war, die sich jedoch in den vier Jahren nach dem ersten Bundestagseinzug noch einmal beschleunigt hat. Der AfD ist es gelungen, ein Publikum an sich zu binden, das sich von den deutlichen Bezügen der Partei zur traditionellen extremen Rechten und ihren Anleihen bei Ideologiemomenten des Faschismus nicht abschrecken lässt. Diese Erkenntnis dürfte allen Behauptungen, die zunehmende Dominanz des völkischen Flügels schade der Partei vor allem, den Boden entziehen. Umgekehrt ist es der bürgerlichen Rechten in der Partei bis heute nicht gelungen, ähnliche Erfolge wie die völkische Rechte vorzuweisen. Der Rückzug von Jörg Meuthen vom Parteivorsitz und im Januar 2022 aus der AfD überhaupt ist Ausdruck dieser Entwicklung und zugleich Bestätigung der Rechtsverschiebung der letzten Jahre.

Mit 83 Abgeordneten ist die neue Bundestagsfraktion etwas kleiner als die alte; und gleich zu Beginn setzten sich die schon aus der 19. Wahlperiode bekannten Absatzbewegungen von der Fraktion fort. Der aus NRW stammende Abgeordnete Matthias Helferich wurde nicht in die neue Fraktion aufgenommen. Er hatte sich in privaten, aber öffentlich gewordenen Chats als das »freundliche Gesicht des NS« bezeichnet. Am Jahresende 2021 folgten die nächsten beiden Austritte aus der Fraktion: Uwe Witt, Sozialpolitiker der Fraktion und seit 2017 dabei, sprach als Begründung für seinen Austritt von »Grenzüberschreitungen« in der Partei, die auch die Bundestagsfraktion erreicht hätten, ohne dass die Fraktionsführung dagegen vorginge. Der Abgeordnete Johannes Huber nahm mit seinem Austritt einen möglichen Ausschluss vorweg, denn ihm werden neben der Beteiligung an rassistischen Chats auch die Fälschung von Corona-Tests vorgeworfen.

Mit Alice Weidel und Tino Chrupalla hat die neue Bundestagsfraktion der AfD eine eher schwache Führung installiert, von der keinerlei Disziplinierung der gestärkten völkischen Rechten in der Fraktion zu erwarten ist. Weidel, die inhaltlich dem marktradikalbürgerlichen Teil der AfD zuzurechnen ist, hat ihre Position nur auf Gnaden der völkischen Rechten erhalten und ist ohne eigene Machtbasis in Partei und Fraktion. Chrupalla ist ebenfalls mit Unterstützung der Höcke-Leute an die Partei- und Fraktionsspitze gelangt, fällt selten mit aggressiven Tönen auf, ist aber doch vom Wohlwollen dieses Teil der AfD abhängig. Sieht man sich die Zusammensetzung der neuen Fraktion an, fällt die große Zahl (25) neuer Abgeordneter auf, was u. a. auf die vielen Direktmandate zurückzuführen ist. Die generelle Verschiebung zugunsten der völkischen Rechten innerhalb der Partei spiegelt sich auch in der Fraktion wider. Mit Stephan Brandner, Karsten Hilse, Gottfried Curio oder Markus Frohnmaier sind die bekannten Lautsprecher der völkischen Rechten erneut eingezogen. Ergänzt werden sie durch neue Flügel-Leute wie Christina Baum aus Baden-Württemberg oder den Brandenburger Berufssoldat Hannes Gnauck, der selbst vom MAD als »Rechtsextremist« eingestuft wird. Zwar ist auch die neue Fraktion mehrheitlich nicht der völkischen Rechten in der Partei zuzurechnen, allerdings haben ihre Mitglieder nach der weiteren Rechtsverschiebung der ersten Legislaturperiode der AfD im Bundestag für die Partei kandidiert, so dass von hier kein prinzipieller Widerspruch gegen diese Entwicklung zu erwarten ist.

Perspektiven eines rechten Machtblocks

Am Ende der 19. Wahlperiode war die AfD in ihrem Verhältnis zu den anderen Fraktionen weitgehend isoliert – Ergebnis der dokumentierten Radikalisierung in dieser Zeit. In vier Jahren ist es der Fraktion nicht gelungen, eine Mehrheit für einen Vertreter der Partei im Bundestagspräsidium zu organisieren, trotz Mehrheiten rechts der Mitte bis 2021. Im 20. Deutschen Bundestag scheint die Partei noch isolierter zu sein. Bei einer Wahl eines Vizepräsidenten aus ihren Reihen erreichte sie im Dezember 2021 mit 94 Stimmen nur noch eine Stimmenzahl knapp oberhalb ihrer eigenen Mandatsstärke (82), und bei der Besetzung der Ausschussvorsitze konnte die AfD-Fraktion bei geheimer Wahl keine Mehrheit für einen Ausschussvorsitz erringen. Anders als noch in der 19. Wahlperiode gab es zu Beginn der 20. keinerlei Bereitschaft, der AfD in wichtige Positionen des Bundestages zu verhelfen – ohne Zweifel eine Schlussfolgerung aus den Erfahrungen mit der AfD im Bundestag.

Die relative Dominanz der völkischen Rechten verstärkt das perspektivisch stärker werdende strategische Dilemma der Partei. Die scheinbar ungebremste Wachstumsphase ist offensichtlich vorbei. Deutlichster Ausdruck dafür war die Tatsache, dass die AfD in keiner Weise von den massiven Verlusten der Union bei den Bundestagswahlen 2021 profitieren konnte. Zumindest im Vergleich zu

2017 hat die Rechte generell verloren – auch wenn sich unter den »Sonstigen« bei der Bundestagswahl einige Parteien dieses Lagers fanden. Keine Antwort gibt es in der AfD auf die Frage, wie die relative eigene Stärke in reale Politik, in eine angestrebte Rechtsverschiebung der Bundesrepublik umgesetzt werden kann. Von Björn Höcke und der völkischen Rechten hört man dazu seit Jahren nur, dass man nicht bereit sei, Zugeständnisse und Kompromisse in Richtung der Union zu machen, und erst aus einer Position der Stärke heraus zum Regieren bereit sei. Aus der thüringischen Perspektive mag das eine mögliche Strategie sein, für die Bundesrepublik insgesamt verbleibt diese Vorstellung allerdings im Glauben an die AfD als ›letzte friedlicher Chance der Bundesrepublik‹ (Höcke) und damit letztlich in der Vorstellung einer völkischen Machtübernahme.

Die Selbstsuggestion, man vertrete objektiv den politischen Willen einer schweigenden Mehrheit, steckt hinter solchen Vorstellungen, die jedoch für die Ideenwelt des Faschismus typisch sind. Andererseits war es gerade Björn Höcke, der mit seinem geschickten Schachzug 2020 in Thüringen, die Möglichkeit einer bürgerlichen Rechtsregierung unter Duldung der AfD aufblitzen ließ. Letztlich scheiterte der Coup des gemeinsam mit CDU und FDP gewählten FDP-Ministerpräsidenten an einer unzureichenden Vorbereitung der bürgerlichen Rechten und an den massiven Widerständen in Teilen des herrschenden Blocks gegen eine Regierungsbeteiligung der AfD. Die Frage für die AfD muss also sein, wie und in welcher Konstellation eine solche Rechtsregierung vorbereitet werden kann und ob es dazu den politischen Willen gibt.

Im ideologischen Umfeld der AfD wird die Frage, wie man die relative Stärke der Partei für eine generelle Verschiebung der politischen Achse der Bundesrepublik nach rechts nutzbar machen kann, kontrovers diskutiert. Unter anderem führte sie zum Bruch zwischen Karlheinz Weißmann, einem führenden Intellektuellen der Neuen Rechten und Mitbegründer des Instituts für Staatspolitik (IfS) und dem Leiter des IfS, Götz Kubitschek. Schon früh plädierte

Weißmann für eine inhaltliche Aufstellung der AfD, die Bündnisse mit der Union ermöglichen und einen vereinten Rechtsblock dazu nutzen sollte, die politisch-ideologische Achse der Bundesrepublik nach rechts zu verschieben. Vor dem Hintergrund einer behaupteten linken Hegemonie in Deutschland (»links-rot-grün verseuchtes 68er-Deutschland«, Jörg Meuthen, 2016) gälte es, die AfD als Druckmittel gegen die Union in Stellung zu bringen, um diese auf einen klar konservativen Kurs zurückzuführen. Völkische Umsturzphantasien und Anleihen beim historischen Faschismus wurden dabei von Weißmann als unpolitischer Ausdruck eines rechten Romantizismus bewertet. Ganz anders demgegenüber Kubitschek und die Mehrheit der jungen Rechten im IfS, die den rasanten Aufstieg der AfD, verbunden mit rechten Straßenbewegungen wie Pegida, als Beginn einer Implosion des politischen Systems deuteten und ganz offenbar von der realistischen Chance eines Systembruchs von rechts ausgingen.

Auch wenn die US-amerikanische Erfahrung mit einem Präsidenten Donald Trump diesen Systembruch von rechts nicht völlig unwahrscheinlich erscheinen ließ, so wurde doch schnell klar, dass die Stabilität der liberalen Demokratie weitaus größer war und ist, als die Protagonisten dieses Teils der modernisierten Rechten es vermutet hatten. So steht die AfD gegenwärtig vor dem Dilemma, dass sich parteiintern die völkische Rechte zumindest soweit verankert hat, dass gegen sie keine Politik gemacht werden kann. Auf der anderen Seite hat die seit mehreren Jahren anhaltende Radikalisierung der Partei dafür gesorgt, dass die Brücken und Verbindungen zur Union eher weniger geworden bzw. völlig abgebrochen sind – zumindest auf der Ebene der Bundespolitik.

Die weitere Entwicklung und mögliche Neuausrichtung der Union unter einem Vorsitzenden Friedrich Merz wird entscheidend für diese Frage sein. Allerdings hat die Union die Erfahrungen 2017 und 2018, als Seehofer, Söder und andere mit einem scharfen Rechtskurs in der Migrationsfrage die AfD von rechts attackieren wollten, sicherlich ausgewertet und die Vergeblichkeit eines Radikalisierungswettbewerbs mit der AfD festgestellt. Auch die Erfahrungen mit einem Bundestagskandidaten Hans-Georg Maaßen dürften nicht für den Kurs der weiteren Annäherung an die AfD sprechen.

Die Bundestagswahl 2021 könnte von Seiten der Union als weiterer Beleg dafür genommen werden, dass die Abwanderung eigener Wähler*innen zur AfD vorerst gestoppt ist und dass eine deutliche Rechtsverschiebung mehr Verluste und eine Zementierung der sich als neue Mitte definierenden Regierungskoalition bedeuten würde.

Auch in der AfD und ihrem Umfeld gibt es nach der Bundestagswahl vermehrt Debatten, wie die weitere Perspektive der modernisierten radikalen Rechten aussieht und welche Rolle hier die AfD spielen kann. Während das Höcke-Lager auf die Erfolge im Osten verweist und den thüringischen und sächsischen Weg als Strategie für ganz Deutschland empfiehlt, verweist die Gegenseite auf die Unterschiedlichkeit von Ost- und Westdeutschland, die eine Kopie der Osterfolge unmöglich mache. So schreibt Chefredakteur Dieter Stein zwei Tage nach der Bundestagswahl in der »Jungen Freiheit«: »Die Rezepte aus dem Osten lassen sich eben nicht auf den Westen übertragen. Dies ist eigentlich schon länger bekannt, bleibt aber bislang ohne Konsequenzen – was sich zunehmend rächt und die Partei in eine gefährliche Schieflage bringt. Warum konnte die AfD beispielsweise nicht wenigstens teilweise die massiven Verluste der Union auf ihre Mühlen lenken?« Ganz anders dagegen Benedikt Kaiser am selben Tag auf den Seiten der »Sezession«, der gerade die behäbige bürgerliche Ausrichtung der Westverbände für die Verluste verantwortlich macht: »Ein liberaler, möglichst versöhnlicher oder auch ›bürgerlicher‹ Wahlkampf (…) läßt die eigene Wählerschaft offenkundig kalt, demobilisiert Wechselwähler aus dem Protestsegment, treibt einen Teil von ihnen ins Nichtwählerlager – und andere Teile direkt zu den legitimierten Altparteien wie CDU und FDP.« Daniel Fiß, langjähriger Kader der »Identitären Bewegung« mit Verbindungen zur AfD, schreibt ebenfalls auf den Seiten der »Sezession« (23.11.2021) über den »Weg zur politischen

Gestaltungsmacht« und wie sich die AfD für ein perspektivisches Bündnis mit der Union aufstellen muss. Die Etablierung »rechter Lebenswelten« in Ostdeutschland und eine Konzentration auf den Graswurzelaufbau dort, so lautet seine Empfehlung. Ein völkisches Gegenmodell Ost, verbunden mit relativer lokaler Hegemonie der AfD – aus einer solchen Position ließe sich auch ein Bündnis mit einem stärkeren konservativen Partner wagen.

Zwischen Faschismus und konservativer Realpolitik

Sieht man sich die inhaltliche Entwicklung der AfD in den letzten Jahren an, dann lässt sich die benannte Radikalisierung an vielen Stellen nachweisen. Die ersten vier Jahre der Partei im Deutschen Bundestag haben hier keineswegs zu einer Mäßigung, sondern ganz im Gegenteil zu einer Zuspitzung geführt. In der Migrationspolitik vertritt sie eine völkische Position, steht für den ethnopluralistischen Ansatz der Neuen Rechten und negiert den Gleichheitsgrundsatz der Verfassung, indem sie Teilen der Bevölkerung qua Herkunft demokratische Rechte abspricht. Die Partei betreibt eine Delegitimierung demokratischer Institutionen, steht für eine klare Feindmarkierung und Kriminalisierung des politischen Gegners. Verschwörungsmythen und Formen des Irrationalismus werden von ihr bedient, verbunden mit dem Ziel, das politische System zu delegitimieren und ein Widerstandsrecht der Bevölkerung gegen einen vermeintlichen Weg in die Diktatur zu behaupten. »Umvolkung«, »Great Reset«, »DDR 2.0«, »EUdSSR« u. v. a. m. sind Stichworte, mit denen Woche für Woche im Bundestag gearbeitet wird. In der Corona-Pandemie machte sich die AfD nach einer deutlichen Kehrtwende ihrer Politik im Frühjahr 2020[38] zum parlamentarischen Sprachrohr einer in Teilen von der extremen Rechten dominierten Querdenken-Bewegung

38 Vgl. Gudrun Hentges, Gerd Wiegel, Vergebliche Avancen: AfD und Querdenken, in Wolfgang Benz (Hg.), Querdenken. Protestbewegung zwischen Demokratieverachtung, Hass und Aufruhr, Berlin 2021.

und befeuert mit aller Kraft die Delegitimierung demokratischer Institutionen.

Zentral für diesen Teil der AfD-Politik ist der Wille zum Bruch mit dem politischen System, verstanden vor allem als westlicher Liberalismus – dem zentralen Feindbild der Neuen Rechten. Der Bezug auf außerparlamentarische, rechte oder nach rechts offene Straßenbewegungen ist hier von hoher Bedeutung. Mit Pegida und dem Querdenken-Spektrum fanden und finden sich Bezugspunkte für die Partei, die sie für sich nutzbar machen will.[39]

Sozial- und wirtschaftspolitisch ist die AfD dagegen recht eindeutig Teil des Eigentumsblocks. Entgegen eines propagandistisch gern beschworenen »sozialen Patriotismus« und eines angeblichen völkischen Antikapitalismus steht die Partei in den Debatten des Bundestages klar an der Seite von FDP und Union, wenn es um Fragen wie die Verhinderung der Besteuerung hoher Vermögen, die Ablehnung von Tarifbindung oder Einschränkungen für Vermieter*innen und Wohnungskonzerne geht. In all diesen Themenbereichen dominiert der marktradikale Flügel der Partei, werden die Interessen vor allem vom mittelständischen Kapital vertreten und wird das Bild einer formierten Gesellschaft vertreten.

Schließlich bilden die Familien- und Geschlechterpolitik ein Klammerthema für die unterschiedlichen Flügel der Partei. Hier finden Nationalkonservative und Völkische zusammen. Geht es für letztere um die Kontrolle der Reproduktion des »Volkskörpers«, steht für die Konservativen ein traditionell christlich geprägtes Familien- und Rollenbild im Zentrum. Die ablehnende Haltung gegenüber der Infragestellung tradierter Sexualitäts- und Geschlechterbilder sowie ein teils rabiater Antifeminismus verbinden die Lager.

Ein ähnliches Klammerthema könnte Klimapolitik sein. Während die Nationalkonservativen hier vor allem mit Blick auf die Interessen kleiner und mittelständischer Kapitale auf der Bremse stehen,

39 Vgl. Ebd.

steht die aktuelle Klimapolitik für die völkische Rechte für alles, was sie unter dem »globalistisch« motivierten »Great Reset« verstehen. Die prinzipielle Ablehnung aller aktuellen Schritte in der Klimapolitik eint beide Teile der Partei.

Während die völkische und präfaschistische Zuspitzung der letzten Jahre die Aussicht auf baldige Bündnisse mit dem etablierten Konservatismus deutlich verschlechtert hat, sind die Überschneidungen in der Sozial-, Wirtschafts- und Familienpolitik nach wie vor vorhanden. Gerade die letztgenannten Themen könnten bei einer (vorsichtigen) Rechtsverschiebung der CDU unter Friedrich Merz zu punktuellen Bündnissen in der Opposition gegen die Vorhaben der Ampel-Koalition werden. Ob daraus mittelfristig mehr werden kann, hängt von der weiteren Entwicklung in AfD und CDU ab. Schafft die AfD die innerparteiliche Befriedung mit einer Parteiführung, die sowohl die völkische Rechte als auch die Nationalkonservativen integrieren kann, könnte sie die 20. Wahlperiode im Bundestag nutzen, um überhaupt wieder Brücken zur Union zu bauen. Ob sich allerdings die Leute um Höcke tatsächlich einbinden lassen (wollen), bleibt fraglich.

Für die CDU stellt sich die Frage, wie sich die anstehende Neuaufstellung entwickelt. Sollte sich die Partei in Richtung eines »radikalisierten Konservatismus«[40] entwickeln, würde die Barrieren zur AfD bald fallen und erste Bündnisse in ostdeutschen Bundesländern die Folge sein. Ein solcher Weg kommt jedoch wohl erst dann in Betracht, sollte die Partei auf längere Zeit von Regierungsverantwortung auf Bundesebene ausgeschlossen bleiben.

40 Vgl. Natascha Strobl, Radikalisierter Konservatismus, Frankfurt a. M. 2021.

Personenregister

Sachregister

Einträge folgen in aller Regel dem Wortlaut des Auftauchens im Text. Daher finden sich im Folgenden vermeintliche Dopplungen (*Corona* und *Pandemie; Flüchtlinge* und *Geflüchtete, Soziales* und *Sozialpolitik*). Begriffe wie *Rassismus* oder *Hetze* ›verdienten‹ in diesem Buch eigentlich Einträge für alle Seiten, werden hier aber nur bei wörtlichen Nennungen aufgeführt. Dieser Wörtlichkeit ist geschuldet, dass auch Schlagworte wie *Messer* oder *Kopftuch* auftauchen. Teils zusammengefasst sind hingegen Wörter gleichen Stammes, also etwa *konservativ, Konservative* und *Konservatismus.*

Bitte beachten Sie auch die folgenden Seiten.